教育部人文社会科学研究规划基金项目（项目批准号：13YJA630022）

国家自然科学基金项目（项目批准号：71172058）

认知结构视角下社会资本
对企业战略决策的
影响机理研究

郭立新　著

作者单位：淮阴工学院

经济科学出版社

图书在版编目（CIP）数据

认知结构视角下社会资本对企业战略决策的影响机理
研究／郭立新著 . —北京：经济科学出版社，2016.5
ISBN 978 - 7 - 5141 - 6984 - 3

Ⅰ.①认… Ⅱ.①郭… Ⅲ.①社会资本 - 影响 - 企业
战略 - 战略管理 - 研究 Ⅳ.①F272

中国版本图书馆 CIP 数据核字（2016）第 124517 号

责任编辑：李　雪
责任校对：王苗苗
责任印制：邱　天

认知结构视角下社会资本对企业战略决策的影响机理研究
郭立新　著
经济科学出版社出版、发行　新华书店经销
社址：北京市海淀区阜成路甲 28 号　邮编：100142
总编部电话：010 - 88191217　发行部电话：010 - 88191522
网址：www. esp. com. cn
电子邮件：esp@ esp. com. cn
天猫网店：经济科学出版社旗舰店
网址：http：//jjkxcbs. tmall. com
北京密兴印刷有限公司印装
710 × 1000　16 开　15 印张　250000 字
2016 年 6 月第 1 版　2016 年 6 月第 1 次印刷
ISBN 978 - 7 - 5141 - 6984 - 3　定价：49. 00 元
（图书出现印装问题，本社负责调换。电话：010 - 88191502）
（版权所有　侵权必究　举报电话：010 - 88191586
电子邮箱：dbts@ esp. com. cn）

前　言

　　在大数据和云计算为高端标志的互联网经济蓬勃发展的今天，企业经营形态、经营模式以及企业间竞争模式发生了很大的变化，企业之间的竞争更多表现为企业网络或企业集群之间的竞争，企业经营和发展需要新的思维和宽阔的国际化视野，企业经营成败更多取决于企业在加入企业网络、切入全球产业链，准确地寻找平台和网络位置等方面的战略决策，目前，创新发展、生态发展成为世界经济发展的主流，在全球商业领域，新的技术和竞争对手的不断涌现，产品生命周期缩短，企业必须快速而又正确地做出战略选择，才能在动态、复杂的全球经营环境下赢得一席之地。基于以上背景，学术界和企业界均迫切需要弄清楚在当前全球经济环境下，企业如何才能做出快速而正确的战略决策，换言之，需要在理论上探明在网络化、全球化条件下影响企业战略决策速度和决策质量的关键影响因素。虽然，过去战略研究领域已经分析了环境、组织、决策过程、高管团队特征对战略决策速度和决策质量的影响，但是，社会资本这个重要的变量长期被忽略，因此，现有相关理论已经不能解释为什么在类似环境、决策模式和决策者特征等方面因素差异不大的情况下，企业战略决策质量和速度仍然存在较大差异。

　　那么，社会资本是否是可以有效解释这种差异的重要因素呢？企业家作为企业战略决策的发起者、主导者和领导者，在战略决策过程起着主导作用，其战略决策行为对企业战略决策质量和速度具有重要影响，那么，企业家的社会资本是否会对企业战略决策质量和速度产生重要影响呢？或者换句话说,企业家社会资本差异是否是导致企业战略决策质量和速度差异的重要原因呢?在解释企业战略决策质量和速度差异时,企业家社会资本是否是一个具有较大解释能力的构念呢?

为回答上述问题,本书在对现有关于企业家社会资本、战略决策过程、战略决策质量和速度、企业家与战略决策间关系等方面的研究文献进行充分回顾、梳理的基础上,首先,对相关研究构念进行了概念研究,根据研究目的和需要,对相关研究构念进行了清晰的概念界定,进一步明确了相关研究构念的理论内涵和理论边界,其次,整合运用有限理性决策理论和认知心理学理论等理论作为研究的理论基础,通过理论演绎和逻辑推理,提出了关于企业家社会资本与企业战略决策质量、战略决策速度间关系的系列理论假设,并就这种关系得以产生的内在原因和机制做了分析,根据分析,提出了理性程度可能在企业家社会资本与战略决策质量关系间具有中介作用、直觉程度可能在企业家社会资本与战略决策速度关系间具有中介作用的理论假设。

为检验本书所提理论假设模型,首先通过参考和借鉴现有文献对相关研究构念的测量方法,设计了相关研究构念的测量量表和调查问卷,通过小样本的预测试,对调查问卷做了进一步修改,最后形成正式的调查问卷。然后,利用正式调查问卷收集了通过 306 家样本企业数据,运用结构方程模型的统计方法对一系列理论假设进行了验证性检验,并得出相关结论。

本书的主要贡献在于转变了企业家、战略决策质量和速度与企业绩效间关系的研究的视角,从社会资本的视角分析了企业家对战略决策质量和速度、企业绩效的影响,为企业战略决策质量或速度以及企业绩效差异产生原因提供了一个新的解释,是对现有研究的深化、扩展和补充,部分研究结论可以一定程度填补现有相关理论研究空白,增加现有理论的解释能力,主要表现在两个方面:一方面,本书的研究结论可以促进对战略决策速度和质量影响因素的更好理解,丰富和完善现有关于战略决策速度和战略决策质量影响因素的理论研究,例如,现有部分研究认为战略决策速度和质量是一对矛盾,一些提高决策质量的因素对决策速度却有消极影响,本书的研究结论却表明存在能够同时对战略决策质量和速度产生积极影响的因素,现有研究认为企业内部组织模式和决策模式等因素是战略决策质

量和速度的重要影响因素，本书研究结论表明社会资本也是一个影响战略
决策质量和速度的不可忽略的重要因素；另一方面，本书的研究结论可以
促进更好理解企业家社会资本影响企业绩效的内在机制，换句话说，战略
决策质量和战略决策速度充当了企业家社会资本影响企业绩效的中介。最
后，本书的贡献还在于可以为企业家通过不断提高其社会资本来促进战略
决策质量和速度及企业绩效的提高提供一定的实践启示和指导。

　　当然，囿于笔者本身学术素养的限制，本书仍然存在诸多不足和需要
完善的地方，对此，本书最后部分做了详细说明。

郭立新

2015 年 4 月

目 录
CONTENTS

第一章 绪 论

本章主要分析研究了问题产生的来源、在现有文献中的研究地位和研究意义，然后，确立了本书的研究目标和主要内容，仔细设计了本书的研究方法和研究的技术路线。

第一节　研究背景

一、研究的主要问题

在网络遍及世界每一个角落的今天，呈现知识和信息"爆炸"特征，新的知识、信息和新的技术不断出现，企业面临海量数据、信息、不断出现的新机会常感到战略决策的困难、迷惑和茫然，常常在犹豫、观望中失去发展良机，或者又在冲动进入新的商业领域或投资新的产业情况下，招致战略性的失败，给企业带来巨大损失，一个摆在企业经营者面前重要而又紧迫的问题是能否快速地在当前复杂多变的国际经营环境下做出正确的战略决策，这不仅是一个实践问题，实际上更是一个理论问题：即在互联网经济和全球经济条件下，企业战略决策速度和企业战略决策质量的关键影响因素是什么？企业战略决策质量是否是一对矛盾，追求决策速度或许会降低决策质量，或者追求决策质量会降低决策速度？柏格斯和爱斯哈德（Bourgeois & Eisenhardt，1987）曾认为在局势模糊、信息不准确的情况下，企业为了提高战略决策质量，应该减缓战略决策速度，等待局势清晰和信息明确时再作出战略选择，但是，柏格斯和爱斯哈德（Bourgeois & Eisenbardt，1988）同时又修正了过去的观点，提到不恰当的等待可能或失去战略机会，进一步，爱斯哈德（Eisenbardt，1989）选择多家 IT 企业进行深度案例研究，结果发现经营和发展较好的企业往往能够快速且作出高质量的战略决策。

事实上，现有文献对企业战略决策速度和战略决策质量影响因素的研究最早可以追溯到 20 世纪 90 年代，例如，杜里等（Dooley et al.，1999）从信息处理的视角研究了在企业战略决策过程中引入反方意见对战略决策质量的影响以及引入反方意见提高战略决策质量的约束条件或关键调节变量；阿曼森（Amason，1996）研究了高层管理职能冲突和非职能冲突对企业战略决策质量的影响，福瑞德克深等（Fredrickson et al.，1989）在比较分析了过去基于动态和稳定环境条件下决策全面性对决策质量不同影响的前提下，分析了组织规模扩张、高管团队较长任期导致"决策理性"出现惯性和"爬行"特征并降低了战略决策速度。科斯格尔德（Korsgaard，1995）研究了决策过程公平在决策团队中建立承诺和信任的作用以及最终对战略决策质量的影响，爱布拉（Elbanna，2015）在考虑环境变量的情况下分析了决策过程政治行为对决策质量的负面影响以及直觉在其中的角色，豪福等（Hough et al.，2003）分析了环境动态和决策过程理性对战略决策质量的影响，卡尔默里（Carmeli，2012）分析了 CEO 关系式领导风格通过建立决策团队信任和从失败中汲取经验从而提高了战略决策质量，福柏斯（Forbes，1999）分析了董事会团队对企业战略决策质量的影响，迪安等（Dean et al.，1993）研究了战略决策程序理性和政治行为对战略决策质量的影响。又如，罗伯特等（Robert et al.，2003）分析了环境特征和组织特征对企业战略决策速度的影响并进而对企业绩效的影响，迦吉和米勒（Judge & Miller，1991）的研究表明同时分析多种备择方案在不同环境下均对战略决策速度有积极影响，而懂事经验只在高速度环境下对企业战略决策速度有正面影响，沃里和鲍姆（Wally & Baum，1994）研究了决策者个体特征、组织结构、行业特征对企业战略决策速度的影响，结果发现 CEO 的认知能力、风险容忍度，直觉的使用对企业战略决策速度具有显著影响，坦拉里卡尔（Talaulicar et al.，2005）的研究认为高管团队的组织特征以及团队过程中的信任、辩论和积极影响对企业战略决策速度和决策全面性具有显著影响，福柏斯（Forbes，2005）从生命周期理论和人力资本理论的视角分析了创业者的个体特征对新创企业战略决策速度的影响，克哈特瑞（Khatri N et al.，2000）研究了决策过程使用直觉对企业战略决策速度的积极效应，豪福（Hough，2005）研究了决策者认知风格对企业战略决策速度的影响，巴克等（Bakker et al.，2015）认为不同的决策可能对速度的要求是不同的，决策者的经验，信心和标准的操作流程对机会评估决策速度具有重要影响，科瓦蓝兹等（Kownatzki et al.，2013）研究了总部控制机制对分部战略决策速度的影响。

总体来说，现有文献对企业战略决策速度以及决策质量影响因素的研究以重点集中在战略决策过程特征（如决策程序、流程公平、理性程度、

团队冲突、认知冲突、关系冲突、政治行为、直觉的使用程度等）对企业
战略决策质量和决策速度的影响（Rajagopalan et al.，1993），部分研究考
虑了环境的动态性、支持性对企业战略决策质量和速度的影响，也有部分
研究分析了企业家或 CEO 的个体特征对企业战略决策质量和速度的影响，
例如，希特和泰勒（Hitt & Tyler，1991）研究了企业并购战略决策模式受
到决策者年龄、教育程度、经历的影响，米勒和陶罗斯（Miller & Toulouse，
1986a，1986b）、沃利和鲍姆（Wally & Baum，1994）分析了战略决策者性
格特征对战略决策的影响，霍奇金森等（Hodgkinson et al.，1999，2002）
和豪富等（Hough et al.，2005）研究了企业战略决策者认知特征对企业战
略决策的影响。从现有研究文献，我们知道企业战略决策质量和决策速度有
众多的影响因素，然而，面对纷繁的、跨越较长时间的和不同视角的研究结
果，我们仍然感到困惑：企业战略决策质量和决策速度的关键影响因素是什
么？环境、过程和决策者的个性特征是否交互影响企业战略决策质量和速度？
是否存在被遗忘或忽略的重要影响因素？现有研究较难解释在相同或类似环
境下，采用类似决策模式和流程，决策个体特征差异不显著的情况下，不同
企业仍然做出了在速度和质量方面存在显著差异的战略选择。

社会资本理论认为，考察企业家或高层管理团队，不能仅仅决策视为
一个个孤立的个体，将关注的焦点放在决策个体特征，而是应该充分考虑
决策者嵌入的社会资本对决策者选择和行为的影响，基于此种认识，可以
自然提出的问题是：决策者嵌入的社会资本是否是影响企业战略决策的关
键影响因素？进一步，我们可以提炼出以下更为具体、可操作的研究问题：

（1）企业家社会资本是否对企业战略决策速度具有显著影响？二者间
存在何种关系？

（2）企业家社会资本是否对企业战略决策质量具有显著影响？二者间
存在何种关系？

（3）企业家社会资本是否是解释不同企业的战略决策速度和质量存在
显著差异的关键变量？

二、研究价值

在我国经济目前进入新常态的情境下，产业结构调整、优化、升级的

任务越来越紧迫，供给侧改革、过剩产能削减、创新驱动等宏观大环境的改变增加了我国企业战略决策的复杂性和难度，同时也提供了许多企业通过快速和高质量的战略选择来获得新生的"战略机会"，我国企业要抓住机会、迎接挑战，急需有一个可靠、清晰的理论指导，在此背景下，本书拟基于中国情景，从社会资本的视角研究企业战略决策质量和速度的关键影响因素，构建相应的理论，就具有重要的理论意义和实践价值。

（一）理论价值

在中国经济新常态背景下，研究企业家社会资本对企业战略决策速度和质量的影响，有可能在以下三个方面做出理论贡献：

（1）研究企业家社会资本对企业战略决策速度的影响，可以有力地弥补现有文献关于企业战略决策速度影响因素相关理论研究的空白，促使我们能够更清晰和全面地认识企业战略决策速度的关键影响因素，为后续研究打下一定的理论基础。

（2）研究企业家社会资本对企业战略决策质量的影响，可弥补现有研究将决策者对企业战略决策质量的影响仅仅局限在决策者个体特征的理论缺陷，将决策者嵌入的社会资本纳入企业战略决策质量影响因素的研究范围，可以有一个崭新而又开阔的视野来重新思考和认识企业战略决策质量的关键和核心影响因素，从而推动企业战略决策质量相关理论研究向深入方向发展。

（3）现有诸多研究基本验证了企业（家）社会资本对企业绩效的积极作用，但是多数研究主要从资源获取的视角理解社会资本对企业的正面影响，很少有研究从社会资本影响战略决策的视角分析这种绩效效应，本书刚好弥补了该类理论空白，可以促进更好地理解为什么企业（家）的社会资本会对企业绩效具有显著的积极影响。

（二）实践价值

本书以经济新常态背景下的中国企业作为实证研究的对象，相关研究结论和发现有可能为中国企业的经营实践和战略管理实践提供一定的思路和理论指导，首先，通过对企业家社会资本与战略决策速度关系的研究，可以为中国企业家如何通过提高其建立或维护社会关系网络并从中获取资源的能力，从而提高企业战略决策及时性或速度提供思路，同时，通过对企业家社会资本与企业战略决策质量关系的研究，揭示企业家社会资本影响企业战略决策质量的方式和规律，可以为中国企业家从有利于企业战略决策质量提高的角度来有针对性地提高其相应的社会资本提供思路和实践指导。

因此，本书的相关结论可以为中国企业家如何从战略决策需要出发（而不仅仅是为了获得有形的物质资源）培育其社会资本提供实践指导。

第二节　研究目标与方法

一、研究目标

本书的研究目标主要包括以下几个方面：

（一）相关研究构念的界定与测量

1. 企业家社会资本

通过总结、归纳、分析现有研究对企业家、社会资本及企业家社会资本的定义、测量，结合本书的研究意图和中国文化背景特征，通过对中国企业的案例研究和深度访谈，明确在中国背景下企业家社会资本的具体内涵、结构和测量方法，在此基础上，对企业家社会资本进行概念定义、结构维度分析和测量量表开发。

2. 战略决策相关研究构念

首先，通过充分的文献回顾与分析，本书拟对战略决策过程变量（理性使用程度、直觉使用程度）和战略决策结果变量（战略决策速度、战略决策质量）进行概念研究，分析现有研究对相关变量的各类界定和指向的理论内涵和边界，通过部分企业访谈，以了解各研究概念对中国企业来说具有管理价值的具体内涵，以此为基础，结合本书研究的目的和需要，对本书所涉及的战略决策相关构念进行概念界定。

其次，参考和借鉴西方文献对战略决策速度、战略决策质量、理性和直觉等相关概念的成熟测量量表，结合本书对相关概念的界定，提出本书对各研究构念的测量方法。

（二）探明企业家社会资本与战略决策速度的关系

首先，以社会资本理论、认知心理学理论和有限理性决策理论等相关理论为基础，结合现有文献对企业战略决策速度的相关实证研究结论，通过理论演绎和逻辑推理的方法，分析企业家社会资本可能对战略决策速度产生的影响，在此基础上，提出企业家社会资本与战略决策速度关系的相关理论假设。

其次，以中国企业为样本，采用实证主义研究范式的方法，收集相关研究变量的测量数据，利用适宜的统计分析方法，对相关理论假设进行检验，以初步确认本书所提理论假设和理论模型与现实的拟合程度，得出二者关系的初步结论，以此为基础，初步回答本书提出的问题。

（三）探明企业家社会资本与战略决策质量的关系

同样，以社会资本理论、认知心理学理论和有限理性决策理论等相关理论为基础，综合考虑现有学者对企业战略决策质量影响因素的相关实证研究结论（尤其关注关于企业家或高管团队与战略质量关系的相关研究结论），考察企业家社会资本影响战略决策质量的内在逻辑和机制，探索企业家社会资本可能对战略决策质量产生的影响及影响机制，在此基础上，提出企业家社会资本与战略决策质量关系的相关理论假设。

最后，同样以中国企业为样本，收集相关研究变量的测量数据，选择相应的数据分析方法，对相关理论假设进行实证检验，以初步确认本书所提理论假设和理论模型与现实的一致性程度，并对相关数据分析结果进行理论解释，以期能够对本书提出的问题做出有效的回答。

二、研究方法

首先，本书将遵循实证主义研究范式的规范和标准，在对相关研究构念进行清晰界定的基础上，采取演绎推理为主的理论构建方法，以比较成熟的相关理论作为分析的视角和基础，通过严密的理论演绎和逻辑推理，提出本书的相关理论假设。

其次，本书将遵循实证研究方法的惯例和步骤，根据本书提出的相关理论假设，进行研究设计和相关研究构念的操作化测量，数据收集将结合深度访谈和问卷调查的方法，以确保数据收集的质量。

最后，本书将综合使用描述统计分析、相关分析、方差分析、探索性因子分析、验证性因子分析、回归分析和结构方程的建模方法，利用所收集的样本数据，对本书提出的系列理论假设和理论模型进行验证性检验，根据检验结果，做出相应的理论解释和对本书提出的问题做出初步回答。

第三节　主要内容与技术路线

一、研究的主要内容

根据上文确立的研究目标，本书以确定以下研究内容，首先，进行研究问题进一步提炼、聚焦，根据研究的问题实质提出相应的研究构念，通过文献回顾与研究，对本书的构念进行概念界定，通过本书的理论基础逻辑，针对研究的问题，通过理论演义和逻辑推理提出本书的系列理论假设，针对需要验证的理论假设，进行研究设计，确定或开发相关研究构念的测量量表，设计大规模调查问卷并进行样本选择，最后，通过数据收集、处理和分析，对本书的系列理论假设进行实证检验，运用基础理论对实证结果进行讨论，得出主要的研究结论，本书的主要章节如下：

第一章　绪论。本章首先阐述本书的背景、观察到的现象和现有文献的理论解释，提出并明确本书拟解决的主要问题，阐述对这些问题进行研究的理论意义和实践价值，针对提出的研究问题，本章还将提出本书预期完成的任务和达到的主要目标，拟采用的研究方法，研究的具体内容和拟采取的技术路线。

第二章　基本概念界定与文献综述。本章将在文献回顾与研究的基础上，对本书所涉及的研究构念进行概念分析，了解现有研究对相关研究构念的理解和界定，针对本书研究的目的和研究特点，对相关研究构念进行概念界定，确认其理论含义和边界，为研究构念的操作化和测量提供依据和基础。主要需要进行界定的基本概念包括：企业家、企业家社会资本、战略决策、战略决策过程、理性程度、直觉程度、战略决策速度和战略决策质量。同时，结合本书研究的目的，对与本书问题关系比较密切的重要文献的研究内容进行回顾与分析，主要拟回顾以下三个方面的内容：第一，企业家社会资本相关研究，主要回顾与分析企业家社会资本影响因素的研究，企业家社会资本作用和功能方面的研究，企业家社会资本与企业绩效关系方面的研究。第二，战略决策相关研究，将主要回顾与分析战略决策过程特征的相关研究，例如，关于决策理性和决策过程中的直觉行为，同时回顾有关战略决策速度与战略决策质量方面的研究。第三，企业家社会资本和战略决策关系相关研究，主要回顾企业家特征与战略决策关系的相关研究。通过这三类研究文献的回顾与分析，可以进一步阐述和理清本书在现有研究中的地位和作用，确认本书可能的理论贡献和实践意义，从而为后续研究建立有力的基础。

第三章　研究框架与理论假设。本章将在对本书所涉及的主要理论基础：社会资本理论、有限理性决策理论和认知心理学信息加工理论进行回顾和阐述的基础上，结合战略决策过程的阶段理论、企业家与战略决策关系的相关研究结论和观点，首先分析企业家在企业战略决策中的地位，企业家社会资本可能对企业家认知结构和认知能力的影响，进而分析企业家社会资本可能对战略决策过程和战略决策结果产生的影响，并以此为基础提出本书的总体研究框架。同时，遵循企业家社会资本可能会对企业战略决策过程产生影响并进而影响到企业战略决策结果的逻辑思路，运用相关理论基础和部分实证研究结论，采取逻辑推理的方法，分析企业家社会资本对战略决策速度的影响以及这种影响得以发生的可能途径，分析企业家社会资本对企业战略决策质量的影响以及这种影响得以产生的可能路径，并就相关理论分析的结果提出系列理论假设，等待实证研究检验的假设理论模型。

第四章　研究设计与数据收集。本章将在所涉及研究变量的测量方法进行回顾分析的基础上，根据本书对相关研究变量的定义，借鉴和参考现有量表，在结合中国企业特点和本书需要进行修改的基础上，设计初步的测量题项，在对问卷设计的一般原则和过程进行简要介绍的基础上，详细阐述并设计本书的问卷设计过程，完成对调查问卷的初步设计，在小样本调查问卷预测试后，根据数据分析结果和情况，对初始问卷进行相应的调整，形成正式的调查问卷，最后利用正式调查问卷，进行较大规模的问卷发放，收集相应的数据，本章将汇报问卷发放过程、数据收集方法和最终的数据收集结果。同时，本章将对数据分析方法或理论假设模型的检验方法进行初步的考虑和分析，明确本书的自变量、因变量、中介变量、控制变量及相应的待检验模型。

第五章 实证分析与结果讨论。本章将主要通过样本数据对理论假设模型进行验证性检验，分析的内容主要包括：第一，从企业性质、企业规模、决策团队规模、企业所在行业等角度对样本分布的情况进行分析，初步了解样本的分布特征。第二，通过描述统计分析了解所有测量指标的均值、标准差、偏度和峰度，以了解样本数据的变异质量以及非正态性问题是否严重，是否能够满足采用相关统计分析技术的条件，同时通过单因子分析初步了解的本样本数据的共同方法变异是否严重，以确保基于样本数据的实证检验结果的可靠性。第三，在对样本数据质量进行初步判断可以接受的情况下，对企业家社会资本、理性程度、直觉程度、战略决策质量和战略决策速度等研究变量的测量量表进行探索性因子分析和验证性因子分析，检验和分析所有测量量表的效度和信度，以确保本书对所有研究变量的测量结果是可以接受。第四，通过方差分析或独立样本 T 检验等方式分析控制变量可能对本书研究的中介变量和因变量的影响，以确认是否需要在正式的理论假设模型中考虑这些变量的影响，提高本书结论的可信度。第五，应用结构方程模型的建模方法对本书所提出的所有理论假设进行验证性检验，并对实证研究结果进行理论解释。

第六章 研究结论与未来展望。本章将总结本书所得出的主要研究结论，并对本书提出的研究问题做出相应的回答，分析和阐述本书结论的主要理论贡献和实践价值，对本书中存在的疏忽和不足进行详细阐述和分析，作为本书的逻辑延伸，本章还将就未来的研究方向和可能存在的具有研究价值的研究课题进行分析。

二、技术路线

根据以上的研究目标和研究内容，考虑到研究思路的清晰性和本书研究的时间安排，为了确保研究目标的顺利实现，提出研究思路和技术路线（如图 1-1 所示）。

理论基础   研究内容   研究方法

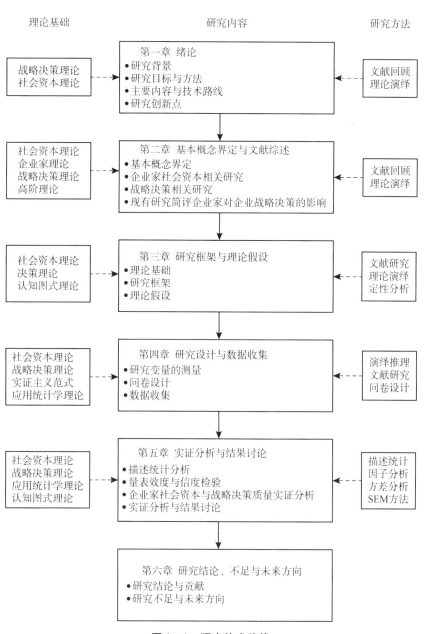

图 1-1 研究技术路线

第四节 研究创新点

本书将在对国内外相关研究文献进行充分回顾与研究的基础上，从社会资本的视角研究企业家对战略决策速度和战略决策质量的影响，相较过去的研究，创新点可能表现在以下几个方面：

一、研究视角的创新

企业家通常是企业战略决策的发起者、参与者和主导者，在企业战略决策过程中起着重要和决定性的作用，企业能否正确而又及时地做出战略决策以适应环境的变化，在很大程度上受到企业家的影响，因此，企业家与战略决策的关系研究一直受到战略管理研究领域的重视，然而，现有研究在讨论企业家对战略决策的影响时，主要的关注点集中在与企业家人力资本或心理资本相关的一些研究变量，忽略了企业家维护或建立社会关系网络并从中获取有价值信息或其他资源的能力可能给战略决策带来的影响，本书整合企业家与社会资本的概念，从社会资本影响企业家认知结构的视角分析企业家对企业战略决策的影响及二者间的关系，提供了企业家与企业战略决策关系研究的一个新的视角。

二、理论研究模型创新点

在现有关于企业战略决策研究范式中，环境特征、组织特征、决策过程特征、团队特征是企业战略决策研究模型的主要变量，在所有能够得到较多认可的理论研究模型中，缺乏社会资本这个关键的变量，因此，本书将社会资本引入企业战略决策研究模型中，开辟了一个新的研究范式，即网络的研究视角，引入社会资本书企业战略决策，有可能产生新的理论解释，完善现有理论的局限，为学术界和企业界更好理解企业战略决策影响因素提供了一个新的方向，有可能在该研究问题上产生一定程度的理论创新，本书的基本命题是：企业家社会资本差异是造成企业战略决策速度和质量差异的关键因素之一，如果该基本命题能够得到中国企业样本的实证检验，则可以为"为什么在类似环境、决策过程和决策者个体特征条件下企业战略决策显著不同"的问题提供新的理论解释。

三、研究构念的界定与测量

本书针对现有实证研究文献对相关研究构念的界定、测量方面存在的缺陷或不足，进行了一定程度的改进，例如，对战略决策速度的界定和测量，现有研究主要从"绝对速度"的角度对战略决策速度进行界定和测量，使得不同行业、不同决策内容的决策较难具有比较性，并且"绝对速度"可能对企业战略管理的意义不如"相对速度"，因此，本书拟主要从"相对速度"（即企业战略决策相较主要竞争对手的快慢程度）的角度对战略决策速度进行界定和测量。又如，对理性的界定和测量，现有研究对理性的界定比较宽泛，造成了理性研究的结论出现诸多矛盾和不一致，事实上，理性的不同方面对战略决策速度和质量的影响是不同的，从本书研究的目的出发，本书拟主要从信息的角度对理性进行界定和测量。最后，关于对企业家社会资本的界定和测量，现有较多研究主要从结构、关系和认知三个维度对社会资本进行操作化界定和测量，该类测量方法其实更适合于测量群体社会资本，在中国特定文化和经济转型背景下，企业家社会资本一般被视为商业秘密，现有较多的测量方法在测量企业家社会资本时具有较大的操作难度和障碍，因此本书拟对企业家社会资本进行"新的界定"，并通过小样本预调查和探索性因子分析等方法，确认企业家社会资本的维度。

综上分析，本书有可能在变量测量和操作化过程中产生一定的创新。

本 章 小 结

本章分析了在经济新常态、全球竞争加剧的时代背景下，企业战略决策难度增加，关于企业如何能够快速而又准确地做出企业战略选择的问题，现有文献没有提供足够的理论指导，针对现有文献关于企业战略决策的研究局限，本书提出从社会资本影响决策者认知结构的视角，分析决策者社会资本对企业战略决策质量和决策速度的影响，以此为基础，提出了三个主要的研究问题：第一，企业家社会资本对企业战略决策质量是否具有显著影响？二者间存在何种关系？第二，企业家社会资本对战略决策速度是否存在显著影响？二者间存在何种关系？第三，企业家社会资本是否是能够有效解释企业战略决策速度和质量差异的关键变量？

基于以上三个研究问题，本章详细分析了本书在现有研究文献中的地位、相应的理论贡献和可能对中国企业的实践指导价值，进一步，根据研究问题，从理论研究的实证主义范式，确立了本书的几个主要目标，为实现这些目标，本章还设计了研究的主要内容、篇章结构，描绘了研究的技术路线图。最后，本章还从研究视角、理论模型创新等方面介绍了本书可能产生的创新点。

第二章　基本概念界定与文献综述

本章将首先对本书所涉及的主要研究构念进行概念研究和理论界定，然后对与本书主题紧密相关的研究文献进行回顾与综述，主要涉及三个方面的内容：企业家社会资本相关研究、战略决策相关研究以及企业家社会资本与战略决策关系的相关研究，以进一步明确本书研究问题在现有研究中的地位和作用。

第一节　基本概念界定

一、企业家社会资本的概念界定

（一）企业家

经济研究领域最早提到创业者（企业家）的概念，主要指的是那些自己投资、自己承担经营风险的人（Richard，1755），他们主要负责组织各种生产要素、提供商品、创造就业和提供交易机会（马歇尔，1897），并将资源从较低的生产效率投入较高生产效率（J. B. Say，1803），是在不确定条件下进行各项企业经营决策或配置稀缺资源进行判断性决策的决策者（Frank Knight，1921；Casson，1982），当然，由于研究视角的不同，不同领域的学者对企业家的定义不完全相同，例如，以研究创新著名的经济学家熊彼特将企业家视为创造性破坏者——即突破性创新者（熊彼特，1934），企业家的概念很早就被经济学领域的学者提出，并被许多学者进行过定义，例如，早期学者直接将企业家定义为承担经营风险的人（Richard，1755），彭罗斯（1959）认为企业家是为企业的利益而引进和接受新观念，尤其在企业产品、企业地位和技术上的重要变化等方面对企业的经营做出贡献的人。也有许多学者认为，企业家的概念不同于企业股东、企业老板、企业经营者甚至企业创办者的概念，只有当某个个体或团队进行了创新并提供了新的产品或服务才能被视为企业家。

纵观现有文献对企业家的界定，管理学、经济学领域内的不同学者定义的内容不完全相同，甚至有些还存在较大差别，这给学术研究带来一定的困难，例如，在现实中如何识别"企业家"这个研究对象？对一个具体企业而言，企业家通常是指位于"最高位"的那个人还是一个群体？创业者创业时是企业家，创业完成后，企业进入正常发展路径后，创业者还是企业家吗？

基于现有研究关于企业家定义的模糊性和多样性，有必要结合本书研究的目的对本书所指的企业家概念进行重新界定，考虑到操作化和测量的现实性，本书将企业家界定为：所谓企业家，是指参与企业战略决策并在其中起主要和决定性作用，同时又为战略实施动员和配置稀缺性资源的人。

（二）社会资本

社会资本 Lyda Hanifan 由提出（Woolcock，1998），后来许多学者如布迪厄（Bourdieu）、帕深（Passeron）、科尔曼（Coleman）、柏特（Burt）、普特兰（Putnam）和波特兹（Portes）等均投入社会资本的研究中，其中以社会学和经济学研究的最早，社会学最早关注到个体的社会关系网络对个人职业发展、社会地位、生活幸福感具有重要作用，经济学研究领域则关注到个体嵌入的社会关系网络影响了个体的经济决策和经济行为，管理学领域则是较为延后才开始重视企业社会网络对企业行为和绩效的影响，虽然管理学领域对社会资本的关注较晚，但是，近几十年的研究文献丰富，硕果累累，从企业层面、团队层面、个体层面研究社会资本对企业绩效、团队绩效和个体工作绩效影响的成果极大地促进了管理学相关研究领域理论的发展和完善。正是由于不同学科和不同研究领域对社会资本的研究范围、层面和视角的不同，因此，也造成了对社会资本的界定和理解不同，例如，布迪厄（Bourdieu，1986）认为："社会资本是一种制度化关系网络中的资源集合体和集体财产，可以作为信贷使用，网络规模和数量决定了其大小。"布迪厄（Bourdieu，1986）认为社会资本可以用群体网络规模以及网络中所嵌入的资源容量来衡量（Bourdieu，1986）[1]，科尔曼（Coleman，1988）认为社会资本主要表现为群体关系网络对群体成员的作用和功能，柏特（Burt，1992）认为社会资本的大小主要取决于网络成员在网络中的位置，那些占据"网桥"和"结构洞"位置的人能够从信息、资源获

---

[1] 转引自［美］林南. 社会资本——关于社会结构与行动的理论［M］. 上海：上海人民出版社，2005：24-26.

取等方面获得好处。普特兰（Putnam，1993，1995）将社会资本视为一种
具有网络规范和社会信任的非正式组织，这种非正式组织有利于合作、优
势互补并提高社会经济活动效率，波特兹（Portes，1998）将社会资本视为
行动者通过社会关系网络获取稀缺资源的能力。林南（2005）主要从资源
的视角分析社会资本，他认为社会资本是嵌入在社会关系网络中的资源，
网络中的资源流动、交换是建立在规范、信任基础上，网络中行动者的行
为可以分为工具性行为和情感性行为，工具性行为有经济利益、社会利益
和政治利益三种回报，情感性行为可以为行动者带来身体健康、心理健康
和生活满意等情感方面的利益（林南，2005），莱哈皮尔特等（Nahapiet
et al.，1998）从社会网络的结构、各节点之间的关系模式、网络成员的相
互认知三个方面来分析社会资本的构成和内涵，从而将社会资本划分为结
构社会资本、关系社会资本和认知社会资本，福库亚曼（Fukuyama，1995）
从规则角度方面将社会资本视为一种网络内基于非正式规范的相互信任、
互惠和合作。安德尔和保尔等（Adler & Paul et al.，2002）也是从资源的
视角，将社会资本视为个体或行动者社会网络中嵌入的能够被其动员或获
取的资源。

此外，国内也有许多学者结合中国文化、传统和社会习惯对社会资本
做出了一定的定义，例如，边燕杰和丘海雄（2000）从能力的视角，将社
会资本看作行动者获取网络资源的一种能力；孙俊华和陈传明（2009）整
合能力和资源的视角将社会资本定义行动者社会关系网络中蕴含的资源以
及行动者对这种资源的获取能力。归纳起来，现有文献对社会资本的界定
分为以下几种：一是将社会资本等同于社会网络，二是将社会资本视为社
会网络中的规则，三是将社会资本视为社会网络中嵌入的资源集合，四是
将社会资本视为行动者在社会网络中的位置，五是将社会资本视为在网络
中获取资源的能力。虽然现有研究对社会资本的定义有多种类型，但是，
其内涵指向基本大同小异：一种人际互动网络，网络中嵌入有信息、知识、
物质资源、情感资源等可以给网络成员带来好处的各种资源，社会资本的
本质在于强调了个体和组织的社会性，因此，从学术理论研究而言，没有
必要苛求社会资本的统一定义，不同学科和研究领域可以根据自己的研究
目标和意图，采取相应的界定。

（三）企业家社会资本

将社会资本引入创业研究领域，比较受到关注的就是创业者（企业家）的社会网络以及这种社会网络对创业成败和新创企业绩效的影响，国内近年对企业家社会资本的相关研究文献均根据自身研究目标，对企业家社会资本做了定义，例如，李路路（1995）认为企业家社会资本即企业家拥有什么样的社会关系；陈传明和周小虎（2001）认为企业家社会资本就是建立在企业群体范式上由信誉、规范引导下的企业家社会关系网络；周小虎（2002）认为企业家的社会资本就是其在社会价值规范下拥有的关系网络的价值；杨鹏鹏等（2005）认为，企业家社会资本是企业家利用其社会资本获取企业所需资源的能力；宇红（2006）认为，所谓企业家社会资本就是建立在信任、规范和网络基础上的，嵌入在企业家现有稳定社会关系网络和结构中的实际或者潜在资源的集合。贺远琼等（2007）提出，企业家社会资本是企业家的一种无形资源，通过这种资源可以有助于企业获得物质的、信息的和感情的帮助，从而实现企业目标，孙俊华和陈传明（2009）认为企业家社会资本可界定为：企业家嵌入的社会资本及其对嵌入社会资本中资源的动员能力，其动员的结果是获得各种稀缺性的资源，姜卫韬（2008）认为企业家社会资本是指调动企业家关系网络中的社会资源，以获取创业机会的能力。

综合上述学者对企业家社会资本的界定，结合本书的研究特点和研究目标，本书将企业家社会资本界定为：企业家构建和维护社会关系网络并从中获取企业所需信息、知识及其他资源的能力。

二、企业战略决策相关概念的界定

（一）企业战略决策

在战略管理研究领域，企业战略决策主要区别于企业日常经营活动决策，在时间、空间范围和资源投入等方面对企业经营影响较大的决策，通常需要考虑企业整体特点，所处政治、经济、文化、制度、技术和地理等宏观环境因素，常表现为非常规性：在不同时空，面对不同类型的战略问题往往采用不同的决策模式和方法，较少有先验可供借鉴，西方文献较早就对企业战略决策做出了界定，例如，格曼瓦特（Ghemmawat，1991）、波特（Porter，1980）认为企业战略决策是涉及物质资源承诺并在整个企业水平上的非程序化决策，明兹伯格（Mintzberg，1976）战略决策是指一些重大的决策，具有新颖性、复杂性和开创性的特征，玛深和曼特瑞福（Mason & Mtrioff，1981）认为决策是对那些涉及大量组织资源投入并且非常复杂，比较模糊的问题的解决，阿索夫（Ansoff，1965）认为企业战略决策是指对企业经营有重大影响的决策，借鉴现有研究对企业战略决策的定义，适应本书的要求和研究意图，我们将企业战略决策定义为：所谓企业战略决策，是指企业针对需要投入较多资源并对整个企业经营成败及发展潜力具有重大影响的行动计划方案的选择。

（二）企业战略决策速度

从现有众多对企业战略决策速度进行理论和实证研究的文献来看，多数文献均将企业某项战略决策所花费的时间大小作为企业战略决策速度的定义和测量依据，例如，爱深豪尔德（Eisenhardt，1989）定义为：企业战略决策速度指组织完成决策过程所有方面的快慢程度，从开始考虑行动方案到决定采取行动这段时期所花费的时间。

现有研究的定义优点是简单、容易理解，但是存在的问题是：在实证研究中许多样本面对的是不同行业的不同战略方案选择，这样的话，在企业战略决策方面所花费时间的多少就不具有可比较性，这给研究设计、样本选择带来困难。基于此种局限，本书认为，从企业战略决策速度对机会获取、市场占领和领先优势确立等有关企业竞争的视角出发对企业战略决策速度进行定义可能更具现实意义，同时也便于实证研究样本选择和数据收集，因此，本书企业战略决策速度界定为：某个企业战略决策速度，是指比对行业竞争对手来说，该企业企业识别战略性决策问题和解决该决策问题的快慢程度。

（三）企业战略决策质量

在战略决策过程研究领域，企业战略决策质量被视为决策过程的一个输出，其被用来刻画企业战略决策过程最终所选择战略方案的好坏，在英文学术文献里常用"strategic decision making quality""strategic decision making effectiveness"等词汇来表达，而对最终所选战略方案好坏的评价则会通过评价战略决策对未来环境的适应性、可执行性、对企业绩效和企业成长的促进性等方面进行分析，许多学者较早就关注到企业战略决策质量对企业绩效的重要性，例如，卡尔默里等（Carmeli et al.，2006）的研究认为高管团队成员在企业战略决策过程中的行为一致性对决策质量有重要影响并因此影响了组织绩效，杜里等（Dooley et al.，1999）认为组织的业绩很大程度上依赖于战略决策制定的质量和决策的实施，阿曼森（Amason，1996）也认为企业战略决策质量主要受高层管理团队成员认知能力和团队成员相互作用过程的影响，但是，在西方文献中，较少有研究专门对企业战略决策质量进行概念定义，原因可能在于英文 quality 的内涵是明确、共识的，通过对较多关于企业战略决策质量实证研究的英文文献的研究，我们发现：可以通过分析西方文献对企业战略决策质量的测量量表来理解西方学者对企业战略决策质量的理解和定义，例如，蒂耶（Tilles，1963）提出的六条评价企业战略决策质量的标准，即：第一，内部一致性，即某项决策与其他决策和企业目标的适宜、匹配程度。第二，环境一致性，主要指决策是否与环境现状保持一致并能够适应未来环境的变化。第三，与企业可获取资源的适应性，指企业战略决策是否充分发挥了企业关键资源的作用，企业战略执行是否有相应配套的资源。第四，风险大小适宜程度，即战略的风险是否是公司能够承受的。第五，时间适宜性，即决策方案是否明确可什么目标、何时完成的时间表。第六，有效性，即战略决策是否达到了预期目标，国内部分研究者对决策质量做了界定。从现有英文文献来看，多数文献对企业战略决策质量的测量均依据或参考了这六条标准，如阿曼森（Amason，1996）、杜里（Dooley et al.，1999）、科斯甘德（Korsgaard，1995）的研究，国内部分研究人员曾对决策质量做过定义，例如，汪丽等（2007）将为决策质量定义为一个决策对达成组织目标的贡献。

根据本书对现有文献的研究结果，考虑到我国样本选择和数据收集条件，结合本书研究的目的，我们将企业战略决策质量界定为：所谓企业战略决策质量，是指企业所选战略方案与企业资源、能力以及外部宏观环境以及企业发展目标的一致性程度。

（四）企业战略决策过程

企业战略决策研究的一个重要方向即是研究从识别或发现战略决策问题开始，到收集相关信息、资料，制订战略行动方案到最终选择行动方案的全过程，此类研究文献关注的重点是决策参与人员、决策流程、决策方法以及决策过程中的行为对最终战略决策结果的影响，有的研究将企业战略决策过程分为多个阶段，例如，西蒙（Simon，1960）将企业战略决策过程分为情报阶段、备择方案设计阶段和备择方案选择阶段三个阶段，维特（Witte，1972）将企业战略决策过程分为：信息收集、方案设计、方案评价和方案选择四个阶段，汉瑞深（Harrison，1995）将企业战略决策过程分为确定管理目标、寻找解决方案、比较评价方案、选择最佳方案、实施方案和评价方案六个阶段，明兹伯格（Mintzberg，1976）将决策过程分为识别和诊断阶段、搜索和设计阶段、评价和确认三个主要的阶段。在战略决策过程研究中，被概念化和理论化并被用来反映企业战略决策过程特征的研究构念主要有决策全面性、决策理性、直觉、政治行为、冲突，相关理论和实证研究主要研究这些过程特征对企业战略决策结果的影响，如对企业战略决策质量和决策速度的影响。

综合考虑现有研究对企业战略决策过程阶段划分，本书将企业战略决策过程定义为：从识别到战略性决策问题或机会开始到最终确立行动方案的全部活动过程。

（五）理性程度

战略决策过程变量主要用来反映在战略决策活动过程中，参与战略决策的团队成员所表现的决策行为模式及行为特点。现有战略决策过程理论研究的基础模型主要有"概要形式主义"和"渐进主义"两个理论模型（Rasheed，1997），概要形式主义是对传统理性决策模型的延伸和发展（Elbanna，2006），决策理性是该派观点的主要代表，主要把战略决策过程视为一个全面的、详细分析的和正式计划的过程，渐进主义中以政治渐进主义为主要代表，也有部分文献提到逻辑渐进主义，二者并不相同，前者主要假定参与战略决策成员有不同的目标、利益和偏好，因此会在决策过程中尽力影响决策结果，以保护自身利益和目标，逻辑渐进主义主要认为战略决策是一个不断试错、修正的渐进过程。这两派观点虽然从不同角度看待企业战略决策过程，并发生过许多争论，但事实上，现实企业战略决策过程中，"理性主义"和"政治渐进主义"可能同时不同程度地存在。

理性的概念在不同的学科和研究领域有不同的内涵，经济学家常将理性与效用最大化平等看待，理性的人总是使自己预期的目标最大化，而决策理论常使用主观期望效用模型来描述理性，类似观点通常被称为"完全理性观"，后来诸多学者提出了一些不同于流行全球的"全知型理性"概念的新构念（Simon，1978），这些构念描述了战略决策过程与理性模型的近似程度（Elbanna & JChild，2007），例如，西蒙认为："广义而言，理性指一种行为方式，它符合实现指定目标，而且在给定条件和约束的限度之内"，也有学者认为理性是做某些事情的原因，用来判断行为的合理性，即认为在特定条件下的某种行为是可以理解的（Butler，2002），理性刻画了行为者的行为相对其所追求的目标来说是适当和符合逻辑的（Simon，1978；Dean & Sharfman，1993，Snyman et al.，2003）强调战略决策过程会受到认知现实和政治现实的限制，由于这些限制的存在，决策者追求的目标是"足够好而非最好"（Eisenhardt，1997），奎因（Quinn，1980）指出虽然战略决策也许是想要理性的，但总的来说决策过程可能是"渐进的"，决策过程不仅伴随分析，也伴随分裂，持续评价，直觉和政治行为，战略决策过程研究领域对战略决策理性的语言表述上也有多种方式，并对理性作了一些定义，例如，福德里克森（Fredrickson，1984）、格利克等（Glick et al.，1993）认为，战略决策过程中理性概念的核心主要指战略决策全面性，即组织高层管理团队在战略决策过程中系统地从外部环境收集和处理信息的广泛程度，也有学者认为决策理性是指决策过程中对决策相关信息收集程度和对"信息分析"的依赖程度，那些扫描环境获取更大数量信息并进行更广泛的环境信息分析的企业被认为更具决策全面性[①]（Dean & Sharfman，1993），因而决策全面性提炼了形成战略的"概要主义"的本质

---

① 决策过程全面性是战略决策过程领域学者将决策过程理性进行操作化界定所产生的一个概念。

（Ansoff, 1965）。正如爱尔布拉（Elbanna, 2006）所言，不同学者对战略决策过程理性的构念和概念化是不同的，如表 2 - 1 列出了几种典型的关于战略决策过程研究领域对理性的构念和概念化。

表 2 - 1　　　　　　　战略决策过程理性的构念和概念化

作者	理性的构念	理性的概念化
Langley（1989）	正式的分析	对某个特定问题研究结果的系统书面报告文件
Kukalls（1991）	计划全面性	战略计划编制过程的完整性和战略计划适用的范围（资本费用，投资计划，新产品开发）
Dean 和 Sharfman（1996）	程序理性	战略决策过程中收集决策相关信息的程度，以及在作抉择时依赖"信息分析"的程度
Khatri（1994）	战略理性	决策时采用清晰的、正式的、系统的和分析的方法
Schwenk（1995）	决策理性	决策者遵循达到深思熟虑目标的系统过程的程度
Fredrickson（1984）；Papadakis（1998）	全面性	组织在制定和整合战略决策时努力达到彻底和详尽的程度
Butler（2002）	理性	做某事和判断某种行为在特定参考框架下是否拥有可以理解的原因或充足的理由
Hough（2005）；Hough 和 White（2003）	可获取性和普遍性	可获取性指决策团队决策时可获得"线索"的程度，高获取性指团队拥有大量关于决策问题的知识，普遍性指有用信息被所有决策成员掌握的程度

资料来源：Said Elbanna. Strategic decision making: process perspectives ［J］. International Journal of Management Reviews, 2006 （8）: 4.

　　然而，由于不同学者对决策过程理性概念的界定和测量方法的不同，已经造成了研究结论的混乱和矛盾，例如，在理性与绩效关系的实证研究中得出了许多互相矛盾的观点，主要原因之一在于不同学者对研究变量的界定和测量差异，相当部分文献在其实证研究中对决策过程理性的界定比较宽泛，事实上，理性的不同维度或内容对企业绩效的影响可能是不同的，因此，考虑到这些原因同时结合本书的主要目的，参考迪恩等（Dean et al., 1996）的界定，本书将战略决策过程中的理性使用程度严格界定为：所谓理性程度，是指在战略决策过程中所依赖信息基础的丰富及完善程度，以及考虑备择方案的广泛程度。决策所依赖的信息基础主要操作化为决策过程所使用信息的数量大小、质量高低，考虑备择方案的广泛程度主要指决策过程中考虑的备择方案数量。

（六）直觉程度

直觉很难描述，但却容易得到认可（Sadler-Smith & Shefy，2004），这是因为直觉在企业战略决策过程中是普遍存在的一种现象，例如，帕里克（Parikh，1994）观察到当决策者不能采用理性过程时使用直觉，米勒等（Miller et al.，2005）声称许多管理者在战略决策时将直觉作为一种有效的手段，艾森哈特（Eisenhardt，1989）的案例研究发现有效的管理者以某种奇特的方式进行决策：提出大量的备选方案，但并不完全进行分析，从多种渠道收集信息，但仅仅关注少量部分，决策者似乎在同时使用理性和直觉进行决策，布尔克和米勒（Burke & Miller，1999）提到高层经理在调查中描述决策中使用直觉的好处：加速了决策，改进了最终决策质量，促进决策与企业的一致性，福雷德利克森（Fredrickson，1985）声称实证研究证据表明管理者可以同时使用直觉和理性，帕帕达克斯等（Papadakis et al.，1997）建议决策者结合使用理性与直觉，格让特（Grant，2003）认为快速变化需要能够灵活、创造性形成战略的方法，直觉决策越来越被认为是在当今商业环境下的一种有效方法，实际上，卡哈特瑞等（Khatri et al.，2000）的实证研究就发现在不稳定的环境中，战略决策过程中使用直觉与企业绩效正相关。

然而，对于什么是直觉，战略决策过程研究领域的学者对此有很多阐述：它并非推理的反面而是推理范畴之外，既非第六感也非"超感"，既非"不理性"也非随机猜测，它基于对特定情形的深刻理解，根植于过去经验，是对我们潜意识中存储知识的提取，它是快速的，但是并非偏见也非情绪化（Khatri et al.，2000），它并不容易出现，需要多年的解决问题经验的积累，建立在对经营细节的牢固和完全的把握基础之上，经验的逻辑性和完美性程度有多大，直觉的逻辑性和完美性就有多大（Isenberg，1984；Seebo，1993），多年的准备工作提供了潜意识中累积想法存量的原材料和情形（Ray & Myers，1990），它通常在困扰问题纠缠于心很久后才出现（Rowan，1990），它可以作为智力的一种形式，是对过去有效决策结果的关联或意义进行编码、分类和提取的一种无意识能力（Agor，1989a，b），是提炼或学习过去经验的一种能力（Wally & Baum，1994），是一种从整体上理解特定情形的综合心理功能，它通常和知道什么将会发生的某种预感或强烈感觉相联系（Vaughan，1989），是基于过去多年经验的熟练的推理形式（Prietula & Simon，1989），它可以使我们将零散的数据和经验整合成一幅一体化的图像，是一种对现实的整体感觉，超越了理性认识，但不是一个非理性的过程，不是魔术般的第六感，不是一个超自然的过程，它基于对特定情景的深刻理解，是从潜意识中提取知识的一种复杂现象，根植于过去经验，快速而又非偏见的，具有潜意识的、复杂的、快速的、非情感化的和非偏见的特性，是所有决策中的一部分（Khatri et al.，2000），直觉与主要或部分通过潜意识精神过程而产生的想法、结论和选择等情况联系在一起（Leonard et al.，2000）。

米勒和伊瑞兰德（Miller & Ireland，2005）认为直觉可以概念化为两种明确的方式（见表2－2）：整体预感和自动专家。整体预感主要是指通过提取、综合多种经验信息进行判断、选择，此种经验信息存储在以某种复杂方式相联结的潜意识记忆中，能够产生感觉正确的判断或选择（Lane & White，1999；Mintzberg，1994）不通过理性思考获取的知识，它来自普通意识水平下的潜意识的某些层面，容易消失和很难捉摸，新想法来自由经验、事实和关系组成的大脑。

表2－2 直觉类型与定义

直觉类型	定义	案例
整体预感	判断或选择通过如下深入的潜意识过程实现： 1. 各类经验的合成 2. 信息的新颖组合 3. 强烈感觉正确	克莱斯勒汽车公司的Dodge Viper 产品开发决策
自动专家	判断或选择通过部分潜意识过程来实现 1. 步入过去特定情形的经验 2. 过去学习的回放 3. 熟悉感	Chevy Chase 银行针对现有大客户常规商业贷款决策

资料来源：Miller，Ireland. Intuition in strategic decision making：Friend or foe in the fast-paced 21st century [J]. Academy of Management Executive，2005（19）：19－31.

自动专家主要指面对过去积累了丰富经验的熟悉情景时的一种自动反应（Miller & Ireland，2005），例如，希特和泰勒尔（Hitt & Tyler，1991）认为经理人员的经验可能以某种复杂甚至唯一的方式组合在其影响战略决策的认知模式中，当决策者使用直觉时，会经历一个自动的、无意识的过程，该过程吸收认知结构中的经验，这些认知结构由简化了的或存在偏见的经验构成，直觉因此表明了一种压缩经验的形态，可以用来协助当前决策。克哈特瑞等（Khatri et al.，2000）将直觉的概念操作化为三个指标：对判断力的依赖、对经验的依赖、"直感"的使用。

参考上文诸多学者对直觉的论述，本书同样认为，战略决策过程中，直觉的使用依赖于决策者对内外环境的认知能力和判断能力，依赖于自身积累的与决策内容相关的经验和知识，依赖于决策者对内外环境的整体感知，和诸多学者的观点相似，本书赞成如下观点：使用直觉判断进行决策不是一种冲动、情绪化或偏见，不是非理性或猜测，相反，直觉型决策者通常会有坚定的信念认为自己的选择是正确的，直觉过程同样会经历信息、知识和经验的综合分析、逻辑推理过程，只是该过程通常是在潜意识的思维层面进行的，直觉使用者本身也许也不会意识到其中的分析和推理过程，因此，本书将直觉使用程度界定为：所谓直觉程度，是指决策者在战略决策过程不同阶段中，在面临某些具体决策或判断问题时，在非有意识的情况下（潜意识）自动出现决策问题答案并强烈感知其正确性的程度。

第二节　企业家社会资本相关研究

在战略管理研究领域，以社会网络、政治网络、高管关系网络、商业网络等构念方式研究企业或企业家的社会资本的西方文献较多，国内文献则直接以企业家社会资本作为研究构念，与此相关的文献大致可以归纳为三类：第一类是对企业社会资本或企业家社会资本的来源或影响因素的研究，第二类是对企业社会资本或企业家社会资本本身进行概念研究或操作化测量研究，第三类是对社会资本或企业家社会资本的功能进行相关理论分析和实证研究。其中研究最多的是第三类，该类研究主要关注企业家社会资本的功能，以理论探讨和分析为主，实证研究文献多数集中于企业（家）社会资本与企业（创新）绩效间关系的探讨，考虑到本书的主要目的在于分析企业家社会资本对企业战略决策的影响，与之相关程度更高的研究主要集中在第三类，因此，本书主要对第三类研究文献进行总结性回顾与分析。

一、企业家社会资本功能

社会资本被认为是继物质资本、人力资本后第三大重要的资本，嵌入在个体、团队、组织社会网络中的各类资源可以为网络成员提供便利和带来利益，为网络成员提供信息和资金、物质及人力等资源（Lin，2001），使成员易于获取广泛的信息、改善信息的质量、适用性和及时性，为行动者提供影响、控制和权力，利于网络内部的团结（Adler et al.，2002），企业家的社会关系网络是企业家的信息通道，可以为企业家提供更准确、快捷、稳定和各类信息，促进协调和节约交易费用（陈传明和周小虎，2001），对社会网络成员而言，在网络中占据有利位置——结构洞的成员可以在一定程度上控制信息和资源的流动，从而可以更及时、更方便地获取各类信息和资源（Burt，1997），对创业者——企业家而言，其社会关系网络可以帮助企业家更好地识别市场机会、获取创办企业所需的各类资源，为企业家提供心理和情感支持（Sean，2005），企业高层管理者之间的信息交换可以使企业家更准确地预测需求和竞争的变化（Uzzi，1997），企业间的信息传递可以使行动者更好预测未来需求和顾客偏好，获取合法性和发现新的机会（Elfring et al.，2003），在社会关系网络的联系模式中，强关系利于隐性知识或复杂信息交换，若关系在利于发现新的信息、知识或机会（Hansen，1999），社会资本的结构资本、关系资本和知识资本交互影响对个体成长发挥作用（Nahapiet et al.，1998），协调和优化配置组织资源（周小虎，2002），有利于企业集群的产生和发展（郑春颖，2009），降低交易风险，获取创业所需各类人才（葛勇，2006）。

在对现有研究进行总结性分析基础上，本书认为企业家社会资本的功能可以从总体上分为两类：一类是为企业家带来有形的物质资源利益，如资金、客户、人才等，另一类是可以为企业家或企业无形的利益，如信息、知识、技术、影响力、合法性、情感支持等。

二、企业家社会资本对企业经营绩效的影响

对企业家社会资本的功能相关研究而言，目前在西方文献中研究最多的就是各类社会网络对企业经营绩效的影响，例如，李和张（Li & Zhang，2007）在整合新创企业高层管理人员人力资本、政治关系网络的理论模型中实证检验了创业团队与政府官员的关系对新创企业绩效的影响，彭和罗（Peng & Luo，2000）以中国企业为研究对象，实证研究发现企业家或企业高管成员的政府部门官员的关系网络改善了企业经营绩效，对不同的所有制、行业来说，这种影响还存在显著差异。阿奎（Acquaah，2007）基于不同的竞争战略导向研究企业家或高管与社区领导间的关系对企业经营绩效的影响，耿新（2008）研究了创业者在新创企业时，其社会资本对新创企业绩效的影响，边燕杰和丘海雄（2000）基于中国情景，研究三类社会联系对企业经营绩效的影响，孙俊华和陈传明（2009）针对中国上市公司的研究则发现上市公司高管与政府的过密联系降低了企业的短期绩效，李路路（1997）的研究发现民营企业家社会关系网络成员（朋友、亲戚或配偶）的社会地位对创业成功有积极影响。

关于企业家社会资本与企业绩效的关系，目前大多数实证研究文献的研究结果均支持企业或企业家的各种类型社会资本对新创企业绩效的积极影响，这一点，得到了学术界的广泛认同，也有少部分研究谈到企业或企业家社会资本的负面作用，基于社会网络关系的互惠和相互责任、义务规则，社会资本在一定程度上表现为社会负债，建立、维护关系需要投入时间、人力和物力，这些资源投入增加了企业经营的成本，因而可能在短期给企业经营绩效到来负面影响。然而，现有研究对社会资本在什么时候、什么环境条件下具有正面或负面的绩效效应，现有文献并未解释清楚这个问题，需要未来的研究加以关注。

第三节　企业战略决策相关研究

企业战略研究在组织管理研究中属于宏观层次的研究，因此，在战略管理研究早期，战略管理研究更多的是关注企业外部政治、经济、制度、文化等环境因素对企业战略选择的影响，部分在企业层面的研究则主要关注企业规模、组织结构与特征等因素对企业战略的影响，基于过程观的战略管理研究学者则相信：外部因素和组织因素对企业战略的影响最终要体现在高层管理团队对企业战略的决策上来（Hambrick & Mason，1984），而企业对战略的选择通常更多的是由决策的过程决定的。战略决策过程研究主要研究企业战略问题识别、方案制订和方案选择过程中决策成员行为以及心理对企业战略决策结果的影响（Elbanna，2006）。

一、企业战略决策过程

战略决策理论研究通常分为"决策内容"研究与"决策过程"研究，"决策内容"研究主要涉及投资组合、多元化、并购、竞争等诸多具体的战略性决策问题，而"决策过程"研究则涉及战略决策的产生、执行及其影响因素等问题（Elbanna，2006），然而，过去二十多年战略决策内容研究一直占据统治地位，研究战略决策过程的兴趣在近年才得到复兴（Rajago-palan，1997），显然，战略决策内容研究和过程研究间是相互补充和促进的关系而非替代的关系，对战略决策内容的研究会影响战略决策过程研究，反之亦然（Mintzberg et al.，1985）。然而，为什么"内容"研究似乎比"过程"研究更受学者重视，一个可能的解释是"内容"研究涉及的是具体的决策问题，相关研究结论更能引起企业界的兴趣和关注，而"过程"研究不涉及具体的决策问题，相关研究结论不一定能产生立竿见影的作用；同时"过程"研究似乎比"内容"研究更复杂，一是"过程"研究通常要比"内容"研究需要更多的理论基础（如哲学、心理学和决策学等），二是"过程"研究涉及的变量定义和测量可能要比"内容"研究涉及的变量定义和测量难度更大。

企业战略过程研究的范式主要包括：第一，先行因素—决策过程特征—决策结果模型，关于决策过程与前置关系的研究较多，例如，帕帕达克斯（Papadakis et al.，1998）的研究提出了一个包括环境因素、组织因素、决策内容特征对决策过程特征的综合模型，爱尔巴里等（Elbanna et al.，2007）提出了一个包括环境因素、组织因素、决策特性对战略决策过程理性影响的研究模型。第二，更多使用多维度分析和测量各研究变量，而不仅仅是使用单维度，如帕帕达克斯（Papadakis et al.，1996，1998，2002）的研究，爱尔巴里等（Elbanna et al.，2007）的研究。第三，对各研究变量的分析和测量维度出现多样化，不同研究的关注重点有所不同，出现部分过去研究未涉及的新维度，如环境异质性、决策重要性等。第四，使用案例研究方法深入分析某种因素对战略决策过程特征的影响，如帕帕达克斯（Papadakis，1999）的研究。第五，研究内容和结论更加丰富和多样化，例如，关于环境与决策过程特征间关系的研究结论有：环境不确定性、支持性对决策过程理性有正向影响（Elbanna et al.，2007），环境异质性对决策过程理性影响不显著，对决策过程的政治行为和冲突有显著影响（Papadakis et al.，1998），环境竞争威胁与决策过程理性负相关（Dean et al.，1993）；关于组织因素与决策过程特征间关系的研究结论有：组织计划正式性、公司绩效、公司规模、所有权类型/控制对决策过程理性有正向影响，对政治行为有负向影响（Papadakis，1998），经理认知多样性对决策过程理性有负向影响（Miller et al.，1998），公司规模、公司绩效对决策过程理性有积极影响（Elbanna et al.，2007），"董事会互锁"程度对董事会参与战略决策程度负相关，董事会规模和外部董事比例对董事会参与度没有显著影响（Ruigrok et al.，2000），董事会规模、多样性、内部代表与董事会参与程度负相关，组织年龄与董事会参与度正相关（Judge et al.，1992），TMT 特征和 CEO 特征对决策过程特征的影响维度不同，其中 TMT特征要比 CEO 特征的影响维度更多，TMT 的进取性是最重要的影响因素（Papadakis et al.，2002），决策者的背景偏见对战略决策过程有重要影响，认知图是限制背景偏见可能破坏性的有效手段（Hodgkinson et al.，1999）；关于决策内容特征与决策过程特征间关系，帕帕达克斯等（Papadakis et al., 1996）的研究结果表明决策影响范围与决策过程理性、层级分权化、横向沟通正相关，决策不确定性与政治活动、问题解决意见冲突正相关，危机性决策与政治化正相关，决策重要性、不确定性与决策过程理性正相关（Elbanna et al., 2007），帕帕达克斯等（Papadakis et al., 1999）的案例研究结果表明将决策视为危机时，决策过程的理性程度和参与决策时各部门合作程度更高，无政治性争论，决策过程速度更快；迪恩等（Dean et al., 1993）的研究结果表明决策不确定性与战略决策过程理性负相关，决策重要性与决策过程理性无显著相关性。

关于决策前置因素与决策结果间关系的实证研究在过去也得到了充分的研究，例如，科姆等（Kim et al., 1993）研究了跨国公司子公司高层管理者对首脑机构决策程序公平性的感知与其对决策的态度和行为的关系，结果表明这种感知与子公司高层管理者对决策的态度（承诺、信任和满意度）和行为（执行决策时的顺从）正相关。科尔斯戈德等（Korsgaard et al., 1995）研究了决策程序如何促进决策团队成员间的合作关系，结果表明考虑成员意见积极影响了成员对决策程序公平性的感知，从而对团队成员间关系、成员对领导的信任产生积极影响，那些意见得到考虑的成员比未得到考虑的成员会认为决策程序更公平，对最终决策有更高的承诺。沃利（Wally, 1994）的研究结果显示 CEO 的认知能力、利用直觉、风险容忍度、活力与决策速度正相关，组织集权化与决策速度正相关，组织正式化与决策速度负相关，高集权化和低正式化组织中的决策速度更快，CEO 认知全面性与决策速度正相关。罗伯特（Robert et al., 1999）从信息处理过程的视角研究了对战略决策团队忠诚和能力的感知水平对决策质量及决策承诺的影响，结果表明在对团队忠诚感知水平较高时，决策过程中的反对意见对决策质量有积极影响，在对团队忠诚感知水平较低时，决策过程中的反对意见对决策质量有消极影响；在对团队能力感知水平较高时，决策过程中的反对意见对决策承诺有积极影响，在对团队能力感知水平较低时，决策过程中的反对意见对决策承诺有消极影响。罗伯特（Robert et al., 2003）的研究结果表明环境动态性和支持性对战略决策速度有正向影响，组织集权和正式化程度与战略决策速度正相关。霍夫（Hough et al., 2005）研究了管理者认知风格对决策过程结果的影响，结果表明直觉/思想型管理者比其他管理者产生更多高质量决策结果，情感型管理者费时间去搜寻合意决策，常导致更少的决策和更低效率，偏好基础上的感知和判断对决策效率没有影响，性格外向型管理者与内向性格管理者的决策效率没有显著差异。

关于决策前置因素与企业进行结果的研究，也得到了一定的体现，阿基若和福雷德里克森（Iaquinto & Fredrickson，1997）研究了高管团队意见一致性对组织绩效的影响，结果表明高管团队对战略决策过程理性要求的意见一致性对组织绩效有正向影响，组织规模、TMT 规模与 TMT 意见一致性负相关，过去绩效、TMT 任期与其不相关，意外发现了不稳定产业环境中的企业比稳定产业环境中的企业高管团队意见一致性要高。西蒙斯（Simons，1999）研究了高管团队多样性和相互辩论对两个公司财务绩效的影响，结果表明团队内工作相关多样性及争论对组织绩效有显著积极的影响，年龄相关多样性（非工作相关）对组织绩效没有显著影响。罗伯特等（Robert et al.，2003）的研究结果表明环境与组织因素通过战略决策速度中介对企业绩效（增长率、收益率）有正向影响。此外，也有部分学者就自己感兴趣的单个战略决策先行因素提出了一些研究模型和理论假设，例如，戴斯（DAS，1999）研究了认知偏见对战略决策过程的影响；黑尔等（Hiller et al.，2005）提出了一个 CEO 核心自我意识对战略决策过程特征、过程结果及经济结果影响的四个理论假设：CEO 核心自我意识与决策全面性负相关，与决策的集权化正相关，与决策速度正相关，与经济结果（组织绩效）正相关，不过目前尚未有相关经验研究对其理论假设进行验证。

关于决策前置因素调节作用的研究主要包括两条，一条就是对过程特征——决策结果关系的调节影响，另一条就是对过程特征——企业绩效关系的调节影响，例如，迪恩和沙夫曼（Dean & Sharfman，1996）用 24 个企业的 52 个决策样本研究了环境动态性对决策过程理性与决策效率间关系的影响，结果表明决策过程理性提高了决策过程决策效率，但在高动态性环境中二者关系更强的假设未得到支持。霍夫（Hough，2003）用来自 54 个高管团队的 400 个决策样本，研究了决策过程全面与决策质量间关系受环境动态性的调节影响，结果表明在稳定环境中二者正相关，在不稳定环境中二者负相关，与福雷德里克森（Fredrickson，1984）、福雷德里克森等

（Fredrickson et al.，1989）的研究结论一致。卢卡斯等（Lioukas et al.，2003）研究了环境变量（环境异质性、动态性、支持性）对战略决策过程特征（决策过程理性、正式化、层级分权、政治行为、参与度）与决策过程结果（对决策的总体满意度，对决策的竞争力贡献的满意度，对决策的销售贡献满意度）间关系的调节影响，结果表明环境动态性对过程理性与过程结果间关系没有显著影响，对层级分权化与决策销售贡献满意度间关系有负向影响；环境异质性对决策过程正式化与过程结果（总体满意度、竞争力贡献满意度）间关系有正向影响；政治化与危机状况相互作用对决策满意度、竞争力贡献满意度有积极影响。福比斯（Forbes，2007）的研究表明决策全面性对决策质量的影响主要受环境信息数量和确定性的影响，当环境信息数量、确定性都高时，决策全面性才可能提高决策质量。霍夫和怀特（Hough & White，2003）的研究结果是：决策过程理性与决策质量没有显著相关性，但是在稳定环境中，高质量决策常和确保决策者获得良好信息相联系。少部分文献提出了比较综合的研究模型，全面研究了各先行因素的调节影响，对各研究变量的测量维度也更为全面，其中以爱尔巴里等（Elbanna et al.，2007）的研究最具代表性，该文以埃及企业为样本，提出了一个包括外部环境变量（不确定性和支持性）、内部公司特征（组织绩效和规模）、决策内容特征（重要性、不确定性、决策动因）、决策过程特征（理性、直觉和政治行为）和过程结果（决策效率、效果）的一体化研究框架，主要研究了决策过程特征对决策过程结果的直接影响及二者间关系，并分析了环境维度、公司特征及决策内容特征对二者间关系的调节作用，研究结果显示：战略决策中运用理性与战略决策效率、效果正相关，战略决策过程中政治行为与战略决策效率、效果负相关，直觉与决策效率、效果负相关的假设未得到验证。环境不确定性对"过程特征—过程结果"关系的调节作用不存在，环境支持性负向调节了"过程理性—过程结果"关系；公司绩效对"政治行为—决策过程结果"关系有负向调节作用，公司规模的调节作用未发现；决策重要性的调节作用不存在，决策不确定性对"过程理性—决策过程结果"关系有调节作用，对"直觉、政治行为—决策过程结果"关系没有调节作用，决策动因对"过程理性—决策过程结果"关系有调节作用（危机决策比机会决策关系更强），对"直觉—决策过程结果"关系没有调节作用。从该文研究结论来看,三个调节变量的不同维度对决策过程特征——决策结果间关系的调节作用是不同的。格利克等(Glick et al.,1993)、普里姆(Priem et al.,1995)用产业稳定性和可预测性来测量环境动态性,而 Goll 等(1997)直接用环境不稳定性来测量环境动态性;扎拉等(Zahra et al.,2002)直接定义和测量环境不确定性,而克瓦库等(Kwaku et al.,2004)用技术不确定性和需求不确定性来测量环境不确定性。该段时期的研究结论多数还是支持决策全面性与企业绩效正相关,环境变量的调节作用显然存在,例如,格利克(Glick et al.,1993)的研究表明在高动态环境中决策全面性提高了收益率(在低动荡环境中没有),普里姆等(Priem et al.,1995)的研究也得出了相似的结论。戈尔等(Goll et al.,1997)的研究表明在高动态性和高支持性环境中,决策过程理性提高了公司绩效。扎拉等(Zahra et al.,2002)的研究显示决策过程全面性与企业绩效正相关,这种关系在经理具备应对环境不确定性经验时得到加强。克瓦库等(Kwaku et al.,2004)的研究结果表明决策全面性与新产品绩效间关系受到技术不确定的负向调节影响、受到需求不确定的正向影响,决策全面性与新产品质量间关系受到需求不确定正向调节影响,技术不确定没有显著影响。

关于决策过程、决策结果与企业绩效间关系的实证研究在过去也是比较丰富的,其中,关于过程特征与决策结果关系的研究文献主要补充、丰富了以前的研究结论,对决策过程特征来说主要涉及全面性、认知冲突、政治行为、直觉等研究维度,对过程结果主要涉及决策质量、承诺、情感接受、效率、效果等维度,例如,艾伦·曼森(Allen Mason,1996)的研究显示决策过程中 TMT 认知冲突对决策质量、承诺、情感接受有积极影响,而情感冲突有消极影响;迪恩等(Dean et al.,1996)的研究认为决策过程理性提高了决策效率;而霍夫等(Hough et al.,2003)的研究却表明决策过程理性与决策过程结果没有显著相关性;霍夫等(Hough et al.,2003)研究结果表明在稳定环境中,决策过程全面性与决策质量正相关,在动态环境中二者负相关。福比斯(Forbes,2007)的研究表明决策全面性对决策质量的影响主要受环境信息数量和确定性的影响,当环境信息数量、确定性都高时,决策全面性才可能提高决策质量。罗伯特(Robert,

2000）研究了战略决策过程特征是如何影响了过程结果的问题，该文认为提高效率的因素可能降低认同性（对决策的意见一致性），企业如何进行有效率的决策同时又能获得广泛的认同以便于战略执行，需要克服任务导向和社会情感两个障碍；爱尔巴里等（Elbanna et al.，2007）的研究验证了"决策过程中的理性程度与决策效率、效果正相关"和"政治行为与决策效率、效果负相关"的两个理论假设。

关于决策过程特征与绩效间关系，近年研究最多的就是决策过程全面性/理性与绩效之间的关系，多数文献考虑了环境变量的调节作用，但未考虑其他先行因素的影响，例如，格利克等（Glick et al.，1993）研究表明在高动态环境中决策过程全面性提高了收益率（在低动态环境中没有）；普里姆等（Priem et al.，1995）用 101 个制造企业样本的研究也得出了相似结论；戈尔等（1997）的研究表明通常情况下决策过程理性未显著提高企业绩效，但在高动态性和高支持性环境中，理性提高了公司绩效；帕帕达克斯（Papadakis，1998）的研究表明决策过程理性与多数企业绩效测量指标正相关；西蒙斯等（Simons et al.，1999）的研究认为决策过程理性与公司绩效正相关，TMT 多样性、争论对公司绩效的影响部分通过过程理性的中介作用产生；米勒（Mueller，2000）的研究认为在不稳定环境中，决策全面性与决策经济效果负相关，在稳定环境中，决策全面性与决策经济效果正相关，并分析了过去一些研究结论不同的原因是"决策理性—绩效关系特征"依赖对理性的界定，利用信息的理性在稳定和动态的环境中都与绩效正相关，利用政治活动（说服）的理性在动态环境中与绩效负相关。扎拉等（Zahra et al.，2002）的研究表明决策过程理性与企业绩效正相关，这种关系在经理具备应对环境不确定性经验时得到加强；阿特黑勒和李（Atuahene‑Gima & Li，2004）以中国广东省高新技术企业样本书了决策全面性对新产品绩效和新产品质量的影响，分析了环境不确定性的调节作用，约翰里斯（Johannes，2006）研究了美国货运企业战略决策过程与公司绩效的关系，该文发现由传统战略计划和分权决策过程组成的复杂战略决策过程带来公司绩效差异，组织规模对决策过程与企业绩效间关系有显著调节作用。此外还有少部分文献研究了三者间的其他关系，例如，罗伯特等（Robert et al.，2003）研究了战略决策速度与公司绩效间的关系，结果表明二者正相关；克母（Kim，1998）研究了决策过程的程序公平是如何影响了决策质量、知识共享和决策执行时的合作态度，并进而影响到决策团队绩效，在此基础上提出了知识和情感认知理论。从上文可以看出，在研究决策过程特征、过程结果和经济结果间的关系时，一些文献没有考虑其他调节变量直接研究了三者间的关系，一些文献考虑了部分先行因素的调节影响，因此所得结论也是多种多样。

总体来讲，企业战略决策过程研究的一个主要问题就是企业组织中战略是如何制定的拉贾戈帕兰（Rajagopalan，1993），明兹伯格等（Mintzberg et al.，1985）曾提到企业战略决策过程是可以比较真实地描述的，因此，给战略决策过程理论研究带来方便，明兹伯格等（Mintzberg et al.，1973），查菲（Chaffee，1985）已经对战略决策过程的理论模型进行了分类，其中理性模型反映了从清晰定义的备择方案中进行整合的、相互协调比较并选择最佳方案的范式（Andrews，1971），政治行为模型则反映了组织中战略决策成员因不平等权力而引发的利益博弈和冲突以及这些行为对企业战略决策的影响（Narayanan et al.，1982），早期企业战略决策过程研究主要沿着这两条逻辑线路展开（Elbanna，2006）将所有这些研究归纳为两种基础理论模型：形式概要主义和渐进主义，形式概要主义是理性模式的延伸和扩展，"分析"是其基本特征，渐进主义又包括逻辑渐进主义（Quinn，1980）和政治渐进主义（Eisenhardt et al.，1992），是决策过程政治模型的自然延伸。随着研究的展开，战略学者关注到环境、决策者尤其是高层管理团队特征对企业战略决策过程的影响（Shepherd et al.，2014），其中关于环境对企业战略决策过程的影响主要分为三类：环境敌对性、环境动态性、环境宽容性和环境不确定性。环境敌对性（Miller & Friesen，1983）指的是给企业带来的危机、威胁和难以维持的环境状态，在此环境下，企业很难收集和分析信息，很难获取新的战略信息（Dean & Sharfman，1993），然而，帕帕达克斯等（Papadakis et al.，1998）的实证研究却未能证实环境敌对性对企业战略决策过程的显著影响，环境动态性指环境的变化速度、预测难度和不稳定性，爱森哈特（Eisenhardt，1989）使用八个微机公司的案例研究表明，在高速变化和动态的环境下，企业是如何使用实时信息来进行战略决策的，迪恩和沙夫曼（Dean & Sharfman，1996）的研究发现在动态环境下，企业高管团队在更加全面进行决策方面表现出了高度的一致性，米切尔等（Mitchell et al.，2011）的研究表明环境动态性是 CEO 较少做出特殊的决策，环境敌对性则容易促使 CEO 做出独特的决策，鲍姆和沃利（Baum & Wally，2003）的研究发现环境动态性和宽容性促使了企业更快地做出战略决策。环境宽容性主要指环境给企业带来的机会和发展支持程度，戈尔等（Goll et al.，2005）的研究发现理性决策模式对企业更有利，而爱尔巴里和切尔德（Elbanna & Child，2007a）则提出理性对企业绩效的积极效应主要体现在低的环境宽容性和较少增长机会的环境条件下。戈尔等（Goll et al.，1997）的研究则表明理性对企业绩效的正面效应不进在动态和宽容性环境下是显著的，而且在此环境下表现出更强的积极效应。对企业而言，环境不确定性主要指需求不确定和技术不确定，阿特黑勒和李（Atuahene – Gima & Li，2004）的研究表明在需求不确定下，决策理性对新产品绩效和质量产生了积极影响，但是，在技术不确定环境条件下，决策理性的积极效应未得到验证。此外，卡特瑞（Khatri，2000）的研究发现在不稳定的环境中使用直觉决策提高了企业绩效，而在稳定的环境中使用直觉决策则对企业绩效有负面影响。

关于高层管理团队特征对企业战略决策过程的影响，现有研究主要分析了教育水平、任期、人口统计学特征、认知多样性、认知风格、CEO 个性、团队异质性等因素对企业战略决策过程的影响，例如，戈尔等（Goll et al.，2005）的研究发现长任期的高管团队倾向于采用理性决策模式，帕帕达克斯等（Papadakis et al.，2002）的研究发现高教育程度的高管团队在形势诊断、方案产生和评估等战略决策过程活动中表现出更高的理性，帕帕达克斯等（Papadakis et al.，2002）的研究发现高教育水平 CEO 在企业战略决策过程中更倾向于使用财务信息，西蒙斯等（Simons et al.，1999）的研究表明团队年龄、任期、教育水平等方面的多样性或异质性仅仅对决策理性有微弱的影响，米勒等（Miller et al.，1998）的研究发现人不知多样性减少了决策全面性和理性，奥尔森等（Olson et al.，2007）的研究发现认知多样性增加了决策过程冲突的产生，Nutt（1993）的研究发现 CEO 认知风格影响了战略决策过程中进取、对不确定和模糊的容忍以及对风险的评估水平，米勒等（Miller et al.，1988）的研究发现具有高个人成就需要的 CEO 在决策过程中表现出了更高的理性，帕帕达克斯等（Papadakis et al.，1998）的研究发现具有冒险精神的 CEO 在战略决策过程中降低了决策过程规则要求。

（一）理性决策模型

如上文所述，企业战略决策过程研究的理性模型得到了较多学者的研究，理性模型从信息收集的全面性、准确性、信息分析的透彻性和备择方案制订的完备性以及最终最佳方案的明确性等方面理论化了决策理性构念，并从环境、组织、CEO、高管团队、决策特征等方面分析了这些变量对企业决策理性的影响，如爱尔巴里等（Elbanna et al.，2007）的研究发现在环境不确定程度和环境宽容性较高的情况下，企业战略决策反而更加理性，迪恩等（Dean et al.，1993）的研究发现当面临较强的行业竞争环境时，企业表现出更低的决策理性，帕帕达克斯等（Papadakis et al.，1998a）的发现企业历史绩效和组织规模对企业决策理性具有正面作用，米勒等（Miller et al.，1998）的研究认为企业战略决策团队认知多样性对企业决策理性有消极影响，越是重要的决策，企业表现出更加的理性（Papadakis et al.，1996），面临危机时，企业战略决策表现出了更高的理性（Papadakis et al.，1999），当不确定性程度较高时，企业表现了更高的决策理性（Dean et al.，1993）。

在企业战略决策过程研究的理性模型的研究过程中，企业决策理性对企业战略决策质量、企业绩效的影响也得到了较多关注，有研究结果表明，在稳定的环境条件下，企业决策理性对企业绩效具有积极影响（Fredrickson & Mitchell，1984），但是在动态、多变的非稳定环境中，企业决策理性对企业绩效具有负面的影响（Fredrickson et al.，1989），但是，柏尔戈伊斯和爱森哈特等（Bourgeois & Eisenhardt et al.，1988），爱森哈特（Eisenhardt，1989）和戈尔等（Goll et al.，1997）的研究则发现及时在高速变化的动态环境，企业决策理性仍然对企业绩效有积极影响，之所以产生了一些看似矛盾的研究结论，是因为理性可以分为使用信息的理性和使用说服的理性，对于使用信息的理性，无论是动态还是稳定的环境均对企业绩效有积极影响，而使用说服的理性在多变的环境下对企业绩效的影响是负面的（Mueller，2000）。此外，也有学者研究了企业战略决策过程理性对决策结果的影响，如迪恩和沙夫曼（Dean & Sharfman，1996）研究了决策理性对企业战略选择结果的影响，霍夫（Hough，2003）研究了稳定和非稳定环境中决策理性对战略决策质量的影响，福比斯（Forbes，2007）发现当企业面临的环境能够提供足够准确的信息时，企业决策理性才能对企业决策质量产生积极影响。

（二）直觉决策模型

一些战略过程研究学者较早关注到许多企业战略决策过程中替代分析行为使用了直觉判断行为，有一些有悖于常规分析结论的直觉判断决策甚至起到了意想不到的好结果，于是，一些学者对此现象产生了研究兴趣，通过理论分析和实证研究方法分析直觉对企业战略决策结果的影响，例如，爱森哈特（Eisenhardt，1989，1997）的案例研究关注到直觉行为对 IT 企业战略决策速度的影响，居吉和米勒（Judge & Miller，1991），沃利和鲍姆（Wally & Baum，1994）的实证研究验证了企业战略决策过程中的直觉行为对企业战略决策速度的积极影响，伊森伯格（Isenberg，1986）的研究发现由于在企业战略决策过程中使用直觉判断，减少了决策所需信息搜寻量和使用量而提高了战略决策的效率和速度，卡特里等（Khatri et al.，2000）的实证研究检验了在动态环境中，企业战略决策过程中使用直觉判断进行战略性决策对企业经营绩效有积极影响。

企业战略决策过程中直觉行为的出现，也许不是偶然，企业家在面临动态、多变和复杂信息的经营环境，常常因为战略决策的时间压力，无法完全采用理性决策模式，弗雷德里克森等（Fredrickson et al.，1989）甚至批判了"爬行"的理性决策模式不适应快速变化的环境，被迫通过自身经验、知识积累对某些需要花费大量时间、经历且未必能得出满意判断的决策微事项采取直觉判断，不仅是因为决策时间和环境压力的影响，而且还因为企业家对自身认知能力的自信。

二、企业战略决策过程结果

企业战略决策过程结果指的是过程的输出，现有文献比较成熟的研究构念主要有决策速度、决策承诺、决策满意度、决策质量、决策效果等，基于本书主要目的在于探索企业家社会资本对企业战略决策质量和速度的影响，下文将对企业战略决策质量和决策速度相关研究进行简要回顾。

（一）企业战略决策速度

在以知识、信息和全球经济为特征的 21 世纪，企业间和区域间的竞争加剧，技术和市场的变化速度越来越快，环境的快速变化要求企业能够快速做出战略决策，以便对环境的变化做出及时的反映（Fredrickson et al.，1989），甚至有学者谈到公司管理时间并对市场做出快速反应的能力是企业获取竞争优势的来源（Stalk，1988），在现代全球竞争市场中，并非规模大的企业打败小企业，而是反应快速的企业战胜反应慢的企业（Thomas，1990），因此，企业战略决策速度主要影响因素是什么的问题得到了战略研究学者的极大重视，相关研究文献较多，总结起来有以下几个方面：

（1）组织因素。企业组织的规模、年龄、组织方式以及组织结构等因素被认为是对企业战略决策速度有重要影响的因素，对组织规模和年龄而言，一般而言，企业规模越大，年龄越高，越容易形成组织惯性和组织惰性，对环境变化不敏感、反应迟钝，从而减缓了企业战略决策速度，对组织方式而言，现有研究认为企业组织的正式化程度越高，企业战略决策速度越慢，决策参与人员越多越会延缓企业战略决策（March & Olsen，1976），对组织结构而言，企业集权程度越高，企业战略决策速度越快（Wally & Baum，1994），特别是那些有强力集权领导的企业组织往往能作出快速战略决策（Vroom & Yetton，1973）。企业的组织特征不仅影响企业战略决策速度，而且影响企业经营绩效（Robert et al.，2003）。

（2）外部环境。外部环境因素对企业战略决策的影响是不言而喻的，企业进行战略决策，必须要在外部环境收集各类所需信息、对所收集的信息进行分析、整理、判断并制订出相应的行动方案，环境的动态性、复杂性决定了信息搜集的难度和信息的可获取性、准确性，从而对企业战略决策速度产生影响，环境敌对性大小决定了企业面临威胁和危机的大小，企业承受的变革压力和尽快做出战略选择的压力也因此而不同，企业进行战略决策的紧迫性也不同，因而环境敌对性也可能对企业战略决策速度有重要影响，事实上，许多学者通过理论和实证检验研究了外部环境对企业战略决策速度的影响，例如，罗伯特·鲍姆等（Robert Baum et al.，2003）整合企业组织特征分析了环境特征对企业战略决策速度的影响并进而对企业绩效的影响，艾森哈特（Eisenhardt，1989）的案例研究发现在高速多变环境下，由于快速变化环境具有非连续性特点，信息通常不准确、不完整的特点，这时候作出选择容易犯错误，但是等待事情明朗或模仿别人来避免战略错误（Bourgeois & Eisenhardt，1987）同样可能失去机会，一个折中的办法就是快速地作出战略决策，但在执行战略决策时采取安全的、渐进的行动计划（Bourgeois & Eisenhardt，1988）。因此，现有研究基本上支持了环境动态性对企业战略决策速度具有积极影响的观点。又如，鲍姆和沃利（Baum & Wally，2003）研究环境的支持性对企业战略决策速度具有积极影响。

（3）决策特性。决策特性主要指决策本身的特征，如决策的重要性、风险性、复杂性、不确定性和事件紧迫性，通常而言，越是重要的决策，企业在进行战略决策时会更加理性，从而降低企业战略决策速度，复杂程度越高的决策可能会延缓决策速度（Hickson et al.，2001），决策本身不确定性程度越高，越可能降低决策理性（Dean & Sharfman 1993）和决策规则的形成（Papadakis et al.，1998），从而增加决策过程的灵活性（Sharfman & Dean 1997a），因而可能对企业战略决策速度产生积极影响，决策蕴含并被感知到的风险越高，通常会减缓企业战略决策速度，例如，唐纳森等（Donaldson et al.，1983）的研究发现决策者对决策内容所感知的风险对企业战略决策速度具有反向影响，时间压力越大的决策可能会促进企业战略决策速度的提高（Papadakis et al.，1998）。

（4）决策者特征。决策者特征主要指企业战略决策参与人 CEO、高管等个体或团队的个性、认知等特征，目前，关于决策者、特征对企业战略决策速度的影响研究主要集中在以上几个方面，例如，沃利和鲍姆（Wally & Baum，1994）研究了决策者个体特征、对企业战略决策速度的影响，结果发现 CEO 的认知能力、风险容忍度对企业战略决策速度具有显著影响，泰拉尤里卡尔等（Talaulicar et al.，2005）的研究认为高管团队的组织特征以及团队过程中的信任、辩论和积极影响对企业战略决策速度具有显著影响，福比斯（Forbes，2005）从生命周期理论和人力资本理论的视角分析了创业者的个体特征对新创企业战略决策速度的影响霍夫等（Hough et al.，2005）研究了决策者认知风格对企业战略决策速度的影响，福比斯（Forbes，2005）的研究发现年龄因素对新创企业而言，对企业战略决策速度的影响是显著地，古家军（2009）发现 TMT 平均教育水平、任期、职业背景对企业战略决策速度有积极作用，TMT 异质性对战略决策速度有负面影响。

（5）过程特征。决策过程特征主要包括理性、直觉、冲突、政治行为等研究构念，关于决策过程中出现的不同行为对企业战略决策速度的影响的相关研究文献较多，例如，居吉和米勒（Judge W. Q. & Miller A.，1991）的研究表明同时分析多种备择方案在不同环境下均对战略决策速度有积极影响，泰拉尤里卡尔等（Talaulicar et al.，2005）的研究认为高管团队决策过程中的信任、辩论和积极影响对企业战略决策速度具有显著影响，考拉兹克等（Kownatzki et al.，2013）研究了总部控制机制对分部战略决策速度的影响，明兹伯格（Mintzberg，1973）、纳特（Nutt，1976）的研究发现决策过程中的出现政治行为降低了企业决策速度，明兹伯格等（Mintzberg et al.，1976）现决策过程中出现的冲突会导致决策中断，从而降低了企业决策速度，艾森哈特（Eisenhardt，1989）的研究发现如果积极解决决策过程中发生的冲突可以加快决策。在战略决策过程增加同时考虑备择方案的数量会提高决策速度（Eisenhardt，1989），决策过程中使用直觉会加快企业战略决策速度（Judge & Miller，1991）。

除了企业战略决策速度影响他因素的研究外，较多的研究通知关注了企业战略决策速度对企业绩效的影响，一般而言，现有研究比较认同在较高动态的经营环境下，企业战略决策速度对企业绩效具有重要的积极影响，例如，伯尔戈伊斯和爱森哈特（Bourgeois & Eisenbardt，1980）、爱森哈特（Eisenhardt，1992）、居吉和米勒（Judge & Miller，1991），沃利和鲍姆（Wally & Baum，2003）的研究均支持或持类似的观点。

（二）企业战略决策质量

企业战略决策质量作为反映企业战略好坏的主要研究构念，历来受到战略学者的重视，作为非常规化的战略决策，其决策难度相比较常规的企业日常决策而言要大得多（Mintzberg et al.，1976）战略决策所需信息数量、知识容量和知识的专业性等方面往往会超过个人的能力范围，因此，对多数企业而言，往往会要求高层管理团队成员参与企业战略决策，有的企业甚至会要求中层管理人员参与企业战略决策过程，学术界对企业战略决策质量影响因素的研究也主要集中在决策团队特别是高管团队特征和过程等方面，例如，亚玛森（Amason，1996）研究了高层管理职能冲突和非职能冲突对企业战略决策质量的影响，霍夫等（Hough et al.，2005）分析了决策团队认知风格对企业决策质量的影响，发现思想型管理者比其他管理者的产生更多高质量决策，杜里等（Dooley et al.，2002）基于信息处理理论的研究了TMT团队异质性对企业战略决策质量间的影响时发现只有当高管成员的目标一致时，团队异质性才会对企业战略决策自己量产生积极影响，王国锋、李懋和井润田（2007）证实高管团队凝聚力与企业战略决策质量正相关，郎淳刚和席酉民（2007）的研究认为决策团队信任程度对企业战略决策质量有积极影响。弗雷德里克森等（Fredrickson et al.，1989）比较分析了过去基于动态和稳定环境条件下决策全面性对决策质量不同影响，科尔斯戈德（Korsgaard，1995）研究了决策过程公平在决策团队中建立承诺和信任的作用以及最终对战略决策质量的影响，爱尔巴里（Elbanna，2015）在考虑环境变量的情况下分析了决策过程政治行为对决策质量的负面影响以及直觉在其中的角色，霍夫等（Hough et al.，2003）分析了环境动态和决策过程理性对战略决策质量的影响，卡梅洛（Carmeli，2012）分析了CEO关系式领导风格通过建立决策团队信任和从失败中吸取教训从而提高了战略决策质量，福比斯（Forbes，1999）分析了董事会团队对企业战略决策质量的影响，迪恩等（Dean et al.，1993）研究了战略决策程序理性和政治行为对战略决策质量的影响。施温格等（Schweiger et al.，1984，1986，1989）采用试验的方法陆续研究了团队决策方式对企业战略决策质量的影响，如通过宽泛的自由讨论并最终达成一致的方式和引入正反两方进行辩论并最终做出战略选择的模式，结果表明，第一种决策方式会促使决策成员对决策的满意度增加，但是后一种决策方式可能产生更高质量的决策。此外，梅森（Mason，1969，1981；Cosier，1978，

1980，1981，1985）也进行了类似的研究。

也有研究认为在战略决策过程中，认知冲突对产生高质量的决策是有利的，但是关系冲突却是有害的（Jehn，1995，1997；Simon，2000），也有学者认为认知冲突可能导致关系冲突，而团队成员间的信任可以在一定程度上组织认知冲突转变为关系冲突（Simon，2000；郎淳刚和席西民，2007），企业战略决策过程政治行为对企业战略决策质量的负面影响也受到了许多学者的关注，如迪恩和沙夫曼（Dean & Sharfman，1996）的研究发现政治行为降低了企业战略决策质量。

第四节 企业家对企业战略决策的影响

高阶理论认为高层管理人员不同的性格特征、价值观和认知特征影响了企业不同的战略选择从而对企业绩效产生了影响（Hambrick & Mason，1984），受高阶理论的影响，部分战略学者开始关注企业家个体或群体的特征对企业战略的影响，有的研究分析了企业家人口特征对企业战略决策的影响，例如，希特和泰勒尔（Hitt & Tyler，1991）研究发现 CEO 及其他成员年龄、教育程度和工作阅历的类型、数量、水平等人口特征对企业战略决策模式的影响，帕帕达克斯等（Papadakis et al.，2002）分析了 TMT 和 CEO 受教育程度、任期对战略决策过程的理性、分权化和政治化行为的影响，发现 CEO 和 TMT 特征对战略决策过程的影响大于环境因素的影响，CEO 任期对决策层级分权化有正向作用，TMT 任期对决策理性有正面效应，西蒙斯等（Simons et al.，1999）研究了团队多样性（工作相关多样性和年龄多样性）对企业战略决策的积极影响，米基等（Michie et al.，2002）研究了高管团队的职业背景对企业战略决策质量的权变影响，福比斯（Forbes，2005）研究了企业家年龄和创业经验对企业战略决策速度的影响。

也有文献研究了企业家心理特征对企业战略决策的影响，例如，米勒和特劳斯（Miller & Toulouse，1986）研究了 CEO 灵活性和成就需要等个性特征对战略决策过程特征的影响，结果发现灵活性与直觉、风险型决策正相关，成就需要与战略前瞻性、分析型决策相关，勒温和斯蒂芬（Lewin & Stephens，1994）发现高成就需要的企业家常采取比较正规的战略决策模式，而风险厌恶性企业家通过集权化来减少不确定性，帕帕达克斯等（Papadakis et al.，2002）的实证研究发现 TMT 进取心对企业战略决策过程理性具有正效应，福比斯（Forbes，2005）研究了决策过程变量企业家的自我效能感的影响，发现决策分权化程度、全面性、使用即时信息对企业家的自我效能感具有显著的积极效应，黑尔和汉姆瑞克（Hiller & Hambrick，2005）研究了企业家的核心自我评价对战略决策理性、决策速度的影响。

此外，还有研究从认知的视角分析了企业的认知特性对企业战略决策的影响，例如，沃利和鲍姆（Wally & Baum，1994）的研究表明企业家对环境的认知能力对战略决策速度有显著的积极效应。霍夫等（Hough et al.，2005）的研究发现思想性企业家比情感性企业家的战略决策效率、战略决策质量更高，戴斯和腾（Das & Teng，1999）、霍奇金森（Hodgkinson，2002）研究了认知偏见的产生根源并对战略决策结果的不利影响，霍奇金森（Hodgkinson，1999）的实验研究表明在决策过程中使用因果关系认知图式可以减少认知偏见对企业战略决策的不利影响。陈传明（2002，2007）研究了企业家行为和高管认知对战略变革决策的影响。

直接研究企业家人口特征对战略决策的影响，有利的一面就是企业家人口特征容易得到准确、客观的测量，这会增加研究结论的可信度和说服力。不足的是所建立理论可能解释能力有限，因为企业家人口特征主要涉及与其人力资本相关的变量，忽略了企业家的性格、认知和社会联系等因素可能对战略决策过程或结果产生的影响。

第五节　现有研究简评

如上文所言，与本书密切相关的研究主要包括企业家社会资本相关研究、战略决策相关研究以及企业家与战略决策间关系的研究，对企业家社会资本的研究主要集中于考察企业家社会资本的功效及其对企业绩效的影响，虽然现有国内外大部分研究都肯定了企业家社会资本对企业绩效的积极影响，也对为什么会产生这种影响的原因进行了一定程度的理论分析和解释，少量研究甚至分析了企业家社会资本影响企业绩效的机制，例如，吴文华和汪华（2009）认为企业家社会资本并非直接影响企业绩效，而是通过将企业家个人的社会资本转化为企业社会资本，从而促进了企业动态能力的提升，最终提高了企业绩效。然而，企业家社会资本影响企业绩效的路径可能并非单一的，关于企业家社会资本是如何影响企业绩效的问题，目前仍没有令人满意和信服的回答与解释。

现有文献对战略决策速度和战略决策质量的研究主要涉及二者的影响因素及其对企业绩效的影响，相关研究基本肯定了在现代经营环境条件下战略决策速度和质量的重要性，肯定了二者对企业绩效的积极影响，但是，在研究二者的影响因素时，仍然存在研究空白，社会资本的研究视角仍然是重要但缺失的一个研究环节。相关涉及战略决策过程特征，如决策理性、直觉等变量的研究也较少关注社会资本及社会情境可能给战略决策过程特征变量带来的影响，事实上，决策者社会资本和所处社会情境是其决策的基础，其不仅会影响到决策者的战略认知，而且会影响到决策者依赖的信息和知识基础，从而会影响到其决策过程，使其在决策过程中表现出不同的行为特征。

现有文献对企业家与战略决策的关系研究主要在于考察企业家人口特征、性格特征和认知特征对战略决策过程、战略决策速度和质量的影响，归纳总结起来主要涉及与企业家人力资本和心理资本相关个体特征变量对战略决策的影响，企业家社会资本对战略决策的影响仍未得到充分的关注和研究，使得相关研究的理论解释能力存在局限。

本 章 小 结

首先，通过文献回顾与概念研究，本章对企业家社会资本、战略决策速度、战略决策质量、理性使用程度和直觉使用程度等本书所涉及的主要研究构念进行了概念界定，以明确各研究构念的内涵和理论边界。其次，本章对企业家社会资本相关研究、战略决策相关研究以及企业家与战略决策关系研究等方面的文献进行了综述，主要回顾与分析了与本书研究相关程度较高的文献。现有文献对企业家社会资本的研究主要集中在考察其作用和功效，其中以研究企业家社会资本与企业绩效间关系的研究居多，相关研究虽然肯定了企业家社会资本对企业绩效的积极作用，但是较少考虑这种作用发生的机制；现有文献对战略决策的研究主要包括对战略决策过程特征和战略决策结果的研究，对战略决策过程特征的研究主要涉及理性、直觉、冲突和政治行为的前因和结果的研究，对战略决策结果的研究主要包括对战略决策速度、战略决策质量等结果变量影响因素的研究；现有文献对企业家与战略决策关系的研究主要涉及企业家人口特征、性格特征和认知特征对战略决策过程、速度、质量的影响，较少考虑企业家嵌入的社会情景和社会关系网络的影响。

最后，本章还总结了现有研究的局限及本书在现有研究中的地位，指出了现有研究在解释企业家对战略决策的影响、解释企业家社会资本对企业绩效的影响等方面存在局限性和研究空白，本书可以在一定程度上弥补这种理论局限性和填补相关研究空白。

第三章　研究框架与理论假设

本章在对本书所需应用到的相关理论基础进行介绍和分析的基础上，采用理论演绎和逻辑推理的方法，通过分析企业家在企业战略决策中的地位和作用，分析企业家社会资本对企业家战略认知结构的影响，从而推断并分析企业家社会资本可能对战略决策过程和战略决策结果产生的影响，以此为基础，提出本书的系列理论预设和基本书框架。然后，结合相关理论基础，通过分别讨论和分析企业家社会资本及其维度可能对战略决策质量、战略决策速度产生的影响，探讨这种影响得以产生的内在机理和逻辑，在此过程中，逐步提出本书的系列理论预设和理论假设。

第一节 理 论 基 础

实证主义研究范式主要的方法就是通过实验或调查数据来检验研究假设或命题，遵循该种研究思路，则要求研究假设或命题的提出需要有坚实的理论基础和严密的内在逻辑，因此，本节将对本书所运用到的相关理论基础进行详细介绍，以作为本书基本命题和理论假设提出的依据。

一、社会资本理论

社会资本理论认为：嵌入在个体的、团队的、组织的社会网络中的各类资源可以为网络成员提供便利和利益，为网络成员提供信息、知识、资金、物质及人力等资源（Lin，2001），是继物质资本、人力资本后第三大重要的资本，是一种制度化关系网络中的资源集合体和集体财产，可以作为信贷使用，网络规模和数量决定了其大小（Bourdieu，1986），是一种具有网络规范和社会信任的非正式组织，这种非正式组织有利于合作、优势互补并提高社会经济活动效率（Robert Putnam，1993，1995），是一种社会结构和社会规范（Fukuyama，1995；Putnam，1993），使成员易于获取广泛的信息、改善信息的质量、适用性和及时性，为行动者提供影响、控制和权力，利于网络内部的团结（Adler & Kwon，2002），对社会网络成员而言，在网络中占据有利位置——结构洞的成员可以在一定程度上控制信息和资源的流动，从而可以更及时、更方便地获取各类信息和资源（Burt，1997），对个体而言可以增加个人生活幸福感和促进个体职业发展（Coleman，1988），对企业组织而言，可以促进企业经营绩效的提高（Li & Zhang，2007；Acquaah，2007；Peng & Luo，2000），对于地区或国家而言，可以促进社会效率的提高、节约交易成本（Portes，1998）。

对创业者——企业家而言，其社会关系网络可以帮助企业家更好地识别市场机会、获取创办企业所需的各类资源，为企业家提供心理和情感支持（Sean，2005），企业间的信息传递可以使行动者更好预测未来需求和顾客偏好（Uzzi，1997），获取合法性和发现新的机会（Elfring et al.，2003），在社会关系网络的联系模式中，强关系利于隐性知识或复杂信息交换，弱关系在利于发现新的信息、知识或机会（Hansen，1999），社会资本是个体获取信息的重要来源，行动者要获取更多、更好的信息应该寻找通向其他社会圈子的桥梁——"弱关系"（Granoveteter，1973）。

归纳起来，现有社会资本理论反复强调了个体、团队或组织的社会资本可以为其带来资金、客户、人才、信息、知识、技术、影响力、合法性、情感支持等有形和无形的利益，因而影响到个体、团队或组织的认知、决策和绩效。

二、信息处理理论

认知心理学的信息处理理论认为，人类的对外部环境的认知活动过程实际上是一个信息吸收、分析、解释和存储的过程，这个过程主要包括信息输入、转化、简化、解释、存储、回忆和使用等活动（Neisser，1967），首先，当个体接触到外部环境中的文字、图像、声音、符号等各类信息时，个体大脑的感觉寄存器会将这些信息维持原样地暂存起来，其次将其传递到大脑中的模式识别器，模式识别器将来自感觉寄存器的信息与存储在长时记忆器中的相关信息进行对比、判断和分析等思维活动，识别该信息的属性和特征，并通过解释机制对其赋予一定的意义，通过一种过滤机制，过滤或忽略掉某些自认为不重要或不感兴趣的信息，而继续关注那些自己感兴趣的信息，进一步，对自己感兴趣的信息进行编码并继续传递到短时记忆器中，短时记忆器除了具有暂时存储信息的功能外，还是当前认知活动和信息处理的场所，通过分析、解释、分类等活动，将短时记忆器的信息转存到长时记忆器中，成为个体认知结构的一部分。人类认知活动就是通过反复、长期与外部环境接触、吸收信息、处理信息等学习活动和思考活动，形成自己的认知结构①。

认知心理学理论认为，人类对某事项的认知和判断不仅受到个体当前接触信息、情景的影响，更重要的是依赖过去存储在其长时记忆中的信息结构和知识结构，当前信息、知识和已有信息、知识的交互影响形成了新的认知和知识，从而影响了个体的当前决策。

第二节　研究框架

一、战略决策过程的主要阶段

战略决策过程是动态和复杂的（Mintzberg，1976），战略决策过程研究领域诸多学者皆认为，企业战略决策过程可以划分为不同的阶段，虽然这些阶段在现实决策过程中并非时间上的分离，并非是离散或线性的，而是相互缠绕、混合和反复循环的（Wally & Baum，1994），但是，现实决策过程的阶段仍然是可以识别和发现的，因此，诸多学者对战略决策过程进行了阶段划分，虽然这些划分略有不同，但是其对战略决策过程内涵描绘是类似的，例如，西蒙（Simon，1960）、埃雷特等（Ehert et al.，1975）将战略决策过程分为情报活动阶段、设计活动阶段和选择活动阶段三个阶段，情报活动主要是通过环境扫描收集并处理、分析决策所需信息，设计活动主要是提出各种可能的选择和行动方案，选择活动主要是对各种备择方案进行评价和判断，并做出最终的决定；又如，维特（Witte，1972）将决策活动分为四个阶段：信息收集、方案设计、方案评价和方案选择；哈里森（Harrison，1995）从管理的角度提出了一个决策过程的六阶段模型：确定

---

① 该部分内容主要参阅陈永明，罗永东编著. 现代认知心理学——信息加工［M］. 北京：团结出版社，1989，并根据笔者理解阐述。

管理目标、寻找解决方案、比较评价方案、选择最佳方案、实施方案和评价方案[①]。明兹伯格等（Mintzberg et al.，1976）个加拿大企业重大战略决策案例的实证研究，提出了战略决策过程的三个主要阶段，即识别阶段、开发阶段和选择阶段，识别阶段主要包括决策认知阶段和诊断阶段，认知阶段主要指机会、问题或危机得到识别并激发决策活动，诊断阶段主要指决策者理解刺激并确定决策情景各变量间的因果关系；开发阶段包括搜索活动和设计活动，搜索活动主要在于寻找已有的解决决策问题的方案，设计活动则是重新设计问题解决方案或修改现有方案，选择阶段包括过滤阶段、评估阶段和授权阶段，过滤阶段主要在于剔除那些不可行或不适宜的备择方案，评价阶段主要对各种备择方案进行判断、分析或相互协商，授权或认可阶段主要是对最终确立的决策方案提交权力机构和权力个体审批，例如，一些重大决策需要提交股东大会审议通过，或需要董事长批准才能实施；在此基础上，明兹伯格等（Mintzberg et al.，1976）建立一个描述战略决策过程的动态阶段模型，如图 3 - 1 所示；最简单的决策就是通过问题识别直接进入评价选择阶段，即图 3 - 1 中直接经历 X1→X3，多数决策在 XI→X2→X3 之间可能会包含诊断和方案获取活动，在经历选择阶段活动即 X4 或审批活动即 X5 后，有可能发生反馈循环，重新回到诊断、方案获取或评价起点，有些决策甚至会经历多次循环，在此过程中，还有可能在某些阶段节点发生时间延迟，如图 3 - 1 中虚线所示，从认知到诊断、诊断到开发、开发到选择、选择到审批等阶段都可能发生时间延迟，此外，在战略决策过程中还可能发生由各种原因引起的三类决策中断：即内部中断、外部中断和新选择中断，内部中断主要是由于企业内部对某项决策的反对导致的，通常发生在识别阶段，通过重新识别、说服、谈判、交易等手段消除障碍后，重新进入决策过程，新选择中断主要是由于出现了值得决策者高度重视的、新的可能选择方案，从而导致决策者停止对现有方案的设计、分析和选择，而直接进入对新可能选择方案的分析、设计或评价，新选择方案通常发生在开发阶段后期或选择阶段，外部中断通常是由于外部压力或反对造成的，主要发生在选择阶段，外部中断通常要求对选择方案

---

① Harrison（1995）转引自张建林. 快速战略决策的理论与方法研究［D］. 华中科技大学论文，2006：39.

进行修改或重新设计，或通过谈判、交易和说服来消除外部反对意见。此外，在该模型的各阶段或各活动中，通常还伴随信息收集活动、沟通活动、决策控制活动或政治活动。[①]

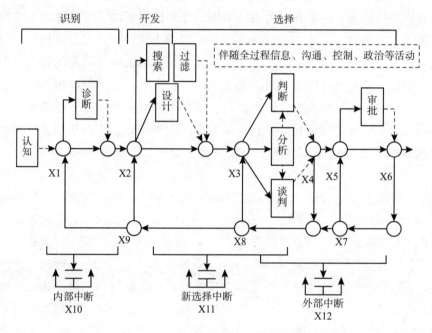

图 3 – 1　战略决策过程的动态阶段模型

注：虚线表示可能的时间延迟。

资料来源：根据 Mintzberg H. , Raisinghani D. , Theoret A. The structure of "unstructured" decision processes. Administrative Science Quarterly, 1976, 21：266 的基础上略有修改。

从上文可以看出，虽然不同学者对战略决策过程的阶段划分不同，但其差异主要体现在对阶段划分的详细和全面程度上，其内部的逻辑基本是一致的，即基本上包含企业战略决策过程所涉及的主要活动内容：识别活

――――――――――

① 该部分内容主要根据 Mintzberg H. , Raisinghani D. , Theoret A. . The structure of "unstructured" decision processes [J]. Administrative Science Quarterly, 1976, 21：246 – 277 内容整理，在本书对较多企业家的半结构化访谈中，发现目前我国企业战略决策过程所经历的阶段和发生的活动基本上仍然被该框架所包括，因此本书仍然应用该模型作为理论分析的重要参考基础，并对该模型进行了详细的介绍。

动、信息活动、方案获取活动和抉择活动，当然在某些战略决策过程中还可能伴随政治或控制活动，在此基础上，本书将企业战略决策过程所涉及的活动分为五种：激发活动、信息活动、备择方案获取活动、备择方案评价活动和选择活动，激发活动主要指企业战略决策者对战略性机会的搜寻和识别活动，或是对企业现存的具有战略性的问题的诊断、发现和识别活动，激发活动的作用主要在于触发企业正式针对某些战略性机会或问题开始进入战略决策程序，信息活动主要指收集、过滤或整理、存储决策所需要的信息，备择方案获取活动主要是通过对所收集的信息进行分析，确定对企业来说切实可行和适宜的可选择方案，评价活动主要指战略决策者基于不同的标准或目标对各种备择方案进行成本收益评估，或是决策成员间的相互谈判和协商，选择活动主要指决策者决策信心的建立和对最终决策方案的确定。

二、企业家在企业战略决策中的地位与作用

企业家在企业战略决策过程中究竟扮演何种角色，历来受到部分学者的关注，许多战略管理和群体行为的研究文献中通常认为企业战略决策是团队参与并达成一致的产物（Bourgeois 1980；Leavitt，1951；Bavelas，1951），因此企业家在企业战略决策过程中主要扮演参与者和意见统一者的角色，"独裁式"的企业家可能较少授权其他企业成员参与战略决策，因而战略决策可能更多的是企业家个体决策的产物，而"放任式"的企业家则通过设置指南和方向，授权企业其他高管处理具体的战略决策问题，企业战略决策则主要是被授权人员决策的产物。事实上，无论企业家在战略决策过程中扮演何种角色，企业家都会对企业战略决策产生重要影响和作用，企业家始终是企业战略决策的发起者和主导者，在转型经济背景下，受中国社会传统文化和思维习惯的影响，在本书对较多中国企业家的半结构化访谈发现，"放任式"的企业家并不多见，在各种所有制企业中，比较多见的是"独裁式"和"参与式"企业家，在多数情况下，企业家一般都会参与企业重大决策，并在战略决策过程中扮演参与者、领导者和"决定者"的角色，同时，根据本书对企业家的概念界定，企业家是承担经营风险，

参与企业重大战略决策并在其中起主导性和决定性作用的人，因此，企业
家个体特征和行为差异无疑会对企业战略决策过程和结果产生重要影响，
结合上文对企业战略决策过程所经历阶段的分析，本书认为：在战略决策
激发活动中，企业家承担着战略性机会或问题识别者的角色，因为战略性
机会或问题只有被企业家发现、理解和识别，并引起企业家足够重视，才
有可能激发企业战略决策活动（即使有些机会或问题是由其他企业成员发
现或是别的，也必须得到企业家认可和重视才有可能触发战略决策活动），
在信息收集与处理活动中，企业家可能扮演信息收集的组织者、收集者、
分析者、辨别者甚至信息提供者的角色，在备择方案获取活动中，企业家
可能扮演组织者、搜寻者、设计者和分析者的角色，在备择方案评价活动
中，企业家可能扮演评价标准制定或选择者、评价者、意见统一者的角
色，在选择活动中，企业家可能扮演抉择者或授权者的角色，因此，在
战略决策所涉及的各项活动中，企业家都发挥着重要作用，尤其在评价
和选择活动中更起到主导性和决定性的作用，从而会影响到战略决策的
好坏或快慢等涉及战略决策结果的变量，基于上文的分析，可以提出如
下的理论预设：

预设 1：企业家是企业战略决策发起者、参与者、主导者和领导者。

预设 2：企业家对企业战略决策过程具有重要影响。

预设 3：企业家对企业战略决策结果具有重要影响。

三、企业家社会资本对企业家认知结构的影响

企业战略决策并非基于组织面临的真实环境，而是基于战略决策者对
环境的认知（Anderson et al.，1975，1983），因此要分析企业家社会资本
对企业战略决策的影响，首先需要分析企业家社会资本对企业家认知结构
的影响，为此，本书以认知心理学中的信息加工理论为基础，分析企业家
社会资本是如何影响了企业家对环境的认知。

企业家日常社会交往活动过程实际上也是一个学习和认知的过程，企
业家在与其社会资本成员的交往和互动过程中，不可避免地会接触到各类
信息和知识，正如科尔曼（Coleman，1988）所言，信息作为行动的基础是

重要的，然而信息的收集是有成本的，出于其他目的建立的社会关系网络提供了一个信息渠道，可以减少信息收集时间和成本。如图 3 - 2 所示，无论是基于情感性行动还是基于工具性行动，在双方以语言等方式交流过程中，企业家都会有意识或无意识地接触到其社会资本成员传递的各类知识和信息，企业家会根据自己的原有信息、知识和经验有选择性地注意和吸收那些自己认为比较重要或感兴趣的信息和知识，通过一定的思维和记忆活动，在其工作记忆器中进行处理、加工并最终存入其长时记忆器中，企业家通过其社会交往和互动过程中伴随的认知和学习过程，不断在其长时记忆器中积累和存储各类信息、知识和经验，从而形成其特定的认知结构。可以想象，那些建立或维护与政府部门、行业主管、供应商、竞争对手、经销商、客户等外部环境构成客体间关系并从中获取信息、知识或其他资源的能力更强的企业家，其长时记忆器中存储的信息和知识的容量可能更大、质量可能更高。虽然某些社会资本较低将更多精力花在企业内部管理、较少进行或参与社会交往活动的企业家也可以通过其他方式进行学习和认知，但是，在中国转型经济条件下，市场机制和制度建设并非完善，信息流通障碍、信息不对称和不透明的情况仍然比较普遍，通过其他公开渠道获取的信息数量、质量仍然存在相当大的局限和不足，尤其是关于企业战略决策所需的各类重要信息和知识，具有一定的不透明和隐秘性，通过公开或正式的渠道通常很难获取，该类信息和知识的传递和流通往往在某些

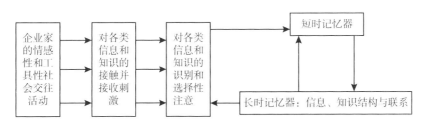

图 3 - 2　企业家社会交往活动中发生的认知过程

资料来源：根据陈永明，罗永东．现代认知心理学［J］．信息加工，1989：4 和 Hambrick D. C.，Mason P. A.．Upper Echelons：The Organization as a Reflection of Its Top Mangers［J］．Academy of Management Review，1984，9：193 - 206 绘制而成。

基于信任、规范和利益的非正式关系网络中进行，即我们通常所说的"社会圈子"，该类型的网络具有一定的封闭性和排外性，信息不容易传递到网络外部，企业家要获取该类信息通常要必须进入该"圈子"成为其成员。

比较容易理解的是：那些经常与外部环境客体进行交往和联系的企业家，其长时记忆器中存储的关于宏观政治、经济和产业政策，关于竞争对手实力和战略动向，关于供应商和原材料市场，关于本企业客户需求和市场变化趋势等方面的信息和知识，无论从数量还是质量来说，都比那些社会交往和联系较少的企业家要好一些，换句话说，那些外部社会资本容量比较大的企业家相较于外部社会资本容量比较小的企业家，其对外部重要环境信息要了解得更多、认识得更深刻、更准确，企业家认知结构中关于外部环境信息、知识的存储量越高，一般而言，企业战略决策通常需要政策环境、技术环境、竞争环境和市场环境现状和发展趋势的信息，对发起和主导企业战略决策活动的企业家来说，其获取企业内部全面、准确的信息相对比较容易，而获取外部环境信息的成本和难度相对较大，企业家的外部社会关系网络可以相当程度弥补这种缺陷。此外，企业家与内部中高层管理人员和基层管理人员或普通员工的日常交往越多，双方关系越密切，越有可能获得更多、更真实和更及时的有关企业内部环境的信息和知识，当然，由于现代企业管理信息系统的广泛使用可能加强了企业内部信息、知识的交流和共享，但是，对多数国内企业而言，内部信息网络和正式的内部信息沟通渠道并非完善，并不能完全替代非正式人际交往对信息、知识交流与沟通的促进作用，尤其是组织规模大、层级或部门多的企业，正式的信息渠道经常会失灵，受传统文化、意识及其他因素的影响，中国人在与人际接触过程中传递语言信息和知识通常会视"关系"而定，尤其对一些敏感信息和知识，一般只对信任或关系密切的人才讲"真话"，企业家与内部各类人员的私人联系和交往可以弥补正式信息渠道的不足，增加企业家对企业内部经营管理及其他情况的认识深度和准确度，甚至也可以通过内部交往了解到一些更真实、更具体的有关外部市场、技术环境方面的信息和知识，从而增加了企业家认知结构中的信息和知识存量。无疑，企业家内外社会关系网络中还嵌入了大量未被企业家过去社会互动活动过程中所识别和提取的有用信息和知识，这是因为：一方面，企业家认知能力总是有一定的局限，超出其认知范围的信息和知识不容易被企业家识别、理解、消化和获取，另一方面，企业家对外部信息和知识的获取是根据其当时的兴趣和现实需要来进行过滤和选择的。然而，这并不意味着企业家在将来需要时不能进行动员和获取，通过以上的分析，我们可以提出如下的理论预设：

预设4：企业家社会资本越高，企业家认知结构中存储的有关环境信息或知识的数量越多、质量越高、新颖程度越强。

预设5：企业家社会资本越高，企业家对企业战略决策所需环境信息或知识的动员或获取能力更强。

预设6：企业家社会资本对缩小企业战略决策所需信息或知识的缺口具有重要作用。

预设7：企业家社会资本越高，企业家对环境的认知能力越强。

四、企业家社会资本对企业战略决策的影响

如上文所言，由于现代企业通常面临复杂、动态和多变的经营环境，企业战略决策更加呈现非结构化、非程序化和复杂的特点（Schwenk，1988），常常涉及复杂问题并蕴含较高风险和不确定性（Das & Teng，1999；Hodgkinson，2002），因此，企业战略决策结果的产生通常会经历一个复杂的、动态的、并涉及多种活动的过程。同时，由于企业家是企业战略决策的发起者、参与者和领导者，因而企业家不仅在企业战略决策过程中会发挥重要的影响和作用，而且还会对战略决策结果产生重要甚至决定性的影响。

企业家通过日常的社会交往活动所构建的社会关系网络通常是企业家获取重要信息、知识及其他资源的重要来源和途径，不仅如此，企业家社会交往活动过程还是一个学习和认知的过程，企业家建立或维护社会关系网络并从中获取企业所需资源的能力高低，会导致企业家认知结构及企业家对环境认知能力大小产生重要差异，企业家的认知结构和企业家对环境的认知能力会影响到企业家在战略决策过程中的行为，从而对战略决策过程和结果产生重要影响，因此，企业家社会资本可能会通过两种途径影响

到企业战略决策：一方面，企业家社会资本中嵌入的能被企业家动员或获取的信息、知识或其他资源能够改变企业战略决策面临的条件，从而可能会影响到企业战略决策过程和结果；另一方面，企业家社会资本通过改变企业家认识结构和对环境的认知能力，从而也有可能对企业战略决策过程或结果产生影响。基于如此的逻辑，本书进一步提出如下理论预设：

预设8：企业家社会资本对企业战略决策过程具有重要影响。

预设9：企业家社会资本对企业战略决策结果具有重要影响。

五、研究框架

在上文中的分析可以得知，企业家社会资本对企业战略决策具有重要影响，由于本书主要基于战略过程的视角考察企业家社会资本对企业战略决策的影响，因此不涉及具体的战略内容研究，同时本书将战略决策过程严格界定为战略决策的制定过程和决策结果的产生，因而不涉及对战略决策执行和执行结果的分析，考察企业家社会资本对企业战略决策的影响可以从三个方面进行研究：一是分析企业家社会资本对企业战略决策过程的影响，二是直接分析企业家社会资本对战略决策结果的影响，三是在分析企业家社会资本对企业战略决策结果影响的同时，考虑战略决策过程变量的中介作用。由于本书是一项探索性研究，与本书研究主题直接相关的研究文献较少，所以本书研究的重点在于分析企业家社会资本对企业战略决策结果的影响，在首先确认企业家社会资本对战略决策结果具有显著影响的情况下，进一步探索企业家社会资本影响战略决策结果的内在机制。

战略决策结果主要指战略决策方案最终确定后所产生的结果，其中战略决策速度和战略决策质量是战略决策过程研究领域中研究得较多并受到许多学者重视的研究构念，因此，本书主要试图分析企业家社会资本对这二个最重要决策结果变量的影响，同时考虑到战略决策结果变量还会受到其他诸多因素的影响，为了提高研究的可信度和质量，还需要控制一些关键的影响因素，以防止这些因素的干扰而得出错误的研究结论，例如，行业、企业规模、所有制、决策团队规模等，在确定企业家社会资本对企业战略决策结果各变量存在显著影响的前提下，本书意图进一步分析企业家社会资本影响各战略决策结果变量的过程和机制，检验是否存在重要和显著的中介变量连接二者间的关系，根据现有文献对战略决策过程研究的成果，战略决策过程理性程度、直觉程度等被认为是刻画决策过程特征的重要变量，一些学者也曾呼吁战略决策研究应该同时考虑理性过程和直觉过程（Pondy，1983；Simon，1987），因此，本书尝试分析并检验这些变量是否充当了企业家社会资本和战略决策结果间关系的中介角色。

　　基于以上的分析，本书提出如图 3 - 3 所示的研究框架。从图 3 - 3 中可以看出，企业家社会资本可能主要通过影响战略决策过程而对战略决策结果产生影响，为了回答本书提出的问题，将在下节对企业家社会资本可能对战略决策速度、战略决策质量带来的影响以及这种影响得以产生的内在机制进行理论分析和逻辑推理。

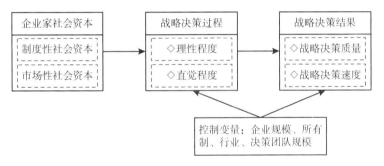

图 3 - 3　研究框架

第三节　理 论 假 设

一、企业家社会资本成因

　　西方社会学理论提出的社会资本概念与中国社会学研究中的"关系"一词也许具有一定类似的内涵，但是二者并不完全相同，一些学者也强调由于受历史、文化和制度背景的差异，西方社会资本理论应用于中国背景下的研究需要重视背景差异的影响，按照费孝通的差序格局理论，中国的社会结构本身和西方的格局是不同的，西方团体格局中的人与组织之间的权利义务关系明了，是一种权利义务一致的法律关系，而差序格局中，每个人都是其社会影响所推出去的圈子的中心，被圈子的波纹所推及的就发生联系（费孝通，1948），社会关系是以个人为中心的由己及人的关系，所以没有权利义务概念，在差序格局中，社会范围是一根根私人联系所构成的网络（费孝通，1947）。在差序格局下的道德和法律，都得看实施对象和自己的关系程度，由于差序结构中的人际网络，是以自己为中心往外层层扩张的圆圈，范围的大小依据中心的力量而定，且离中心越远，影响力越小，因此，一切普通的标准并不发生作用，一定要问清了对象是谁和自己是什么关系之后，才能决定拿出什么标准来（费孝通，1948）①。

事实上，在目前中国社会背景下，人际交往和社会关系网络仍然具有明显的上述差序格局特征，只是自改革开放以来，人们更重视具有物质和经济利益基础的互惠、互利关系的建立和发展，个体私人关系网络的构建以工具性行动为主，情感性行动居于相对次要地位。企业家在日常的社会交往活动过程中，通常会更重视那些具备建立关系基础，同时又能给自己带来利益和好处的关系的建立与维持，多数情况而言，企业家社会关系网络的构建过程是一个有计划、有目的的理性选择过程，即便如此，不同的企业家拥有的社会资本差异仍然较大，这是因为不同企业家的社会资本可能具有不同的来源。

耿新（2008）将企业家社会资本的来源分为先赋性关系和后致性关系，先赋性关系指先于个体选择而存在且相对固定的关系，例如，家人、亲戚、同学、老乡、同事等，先赋性关系往往提供了后致性关系交往的基础，受"既有"和"自致"两个因素的影响；后致性关系指企业家通过个体努力有意识去构建的关系，是受个体意愿、价值取向、需要和努力等因素决定的，关系的本质是可选择性和契约性（耿新，2008）。孙俊华（2008）认为企业家人口统计学特征差异可能是企业家社会资本差异的重要原因，陈传明和周小虎（2001）认为："企业家的社会资本首先是由其在社会关系网络中的位置所决定的，企业家的社会阅历和社会地位对他在社会关系网络中的地位有着很大影响，社会关系网络是企业家在与社会背景和参照群

---

① 转引自：齐杏发. 差序格局、关系网络与政府间运行机制［J］. 武汉大学学报，2008（9）：672.

体互动过程中理性选择的结果。"

　　因此，在中国特定的文化、经济和制度背景下，中国企业家社会资本的内涵及成因可能与西方企业家社会资本的内涵及成因具有较大差异，中西方企业家社会资本内涵及成因不同的原因是"社会格局"的不同，所以在借用和参考西方企业家社会资本的结论和观点来分析中国企业家社会资本时，需要特别注意这种差异。

二、企业家社会资本构念结构

　　关于社会资本的构念操作和测量，现有研究因其对社会资本的不同定义和研究背景，而采取了不同的方法，在剖析社会资本的构念结构时，也采取了不同的维度划分，例如，格兰维特（Granovetter，1973）从互动频率、情感、亲密程度和互惠程度四个方面的表现将社会资本构念用强关系和弱关系来表征，互动频率、情感、亲密程度和互惠程度高的关系归为强关系，互动频率、情感、亲密程度和互惠程度弱的关系归为弱关系，强关系主要用来获取资源，弱关系主要用来获取信息，类似的，柯林斯和克拉克（Collins & Clark，2003）将企业高管的社会资本分为强关系和弱关系两类，强关系交往对象主要包括企业内部销售、研发、生产和其他内部部门人员，弱关系交往对象包括独立董事、供货厂商、顾客团体、金融机构、竞争对手、合作联盟、政府机构、贸易协会和其他对象。乃哈皮特和戈沙尔（Nahapiet & Ghoshal，1998）对社会资本结构进行了深入研究，分别从社会网络节点图式、关系模式、共享信仰和价值等方面将社会资本划分为结构维度、关系维度和认知维度，结构维度主要指社会网络中各节点间的整体联系方式，主要包括网络联结、网络构造、可转作他用的组织模式三个指标，关系维度主要指网络中成员间的关系类型、关系特征，主要包括信任、规则、义务、期望、认可、身份和识别等指标，认知维度主要指网络中成员对事物的看法或解释趋于一致性的程度，主要包括共享的符号和语言、共同的"叙事"、共同的愿景、共享的价值观和信仰等指标，乃哈皮特（Nahapiet）认为结构、关系和认知三个维度并非独立，而是存在相互影响，例如，结构维度的发展会影响关系和认知维度发展，频繁的、对等和强烈的情感关系发展会影响个体参与社会互动的动机从而促进知识交流近而影响到认知维度（Krackhardt，1992），紧密关系和互动程度高的稳定网络促进认知维度各个方面的发展（Boisot，1995；Orr，1990），类似地，泰塞和戈沙尔（Tsai & Ghoshal，1998）以个体的社会互动联结方式代表结构维度，以信任和可信度代表关系维度，以共同的愿景代表认知维度；Peng和Luo（2000）将企业管理者的关系连带分为与其他企业管理者的关系和与政府官员的关系，兰德伊（Landry，2002）从资产的视角，将个体社会资本分为商业网络资产、信息网络资产、研究网络资产、参与资产和关系资产五类，并将其作为结构维度，将社会网络成员间的信任程度作为认知维度。此外，也有些其他方式的结构划分，例如，阿德勒和克沃恩（Adler & Kwon，2002）从社会网络本身、网络中的规则和共享信仰三个方面来分析社会资本的结构。也有学者主要从资源的视角分析对社会资本结构，如林南（2005）将社会资本分为网络资源和关系资源两个维度，并用网络资源范围、网络资源最高可达性、网络资源异质性和典型资源四个指标表示网络资源，用工具行动中联系人财富、权力和地位特征等指标表示关系资源，摩尔斯阿克瓦（Morses Acquaah，2007）从企业管理者与其他企业高管人员、政府官员和社区领导的关系网络来划分企业管理者的社会资本。

在中国情境下的社会资本书文献也对社会资本结构维度进行了划分，例如，李路路（1997）认为有助于企业家成功的社会资本包括三种，即指向计划经济部门中干部群体的社会资本、企业内部网络和企业主的社会关系。边燕杰和丘海雄（2000）将企业（家）社会资本划分为纵向联系（指企业与上下及部门的联系）、横向联系（主要指企业与其他企业的联系）和社会联系（其他社会交往和联系）三个维度。周小虎（2002）将企业家社会资本划分为企业家与顾客、供应商、销售商等组成的市场网络，与股东、员工、合作伙伴等组成的组织网络；与政府、银行等组织构成的环境网络，企业家个人的血源网络、地源网络、学源网络等。杨鹏鹏等（2005）从政府、技术、市场、融资四个方面分析企业的社会资本。宇红（2005）将企业家社会资本划分为作为家族成员所形成的社会资本、人力资源投资过程中形成的社会资本和作为企业成员所形成的社会资本。张方华（2005）将企业社会资本划分为纵向关系社会资本、横向关系社会资本和社会关系资本三个维度。李路路（1995）以企业家自己选择、来往最密切的亲戚或朋友在行政权力系统的职业地位来操作化企业家社会资本。贺远琼等（2007）将企业高管的社会资本分为企业领导与顾客、经销商、供应商。耿新（2008）在研究企业家社会资本对新创企业绩效关系的影响时，从网络规模、网络异质性和网络密度三个方面研究结构社会资本，从商业性关系资源、制度性关系资源和其他关系资源等方面分析关系社会资本就能。石军伟等（2007）把公司社会资本划分为三个维度：第一，企业与政府的关系资本。第二，企业组织的社会资本。第三，企业组织的特有关系资本。韦影（2007）用矩阵结构模式，形象地描述了企业内部、外部社会资本及内部和外社会资本的构成。孙俊华（2008）从社会网络特征和网络资源获取能力两个方面分析企业家的社会资本。刘寿先（2008）将企业社会资本直接划分为结构维度、关系维度和认知维度，中层管理人员以及员工的社会资本和企业高管与政府、行业协会的社会资本。姜卫韬（2008）认为企业家社会资本有三个构成因子：企业家关系网络（结构性构成因子），企业家社会资源（资源性构成因子）和企业家机会战略（战略性构成因子），[①]邓学军（2009）将企业家社会关系网络划分为权力影响、资源影响和信息影响三个维度。

对具有典型中国传统文化背景的我国社会而言，"关系"的问题一直是永恒的话题，在我国，人与人之间的关系更多表现为"情"的关系，这完全不同于西方社会人与人之间"法"的关系，我国社会历史传统、文化传统和思维方式与西方社会有较大的不同，社会资本的内涵和表现形式存在较大差异，还在不断改革完善的市场经济制度以及政府在资源分配和经济领域的重要作用，导致在分析和测量中国企业社会资本时还不能直接使用西方量表，因此，在我国背景下研究企业家社会资本结构，必须结合我国文化、习俗和社会特征，基于这样的考虑，本书深入分析了国内众多关于社会资本结构划分和测量方法，参考边燕杰和丘海雄（2000）、孙俊华和陈传明（2008）、耿新（2008）、Nahapiet 和 Ghoshal（1998）、Peng 和 Luo（2000）、Morses Acquaah（2007）、杨鹏鹏等（2005）等研究人员的研究成

---

① 转引自：蒋春燕，赵曙明. 社会资本和公司企业家精神与绩效的关系：组织学习的中介作用——江苏和广东新兴企业的实证研究 [J]. 管理世界，2006（10）：90 – 99.

果，本书将企业家社会资本维度分为制度性社会资本和市场性社会资本，理由有两点：第一，由于这两种不同类型的社会资本提供的信息、知识或其他资源类型是不同的，因此，可能对战略决策产生不同的影响。第二，企业家制度性联系和市场性联系具有不同的交往特征并需要不同的交往能力，在本书小样本的探索性因子分析中明确地发现了这一点，测量企业家制度性社会资本的指标与测量企业家市场性社会资本的指标在探索性因子分析中被明显地分离出来。下文拟对企业家社会资本的两个维度进行详细分析。

（一）企业家制度性社会资本

在中国转型经济条件下，为什么市场经济制度的不完善或缺失却并未阻止中国经济的高速增长，部分学者认为这其中的原因就在于社会资本充当了"正式制度替代"的角色和发挥了相应的作用（Peng & luo，2000），在经济转型过程中，政府及其相关部门在社会资源配置、经济生活和企业经营监管等方面的仍然发挥着重要作用，如何建立、维护和处理与各类政府、行业主管部门或行政职能部门的关系，历来受到中国企业家的重视，正如某位企业家所言："讲政治对中国企业家来说的确是一种重要能力……企业家要能把握国家的方针政策，清楚了解每一阶段的法律法规……企业家可以不从政，但是不能不关心政治……不能脱离党的领导，这是中国企业的立足点"（苏小和，2004）[①]，在西方文献中，关于企业与政府关系的研究通常被归为"政治战略"领域，即研究企业为谋求有利于自己的外部环境而影响政府政策、法规的制定与实施过程（田志龙等，2003），然而，中国企业家则通过接近和发展与政府的特殊关系而得到资源、保护和避免麻烦（张建君和张志学，2005），在西方是良好的公司业绩帮助公司建立对政府的影响，在中国则是企业家与政府部门的良好关系帮助企业获得更佳的业绩（耿新，2008）。

因此，本书将企业家建立或维护与政府相关部门官员的关系并从中获取有价值信息、资源、支持或其他帮助的能力作为企业家社会资本的制度

---

① 耿新. 企业家社会资本对新创企业绩效的影响 [D]. 济南：山东大学论文，2008.

性维度，政府相关部门官员主要指来自于各级政府部门、行业主管或监管部门、工商税务等行政职能部门以及执法部门，企业家与这些人员的关系状况以及企业家从中获取信息和资源能力的不同，会使企业家在战略决策时依赖的信息基础或资源基础产生重要差异，从而可能对战略决策过程及结果产生重要影响。企业家制度性社会资本的大小主要取决于企业家建立制度类社会关系网络并从中获取有价值信息、知识及其他资源的能力。

（二）企业家市场性社会资本

按照 Peng 和 luo（2000）、柯林斯和克拉克（Collins & Clark，2003）等学者的看法，企业家的市场性关系主要包括企业家与行业内供应商、客户或经销商、竞争对手和其他企业高管人员的联系，因此，企业家市场性社会资本主要指企业家与行业内供应商、客户或经销商、竞争对手和其他企业高管人员建立、发展和维护关系并从中获取有用信息、知识及其他资源的能力。随着中国转型经济发展、市场化程度的不断提高，对行业内部技术、原材料和产品市场、竞争环境现状及发展趋势的了解和把握是企业家进行战略决策的重要前提，从而使企业家与行业内部其他企业高层管理人员的交往具有重要的战略意义，国内诸多研究也多次提高中国企业家商业性社会交往活动中对市场性关系的重视以及由此给企业经营带来的好处，企业家与供应商、客户和竞争对手等商业界相关人员的联系和交往能力越高，越有可能可以获取到具有战略价值的信息、知识和其他稀缺资源，降低双方交易成本，提高企业市场营销效率。

三、企业家社会资本对战略决策质量的影响

企业战略决策质量无疑会对企业生存和发展产生较大的影响，组织业绩很大程度上依赖于战略决策制定的质量和决策的实施（Dooley et al.，1999），因此，研究战略决策质量的影响因素历来受到战略决策过程研究领域学者的重视，如杜里等（Dooley et al.，1999），米奇和杜里（Michie & Dooley，2002），施温格等（Schweiger et al.，1986，1989），詹森等（Janssen et al.，1999）的研究，现有研究已经识别了战略决策质量

的两个重要影响因素：企业家或高管团队认知能力以及团队成员决策过程中的相互作用方式（Amason，1996），其他一些学者也认为参与战略决策的高层管理团队成员和其相互作用行为对战略决策质量有重要影响（Michie & Dooley，2002），此外，较多学者同时也认为战略决策时决策者所使用信息的数量和质量也会对决策质量产生重要影响（Eisenhardt，1999）。

事实上，作为企业战略决策发起者、参与者、主导者和领导者的企业家，是战略决策的最终"裁判"和抉择人，在战略决策过程中起着最重要的作用，其决策认知和决策行为将对战略决策结果产生决定性的影响，因此，当企业家面临具体的战略性决策问题时，如果能够掌握或者获取导更多的战略决策所需信息，则其决策时面临的信息缺口可能会更小，从而会减少决策不确定性，提高决策质量，如果企业家能够在战略决策时使用更高质量的信息，同样会减少决策不确定性而对决策质量产生积极影响，如果企业家在战略决策时有更多的选择余地，可以比较分析更多可选方案，则越有可能作出更好的选择，如果企业家对决策环境或决策问题本身认识得更深刻，相关认知能力更强，则会使企业家更有效地处理决策信息从而有可能作出更好的判断和选择。

由于企业家社会资本会影响到企业家在战略决策时使用决策所需信息的数量、质量，影响到企业家对环境的认知能力和对决策信息的处理能力，影响到企业家战略选择的自由度，从而可能会对战略决策质量产生重要影响，下面将详细分析企业家社会资本及其维度可能给战略决策质量带来的影响。

（一）企业家社会资本与战略决策质量的关系

在分析企业家社会资本对战略决策质量的影响前，需要首先假定企业家主观上具有做出正确战略选择的动机，之所以要作出这样的假定，是因为在我国转型经济条件下，由于制度的不完善和信息的不对称，在所有权和经营权分离的企业中可能存在某些企业家会作出有利于自己或内部少数成员但是有害于企业所有者的决策，对多数民营企业而言，该假定通常是成立的，因为多数民营企业家是企业所有者，企业家个人目标与企业目标通常是一致的，错误决策损失的是自己的利益，对于国有企业或其他所有权与经营权分离的企业而言，该假定不一定完全成立，但是，由于重大的战略决策失误会对这类企业家的个人前途、声誉和职业生涯产生重大的负面影响，因此，有理由相信在面对那些需要较多资源、对企业影响很大的战略决策时，多数企业家仍然存在进行正确战略选择的动机。在该假定下，考虑到战略决策质量主要受决策过程中所用信息的数量和质量，以及决策者认知能力和决策成员互动方式的影响，本书认为企业家社会资本可能从以下几个方面对战略决策质量产生影响。

1. 企业家社会资本可以降低决策所需信息的缺口，从而减少战略决策的不确定性

通常，战略性决策是半结构化或非结构化的决策，不同于一般简单的或程序化管理决策，随着企业经营环境动态性、不确定性和复杂性的增加，对未来的预测和获取关键的战略性决策信息变得越来越困难，战略决策的复杂性和难度空前增强，事实上，任何战略决策都需要相当数量的与决策内容相关的信息，决策所需信息缺口越小，决策面临的不确定性越低，决策者越有可能做出正确的判断和选择，对有关环境与组织方面的信息以及信息之间的因果关系的掌握或获取会对决策质量产生重要影响（Handzic，2001），然而，由于受信息的可获取性、信息收集时间和收集成本的限制，战略决策很多时候是在信息不完备（通常不包括必需的、一般不可缺的战略性信息）的情况进行的，这种不完备性程度越高，决策的不确定性程度越高，发生认知偏差或判断偏差的概率越高，越有可能发生错误判断而降低决策质量。

企业家社会关系网络是企业家理性选择的结果（陈传明和周小虎，2001），其中嵌入的信息、知识和资源通常是被企业家认为重要和有价值的，否则企业家不会耗费时间、精力和费用去构建这样的网络，企业家在日常社会交往活动过程中，会有意或无意地选择性学习和积累自己认为重要的有关环境方面的信息或知识（这些信息通常是大多数战略决策所需要的），在转型经济条件下，由于信息不对称现象的存在，很多重要或关键信息是不在公开渠道中传播的，只掌握在具有一定社会地位和社会职位的人中间，并在较小的"圈子"里流动，一般很难流向圈外，在这种情况下，那些社会资本更高的企业家可能会掌握更多有重要价值的战略性环境信息，

从而可能会使得企业战略决策时面临的信息缺口更小，因此，企业家社会资本可以减少战略决策所需信息缺口，从而降低决策不确定性而提高决策质量。另外，社会资本更高的企业家的社会关系网络中嵌入信息的数量一般会更高，企业家在需要时可以从中动员和获取更多的信息，从而更有可能、更大程度上弥补其决策所需的信息缺口，从而进一步减小其信息缺口，降低决策的不确定性和决策错误发生的概率，从而提高战略决策质量。

2. 企业家社会资本可以提高战略决策所用信息的质量，从而降低错误决策发生的概率

由于战略决策通常是非常规的，其所使用的信息量一般比较大，在决策所使用的信息中难免存在一些不真实的，或者有误差的信息，也就是说不同企业家在决策时所使用的信息的质量一般是不同的，社会资本越高的企业家，在战略决策时所获取和使用的信息质量一般会更高，这是因为一方面社会资本越高的企业家越有可能接触到更高社会地位和职位所掌控的信息，对很多战略性或隐蔽性的信息来说，处在社会更高阶层的人所掌握的信息的质量会更高（因为其信息来源途径更广、更权威），另一方面社会资本越高的企业家，其社会关系网络规模可能越大，对于同一信息可以有更多的不同的来源，从而更容易识别、判断信息的真伪或可靠性。因此，企业家社会关系网络一方面可以为企业家提供较高质量的信息，另一方面还可以为企业家判断某些信息的真伪提供现实的途径。容易理解的是如果决策过程中所用信息中存在的有误差或不真实的信息越多，发生错误决策的概率越高，从而会降低决策质量，因此从该角度来看，企业家社会资本可能会对战略决策质量产生积极影响。

3. 企业家社会资本可以提高企业家对环境的认知能力，从而有助于企业家在决策过程中做出正确的判断和选择

按照学习理论的观点，信息或知识的重叠程度越高，学习者的学习速度和质量更高，企业家社会交往过程实际上也是一个社会学习的过程，因此，企业家社会资本会对企业家认知结构的产生影响，使企业家认知结构中吸收、存储更多、更高质量的环境相关信息和知识，因而企业家对各类环境现状、变化趋势认识得更全面、更深刻、更准确，从而更容易理解和识别各种环境信息的意义及其相互关系，提高企业家对环境的认知能力，

企业家对环境认知能力越强，对环境信息的分析和判断能力会越强，越能更准确发现或判断不同信息间的联系或关系，识别不同信息的决策含义，从而有助于企业家在战略决策时对诸多决策细节问题做出正确的判断和选择，简单地说，即使面对或使用相同的环境信息，不同环境认知能力的企业家对信息的决策意义的理解和解释可能是不同的，环境认知能力更强的企业家可能理解得更全面、更准确，企业家参与战略决策过程中，会从事诊断、方案获取、方案评价、判断和比较选择等系列决策活动，认知能力越强的企业家无疑会更正确、更高质量地完成各阶段的决策活动，从而可能会作出更好的决策，对战略决策质量产生积极影响。

4. 企业家社会资本可以增加企业家战略选择的自由度，从而有助于企业家做出更好的选择

企业家社会资本促使企业家获取到战略决策所需信息、知识和其他资源，企业家在战略决策过程中，通常会寻求外部支持和帮助，对社会资本越高的企业家而言，一般其社会关系网络能够提供的信息、建议和其他资源支持或帮助越多，企业家进行战略选择的自由度会加大，可以选择的决策方案可能会增加，各种备择方案越有可能获得资源保障，企业家可以比较分析更多的可选决策方案，促进企业家做出更好的选择，从而对战略决策质量产生积极影响。此外，企业家社会资本还有可能使企业家能够得到决策建议，促进企业家对原有"想法"进行更好的修正和调整，从而提高其战略决策质量，因此可以提出以下理论假设。

H1：企业家社会资本对战略决策质量有积极影响。

（二）企业家社会资本维度与战略决策质量的关系

1. 企业家制度性社会资本与战略决策质量的关系

改革开放三十多年来，我国政府在经济发展和企业经营管理中的角色、地位和作用发生了较大变化，政企分开、政府职能转变与社会主义市场经济机制的建立等各方面的改革取得了举世瞩目的成就，政府及其相关职能和行业主管部门基本与企业经营管理脱钩，不再参与具体的企业经营管理决策，然而，在我国转型经济条件下，基于市场经济的正式制度体系尚非完全健全，政府及其相关部门仍然在资源配置、行业许可与监管、能源控

制、价格监管、金融体制和政策、财税政策、国有企业高管的人事任免、产权和劳动保护、法律法规等诸多方面发挥着重要作用，对经济发展和企业经营的宏观调控和干预能力较强，因此，正确处理与政府及其相关部门间的关系历来受到中国多数企业家的重视。

事实上，国内外现有诸多研究也证实了那些与政府及其相关部门人员能维持良好私人关系的企业家能使企业绩效更好，例如，尼盖尔（Nee，1992）的研究发现在中国管理者与政府官员的关系网络与企业绩效正相关，希恩和皮尔（Xin & Pear，1996）的研究表明关系对企业绩效有积极影响，Peng 和 Luo（2000）基于中国企业的实证研究也证实了管理者与政府官员的关系与企业绩效正相关，Li 和 Zhang（2007）基于中国新创企业的实证研究表明高管人员与政府官员的关系与新创企业绩效正相关，耿新（2008）的实证研究也证明了企业家社会资本关系维度的制度性资源（主要指与政府部门的联系）与新创企业绩效正相关。

然而，为什么与政府官员的良好关系能提高企业绩效呢？希恩和皮尔（Xin & Pear，1996）认为在中国"关系"可以作为正式制度障碍的替代，Luo（2003）认为"关系"提供了在资源流动约束和政府干预环境下的资源灵活配置模式，通过外部关系获取的信息更可信、更丰富、更有用。阿特黑勒和李（Atuahene－Gima & Li，2001）认为管理者与政府官员的关系在中国转型经济条件下代表了一种独特的资源，切尔德（Child，1994）认为："由于政府控制着部分重要的战略性资源并具有项目审批和资源分配权力，因此管理者倾向于与政府官员维持较强的交往和接触"，还有较多文献具有类似的解释，不过我们可以看出这些解释更多是从比较宽泛的角度出发，较少从企业家制度性社会资本首先会影响企业战略决策从而影响企业绩效的角度出发进行深入分析，尤其缺乏企业家制度性社会资本对战略决策速度和质量影响方面的研究，因此我们可以初步设想，企业家制度性社会资本对企业绩效的正向影响可能会通过积极影响战略决策质量来实现，下文对此进行详细的理论与逻辑演绎分析。

首先，企业家在与政府及其相关部门官员或工作人员的交往过程中，能够获得对企业生存和发展十分重要的有关政策、制度及其他相关信息，这是因为在中国转型经济条件下，各级地方政府在促进和服务地方经济发展、解决就业和构建和谐社会等方面承担着重要的任务，国家对各级地方政府官员的考核和任免的重要依据之一就是地方经济发展的速度、水平以及上缴税收多寡等经济指标，从而使各级政府及其部门具有干预地方经济和企业经营的主观动因和客观动因，促进其在决定地方或区域经济发展规模、速度和方向等方面起着主导作用，并在其中居于核心地位，是相关政策、制度的制定者和执行者，由此使得各级政府及其相关部门官员或工作人员掌握了非常丰富和全面的信息，通常情况下，这些信息对企业来说具备战略价值，会对企业战略决策产生重大影响，例如，关于科技发展和环保方面的政策规定了政府鼓励和支持哪些类型的技术和产品，限制哪些类型的生产技术和产品，这会影响到企业技术创新战略的选择；关于产业发展的政策规定了产业发展重点和产业发展方向，规定了国家或政府重点资助或给予优惠政策的对象，这会影响到企业发展战略的选择。除了各类政策、制度信息外，各级政府及其相关部门官员或工作人员还有可能掌握了大量关于本地区其他企业的相关信息，这是因为政府部门官员通常是众多企业家争相交往和接近的对象，在双方交往过程中前者有可能会获取许多"外人"很难了解的关于这些企业的重要信息，其中有相当部分信息对某些具体企业来讲可能具有战略价值，有可能影响其竞争战略或发展战略选择。一般而言，那些与政府官员"私交"更好、来往更频繁、得到信任程度更高的企业家（亦即社会资本更高的企业家），越有更大可能更早、更快获取更多、更新和更有价值的信息，在与某些企业家交谈中可以明显感觉到这点，例如，某些政策正在制定过程中还未公开宣布，某些与政府关系良好的企业家就提前知道了，这会给企业家进行高质量战略决策带来很大的方便。因此，由于政府及其相关部门官员掌握了大量的、重要的和具备战略价值的信息，使得能够与之建立关系并从中获取有用信息或资源能力更强的企业家能够更快、更早获取更多、更新的信息，企业家来制度性社会资本越高，交往的对象越广泛、越密切，企业家日常积累的关于政策、制度以及其他方面的信息和知识数量越多、质量越高、多样性越强，对政策环境、产业环境的现状和发展趋势认识越深刻，在其进行战略决策时所需信息和知识缺口越小，弥补信息和知识缺口的能力越强，从而提高战略决策质量。

其次，企业家在与政府及其相关部门官员或工作人员的交往过程中，通过建立紧密、信任的私人关系，可以使企业家能够从中获得稀缺资源、政策扶持和权力庇护（例如，获取优惠的税收政策，获取研发资金资助，获取生产或经营许可，获取土地使用权，协助其上市融资，协助其获取贷款，协助其交易达成，避免不必要的"权力干扰"），这是因为政府及相关部门，一方面，掌握和控制着相当数量稀缺性资源，另一方面，通过其权力影响和社会关系网络还可以动员、使用其他资源或促进某些商业性交易的达成，政府及其相关部门在选择其帮助、扶持和稀缺性资源的分配对象时，通常会倾向选择那些关系更近、了解更多和更值得信赖的企业家所经营或管理的企业，这是因为中国人受几千年历史和文化的熏陶、洗礼，头脑中根深蒂固存在对陌生的、不熟悉的和"不知根知底"的人的不信任和"戒备心"，各类重要的信息、知识和资源不容易在"社会交往圈子"外流通，即便是利益交换也不容易在社会关系网络外发生，然而，成员对于圈子中的"自己人"则会大开绿灯，信息、知识和资源的流通和共享程度较高，政府及其相关部门选择"关系好"的企业作为资源分配重点对象还可以获得"公"和"私"两个方面的好处，一方面，通过对"重点"企业的帮扶，使其发展壮大，可以提高地方经济发展指标（如 GDP 指标），促进就业率提高，增加财政税收，从而可以提高其政绩，另一方面，可以增加其对企业的影响能力，从而使企业能够健康、稳定按照国家宏观政策导向所确立的方向发展，减少社会资源的浪费而提高社会生产效率，同时由于与帮扶对象的良好私人关系和相互信任，还可以使其在需要时从中获取或动员所需资源而不会产生其他麻烦。因此，可以基本判断的是：在中国经营环境下，企业家与政府及其相关部门交往能力越强，其能动员和获取的战略性稀缺资源数量越多、质量越高，越有可能得到政府的政策和权力保护，事实上，国内诸多学者的实证研究已经证明了这一点，例如，李路路（1997）的研究发现那些能够获取更多贷款的私营企业主，往往在城镇机关、国有或事业单位中有更多的亲戚朋友。戴建中（2001）从 1997 年全国私企调查数据中分析发现：私营企业在领取执照，即市场进入时，有3%会得到网络成员（一般是县级以下干部）帮助，在集资和向金融机构借贷时，有13%需要动用网络，在日常采购和销售、获取信息和技术、租或买场地、保证水电供应等方面65%需要网络成员关照。因此，企业家社会资本越高，战略选择的自由度越大，战略决策时可以考虑和比较分析的备择方案数量越多，战略决策实施所需资源越有可能得到保障，从而间接提高战略决策对企业目标的实现。基于以上分析，可以提出如下的理论假设：

H1a：企业家制度性社会资本对战略决策质量有积极影响。

2. 企业家市场性社会资本与战略决策质量

企业家与原材料、半成品、生产设备等外部供应商的交往和联系，可以使其获得有关原材料、半成品或生产设备质量、供应状况和技术发展变化趋势的相关信息和知识，这些信息和知识通常对企业来说是重要的，因为这些信息和知识不仅是企业日常生产活动所必需的，直接影响到企业产品质量，而且会影响到企业家的战略决策，例如，可能会影响到其产品创新战略或工艺创新战略的选择，此外，企业家与外部供应商的联系还可能建立双方的互信、互利合作，有可能得到更优质的售后技术服务、更优质的原材料供应、更及时的供货、更优惠的原材料价格、更灵活或优惠的付款方式甚至直接的资金支持，获取这些支持增加企业战略选择的自由度，降低企业进行战略决策时的资源约束。企业家建立或维护与外部供应商关系的能力越强，企业家与供应商的联系可能越广泛、关系越紧密、相互信任度越高，企业家日常获取的相关战略性信息和知识数量越多、质量越高，对产业上游的认识越深刻，企业家从供应商关系网络中获取资源和帮助的能力越强，当在企业家面临具体战略决策问题时，所受的信息、知识和资源约束越小，从而可能对战略决策质量产生积极影响。

企业家与客户或经销商高管人员的互动活动，一方面可以增进双方的了解和感情，提高双方信任程度和对方的忠诚程度，另一方面还可以及时掌握、了解市场现状及未来的可能变化，使企业家能够准确把握企业战略发展方向，企业家不仅从与客户或经销商高管人员的社会交往过程中获取有关市场方面的信息和知识，而且还可能从中获取其他来往较少竞争对手的重要信息和知识，因为客户高管人员通常也会和竞争对手的高管人员有较多联系。企业家在必要时，还有可能凭借与客户或经销商高管人员的良好私人关系获得大量采购或提前付款等方式的资源支持，因此，企业家建立或维护与客户或经销商高管人员关系的能力越强，企业家与客户的联系可能越广泛、关系越密切、双方信任程度越高，企业家获取的相关市场信息和知识越多，企业家对市场环境的认知能力会越强，对市场现状及发展趋势的认识越深刻、全面、准确，可以获得的客户支持和帮助越大，所能动员和获取的资源更多，从而会使企业家战略决策更能与市场环境保持一致，提高战略决策质量。

企业家与竞争对手的社会交往活动，一方面可以促进双方一定程度的理解和信任，避免无序和不利于行业发展的恶性竞争，另一方面在适当的情况下还可能实现双方在产品价格、技术创新等方面的合作，实现部分知识、信息和资源的共享，提高双方的资源利用效率和生产效率。企业家在与竞争对手高管人员的交往过程中，还会得到竞争对手企业发展战略、发展方向的信息和知识，了解对手的最新技术和技术发展方向，有时候对方会特意提供相关信息，以希望得到对方的理解，避免出现两败俱伤的局面，在公司战略经济学中经常提到的战略性"承诺"即属于此种情况。在经济全球一体化市场条件下，企业任何战略性决策都不可能不详细了解竞争对手的情况，竞争对手的战略性选择通常会对本企业战略性选择产生重要影响，企业家建立或维护与竞争对手高管人员关系的能力越强，企业家可能对竞争环境现状和发展趋势认识得更全面、准确，在面临具体的战略决策问题时，越有可能使战略决策能够适应竞争环境的变化，从而对战略决策质量产生积极影响。

综上所述，企业家市场性社会资本越高，企业家对产业技术环境、市场环境和竞争环境等方面现状和发展趋势的认识可能会越全面、准确，掌握的相关信息和知识可能会越丰富、准确，能够从中动员和获取的战略性资源越多，从而减少战略决策的风险和不确定性，减少战略决策所需信息、知识和资源缺口，对企业战略决策质量产生积极影响，基于如此分析，可以提出如下的理论假设：

H1b：企业家市场性社会资本对战略决策质量有积极影响。

（三）企业家社会资本与理性程度的关系

根据有限理性的决策理论，决策个体通常是想要"理性"和做出更好决策的，但是由于受到决策所需信息的可获取性、信息获取成本以及自身认知结构、认知能力的局限和限制，在现实决策过程中又是"有限理性"的，企业家在面临具体的战略性决策问题时，会在自己认知结构中搜寻相关信息、知识和经验，若感觉信息不足还不能对决策问题作出"满意"的判断时，会通过各种方式和途径从外部环境去搜寻或获取决策所需信息、知识，或就决策问题向外部专家咨询，正如前文所言，企业家社会资本影响战略决策时的理性程度主要表现在以下三个方面：

第一，企业家社会资本会影响企业家认知结构。沃德和班德瑞（Wood & Bandura，1989）提到个体通过与环境中其他人相互作用过程中获取的信息基础来培育自己的知识和技能，科比特（Corbett，2005）也反复强调"环境"对企业家认知的影响和重要性，同样，企业家日常社会交往活动和过程实际上也是与环境相互作用过程，是一个认知和学习的过程，是一个吸收、解释和存贮有关战略性环境信息、知识或其他间接经验的过程，企业家社会资本不仅影响企业家认知结构中相关战略性环境信息、知识的存量，而且影响其结构，企业家的认知结构通常会影响到战略决策过程，例如，现有企业家认知研究领域针对创业认知将企业家认知结构—认知"原型"（主要指企业家进行创业决策或创业活动时所依赖的精神图像）分为三种类型，第一种是安排原型，米切尔等（Mitchell et al.，2000）认为可以通过四种途径来显示安排原型，例如，关于如何通过专利、版权等手段来获得创业保护（Rumelt，1987），关于何时以及如何利用个人社会关系网络来进行创业决策（Aldrich & Zimmer，1986），关于如何最好利用人力、资金及其他资本进行创业活动（Bull & Willard，1993），关于如何利用以前的创业经验或知识（Ronstadt，1988）；第二种是意愿原型，米切尔等（Mitchell et al.，2000）认为可以通过诸如机会搜寻、责任容忍度或机会追求等方面来显示；第三种是能力原型，即关于企业家创业活动必须具备的能力、技能、知识、规则和态度等。即使在不同文化背景下，企业家在新创企业决策过程中都存在一个共同或类似的基础认知结构（Mitchell et al.，2000，2002），因此，企业家社会资本差异会导致企业家在面临具体战略性决策问题时，决策依赖的信息、知识或经验基础具有"先赋性"差异，对作为"正式制度替代"和"第三种资源配置方式"的企业家制度性社会资本而言，可以使企业家积累更多、更好或更新的与制度相关的战略性信息

（诸如科技发展、环保、税收、金融、产业发展等政策、法律法规），从而增加企业家认知结构中相关制度类信息和知识的存量，并改善相应的结构；对企业家市场性社会资本而言，则可以增加企业家认知结构中有关市场环境、竞争环境、技术环境等方面的信息和知识存量，改善相关信息和知识的匹配结构，因此，社会资本更高的企业家在其记忆装置或认知结构中存储的信息、知识可能更丰富，价值或质量更高，从而可能在战略决策时表现出更高的理性程度。

第二，企业家社会资本会影响企业家对信息的获取。企业家在战略决策时若感觉需要收集更多的信息时，通常会通过各种信息获取途径进行信息收集活动，然而，企业家是否能在适宜的时间或可接受的成本内获取到相应的信息或知识，取决于信息的可获取性和获取成本，企业家社会资本是企业家获取战略决策所需信息和知识的重要来源，当通过公开或其他途径获取信息困难时，企业家通常更倾向于从其社会关系网络中收集信息（因为相对而言，企业家社会关系网络获取信息具有质量高、成本低和速度快的特点），企业家在战略决策时通常需要掌握或收集足够的制度类和市场类信息，企业家的制度性和市场性社会资本均会促进企业家对这两类信息的获取，社会资本更高的企业家越有可能获取到更多、更好的信息，从而在战略决策时表现出不同的理性程度。

第三，企业家社会资本可以提高决策信息的质量。社会资本更高的企业家可能有更多的信息来源，可以就某些战略性信息的真伪、可靠性进行比较和核实，从而提高信息的质量，在战略决策时表现出更高的理性程度。

第四，企业家社会资本还可以促进企业家获取资金、技术、人才或政策等其他资源，对企业家制度性社会资本而言，可以使企业家能够获取政策支持、权力、影响、资金、庇护及其他资源，对企业家市场性社会资本而言，可以使企业家能够获取到所需技术、资金、人才等资源或其他方面支持和帮助，因此，社会资本更高的企业家在战略决策时可能有更大的战略自由度和更多的可选方案，从而在战略决策时表现出更高的理性程度。

因此，企业家社会资本差异会导致企业家在战略决策时依赖的信息基础、知识基础和资源基础产生差异，那些社会资本更高的企业家在战略决策时不仅可能拥有更多、更好的信息或其他资源，而且在需要时还可以并且能够去动员和获取更多、更好的信息或资源，尤其在我国转型经济情境下，一方面存在信息不对称的现实（无论是市场性信息还是制度性信息，都在一定程度上存在信息不对称的情况，某些重要的战略性信息在一定的时间内，仅在一定的社会资本和阶层内流动），另一方面存在资源流动或获取障碍（某些资源很难通过市场手段或机制获取），这两方面的原因更可能加大存在的差异。

综上所述，社会资本越高的企业家，在战略决策时可能拥有更多、更好的决策所需信息，即使在某些决策问题所需信息拥有量差异不大的情况下，社会资本更高的企业家也可能会收集到更多、更好的信息，因此在决策时，面临的决策所需信息缺口可能更小，可能有更多的战略选择余地而考虑更多的备择方案，从而表现出不同的"理性程度"，诚如前文所言，企业家制度性社会资本和市场性社会资本均可以通过提高企业家对环境的认知能力，增加企业家认知结构中相关环境信息或知识的存量，改善相应的信息或知识结构，促进企业家在需要时能够获取到所需信息、知识或其他资源，从而使制度性社会资本或市场性社会资本更高的企业家在战略决策时能够使用数量更多、质量更高的信息，能够比较、分析更多可选行动方案，从而表现出更高的理性程度，因此，可以提出如下的理论假设：

H2：企业家社会资本对理性程度有积极影响。

H2a：企业家制度性社会资本对理性程度有积极影响。

H2b：企业家市场性社会资本对理性程度有积极影响。

（四）理性程度与战略决策质量的关系

关于决策理性与战略决策质量的关系，虽然较多学者从理论上进行了分析，但是在其实证研究部分却主要检验理性与企业绩效的关系（Forbes，2007），即便如此，关于决策理性与企业绩效的关系，所得结论也是多种多样的，例如，有研究认为决策理性行为适合稳定环境条件下的决策，在稳定环境下决策理性才能提高企业绩效，在不稳定的环境中决策理性与企业绩效负相关（Fredrickson，1984；Fredrickson & Mitchell，1984），而且这种关系随时间推移还是比较稳定的，也有另外的研究结论刚好相反，认为理性过程适合于动态环境，如 Miller 和 Friesen（1983）；Glick，Miller 和 Huber（1993）；Goll 和 Rasheed（1997）；Priem，Rasheed 和 Kotulic（1995）的研究结论。

对上述现象的解释目前有两种：一种解释认为决策理性（或全面性）是一个多维度且比较宽泛的概念，不同的界定、不同的测量或不同的维度对企业绩效的影响是不同的，将理性概念操作化为全面性（分析的数量和详尽性）可能会混淆信息理性和说服理性（Priem et al.，1995；Mueller et al.，2000）；另一种解释认为由于作为调节变量的环境动态性也是一个比较宽泛的概念，不同的界定、测量和不同的维度对理性—绩效关系的调节影响也是不同的（Atuahene - Gima & Li，2004；Forbes，2007）。

为了解决战略决策过程理性与企业绩效间关系的研究结论中出现的混乱和矛盾，一些学者进行了进一步的研究工作，例如，穆尔等（Mueller et al.，2000）根据兰利（Langley，1989）对战略决策过程理性的构成维度分析结论，将决策理性分为使用信息的理性和使用说服的理性两个维度，通过实证研究表明由于使用信息的理性能减少决策问题的不确定性，因此，在高低动态环境下与绩效都正相关，在低动态环境中关系更强；使用说服的理性在低动态环境下与绩效不相关，但在高动态环境下明显与绩效负相关。又如，阿特黑勒和李（Atuahene - Gima & Li，2004）将环境不确定性划分为技术不确定和需求不确定两个维度，以中国高新技术企业样本的实证研究表明：技术不确定对理性与企业绩效间的关系有负向调节作用，而需求不确定对二者关系有积极调节作用。

对于决策理性与决策质量的关系，多数研究肯定了决策理性对决策质量或效果的积极影响，例如，迪恩和沙夫曼（Dean & Sharfman，1996）的实证研究验证了决策的程序理性与决策效果（决策达到其管理目标的程度）正相关的理论假设，即收集并分析信息程度更高的决策者所作的决策效果更好，但是二者关系在非稳定环境中关系更强的假设未得到验证；霍夫和怀特（Hough & White，2003）实验研究结果表明在稳定环境中，决策过程理性与决策质量正相关，在动态环境中二者负相关；爱尔巴里和切尔德（Elbanna & Child，2007）以埃及企业样本数据的研究也表明战略决策理性与决策效果显著正相关，福比斯（Forbes，2007）的看法是决策理性对决策质量的影响主要受环境信息数量和确定性的影响，当环境信息数量、确定性都高时，决策理性才可能提高决策质量，其基本逻辑是如果环境不能提供足够数量或质量的信息，则采取广泛的信息收集行为（理性行为）可能是无效的。

综上分析，由于对战略决策过程理性程度的界定过于宽泛，不同的界定和不同的测量造成了部分研究结论的不一致，但是，现有经验和实验研究的结果基本支持信息相关方面的理性与战略决策质量显著正相关，即使在信息模糊、不确定性较高的环境，最大的可能是导致理性行为无效，通常不会降低决策质量。为了避免对理性过于宽泛定义可能带来的问题，同时考虑到本书主要意图在于分析企业家社会资本是否通过影响理性而对决策质量产生影响，本书将理性的概念界定为战略决策时考虑信息的数量、质量以及考虑备择方案的广泛程度，而通常决策时依赖信息的数量、质量越高，战略决策所需信息的缺口越小，越可能降低战略决策的不确定性，降低发生错误判断的概率，从而对战略决策质量产生积极影响，因此，本书继续提出以下理论假设：

H3：理性程度对战略决策质量有积极影响。

（五）理性程度的中介作用

通过上文的分析可以得知，企业家制度性和市场性社会资本都可以促进企业家在战略决策时获取到更多、更好的战略性信息、知识及其他资源，同时，企业家制度性和市场性社会资本还会影响企业家平时对制度环境、市场环境及其他环境信息、知识的收集和积累，从而会影响到企业家对战略环境以及决策问题的认知、判断能力，企业家制度性和市场性社会资本差异影响到企业家战略决策时依赖的信息基础、知识基础和资源基础产生差异，从而在战略决策过程中表现出不同的理性程度并进一步对战略决策质量产生影响，因此，企业家社会资本对理性程度和战略决策质量都有积极影响，同时理性程度也对战略决策质量具有显著的积极影响，企业家社会资本会首先影响战略决策过程从而对战略决策质量产生影响。基于上文提出的理论假设 H1、H2、H1a、H1b、H2a、H2b 和 H3，无论按照巴恩和

肯利（Baron & Kenny，1986）关于中介作用的观点还是按照麦金龙等
（MacKinnon et al.，2002）关于检验中介作用的观点来看，都可以提出以下
理论假设：

H4：理性程度在企业家社会资本与战略决策质量关系间具有中介
作用。

H4a：理性程度在企业家制度性社会资本与战略决策质量关系间具有
中介作用。

H4b：理性程度在企业家市场性社会资本与战略决策质量关系间具有
中介作用。

（六）理论假设模型

为了更清晰表述本书所提出的关于企业家社会资本、理性程度与战略
决策质量间的关系，便于后续研究过程能够对相关理论假设进行更好的验
证性检验，根据理论假设 H1、H2、H3、H4 绘制如图 3 - 4 所示的假设理
论模型。

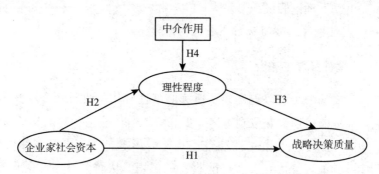

图 3 - 4　企业家社会资本、理性程度与战略决策质量间关系

同样，根据理论假设 H1a、H1b、H2a、H2b、H3、H4a、H4b 可以绘
制如图 3 - 5 所示的假设理论模型。

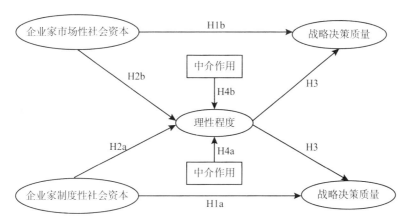

图 3 - 5　企业家社会资本维度、理性程度与战略决策质量间关系

四、企业家社会资本对战略决策速度的影响

本节在从总体上分析企业家社会资本对战略决策速度影响的基础上，进一步分析企业家社会资本的各构成维度对战略决策速度的影响，并提出相关系列理论假设，同时，尝试分析企业家社会资本及其构成维度影响战略决策速度的过程和机制，考察并分析部分战略决策过程变量直觉程度是否充当了二者间关系的中介。

（一）企业家社会资本与战略决策速度

如果企业家能够更早发现机会或识别到问题因而能够更快发起战略决策，如果企业家在战略决策时能够更快收集战略决策所必需的信息，能够更快建立决策信心或者能够更快地进行信息分析、处理，则企业家越有可能更快作出战略决策。从社会资本理论可以得知，企业家社会资本可以促使企业家以更低的成本、更快的速度和更高的质量获取到企业战略决策所需信息、知识和其他资源，因此，它不仅会对企业战略决策质量产生影响，而且还会对企业战略决策速度产生影响，本书所界定的战略决策速度概念主要用来反映企业战略决策相较竞争对手的快慢程度，会受到企业战略决策过程的影响，这是因为战略决策过程是一个包含多种活动的、动态的、循环和复杂的过程，战略决策过程中的机会或问题识别、信息收集、信息整理、信息分析、备择方案获取、评价和选择等活动无疑皆会花费一定的时间，因此，企业家社会资本可能从以下几个方面对战略决策速度产生影响：

1. 企业家社会资本可以促进企业家更早发起战略决策

企业家的社会关系网络通常嵌入了被企业家认为重要和有价值的信息、知识以及其他资源，由于企业家通常对企业经营相关战略性信息（重要的、关键的信息）比较敏感，因此，企业家在其社会交往活动过程中会"选择性注意"那些重要和关键的环境信息，企业家社会资本越高，越有可能接触和获取到更多、更及时、更新的战略性信息（这是因为在转型经济条件下，由于制度的不完善和信息不对称的普遍存在，许多最新和最关键的战略性信息并不是公开和容易通过普通渠道获取的，而仅仅在某些阶层或某些"社会圈子"流动），因此，企业家社会资本有可能促进企业家更早发现并识别外部机会或威胁，或者更早发现并识别内部存在或出现的战略性问题，从而促使企业家更早发起战略决策活动，对战略决策速度产生积极影响。

2. 企业家社会资本可以减少战略决策所需信息的收集时间

我们知道，企业战略决策过程是一个包含多种活动的动态复杂过程，决策过程所涉及的多数活动都会使用相关信息，在企业战略决策过程的每个阶段，一般都有可能涉及信息收集活动，信息收集活动可能贯穿决策过程的始终，更重要的是，在战略决策过程中通常还需要使用和确认某些关键和必需的战略性环境信息（如政策、技术、市场等），这类信息通常涉及决策的前提和方向，错误的信息会导致整个决策失败并且无法弥补和逆转，因此关系到决策的成败，是战略性的。当决策所必需的战略性信息欠缺时，决策者无法对决策前提或方向做出判断，此时决策蕴含的风险一般会超过多数决策者心理承受能力，因而多数决策者不会轻易做出选择（不排除少部分风险承受能力极高的"冲动型"决策者会在此时做出选择），而是会尽力去收集其所欠缺的信息。一般而言，决策所需信息的缺口越大，决策者收集信息所花费的时间越大。

企业家在参与战略决策过程所涉及的任何活动中，都会进行信息的收集、分析和处理活动，而且不论企业家是采用理性决策模式还是采用直觉决策模式，有时我们会误解直觉决策过程，认为直觉决策似乎没有经过信息和知识的收集、分析、处理过程，其实不然，企业家使用直觉决策模式时，同样会经历信息和知识的收集、分析、处理过程，不同的是这个过程是在大脑中进行的，速度很快，很难观察和意识到，如图3-6所示，当企业家面临具体的战略性决策问题时，会将该决策问题放入其工作记忆器进行思考，并迅速从其长时记忆器中提取相关信息和知识，如果其长时记忆器中存储的信息、知识和经验丰富，足以解决该决策问题，企业家会有意识或无意识直接使用直觉决策方式，停止进一步收集信息和知识的活动，在其工作记忆器中快速算出最佳或最满意的决策方案，如果企业家发现其长时记忆器中存储的信息、知识和经验不足以解决该问题时，企业家会想办法通过各种渠道去收集进一步的相关信息和知识，通常情况下，企业家会更多选择从自己的社会关系网络中去获取相关信息和知识，这是因为其他信息和知识来源渠道所能提供的信息数量和质量有限，而且通常是一些众人皆知公开信息，如果这些信息很重要，一定已经被企业家在平时的认知活动过程中所接触和认识，企业家在与自己的社会关系网络成员交往过程中，在不同时空背景下，会根据自己的当时需要，识别和提取相应的信息和知识，那些在当时暂不需要的信息和知识并未被企业家关注和提取，当企业家面临具体决策问题对信息和知识的需要时，基于对其社会关系网络成员的信任，企业家会进一步从其社会关系网络中搜寻和提取相关信息和知识。由此看来，企业家社会资本越高，其社会交往可能越多、越广泛，一方面，使企业家认知结构中关于战略决策所需信息、知识和经验越丰富，使得其决策时的信息或知识缺口越小，从而减少信息的收集时间，对战略决策速度产生积极影响，另一方面，企业家社会资本可能会减少其在弥补信息缺口时所花费的时间，这是因为企业家社会关系网络中还蕴含有未被企业家平时所识别和提取的有用信息，企业家社会资本越高，企业家越能够从其社会关系网络中获取更多的、未在日常交往过程中被识别和提取的有用信息和知识，越有可能更快地弥补决策信息缺口，减少信息收集时间从而对战略决策速度产生积极影响。

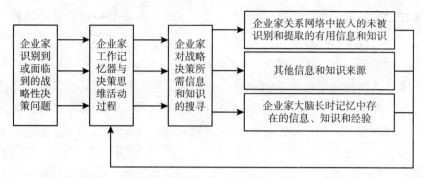

图 3 - 6　企业家战略决策时的信息收集、分析和处理过程

3. 企业家社会资本可以加快企业家决策认知过程和减少决策活动的时间

通常，认知主体和客体间知识或信息重叠程度越高，认知速度会越快。企业家社会交往活动过程同时伴随的是一个信息获取、学习和认知过程，因此企业家社会资本会促进企业家认知结构中存储的相关环境信息或知识的数量、质量的增加，增加企业家认知结构中信息或知识与环境信息或知识的重叠程度，从而促进企业家对环境认知能力的提高，企业家在参与战略决策过程中，经常会伴随一系列的决策活动，例如，对环境信息分析、判断、过滤，对解决决策问题的备择方案进行搜寻、过滤或设计，对初步确定的备择方案进行评价、判断和选择等，在这一系列的活动过程中，同时会伴随分析、比较、推理等思维活动过程，在这一系列活动过程中，企业家对环境认知能力的提高无疑会加速企业家的认知、分析、判断、推理和选择过程，从而会促进战略决策速度的提高。另外，那些社会资本越高、对环境认知能力越强的企业家越有更大可能在战略决策过程中使用更多的直觉认知和判断模式，从而加速战略决策过程，如沃利和鲍姆（Wally & Baum, 1994）的实证研究也证明了决策者在决策过程中使用直觉会提高战略决策速度，那些使用直觉程度度更高的决策者的决策速度会更快。

最后，企业家社会资本可以减少企业家建立决策信心的时间。企业家战略决策的过程也是一个建立信心的过程，当企业家对决策问题有了"想法"和"主意"后，通常会在自己的"社会圈子"寻求意见、心理支持或其他资源支持，那些社会资本较好的企业家越有可能更快地建立决策信心，这是因为更好关系网络越有可能提供更好的信息、建议甚至资源支持，促使企业家对自己的想法进行更好的判断、确认或修改，更快地建立决策的信心。具体来说，企业家社会资本越高，其能获取或动员的信息、建议和其他资源越多、越好，其战略选择的自由度会越大，越可能在决策过程中同时考虑更多的备择方案，这是因为：一方面，企业家在搜寻、设计或考虑备择方案时，当其对战略决策问题所涉及的信息、知识掌握或获取得越多，则越有可能更快地提出更多的可能选择方案和解决问题的办法，另一方面，企业家在设计或考虑备择方案时，必须考虑各种备择方案对资源的不同要求，以及企业是否具备相应的资源条件，企业家社会资本越高，其能动员和利用的资源数量、多样性和质量越高，决策备择方案越有可能获得相应的资源保障和支持，企业家越有可能考虑更多的可选方案。企业家在战略决策过程中同时考虑的备择方案数量越多，企业家越可能会更快建立决策信心，因为多个备择方案会使企业家感觉没有错失其他优越方案，坚定自己原有"想法"，同时，多个备择方案也会给企业家留下退路，当一个方案失误时可以快速转向另一个方案，企业家决策信心的更快建立无疑会促进战略决策速度的提高。事实上，艾森哈德（Eisenhardt，1989）、米尔（Miller，1991）、沃利和鲍姆（Wally & Baum，1994）的实证研究也表明同时考虑备择方案的数量越大，战略决策速度越快。

通过以上的分析可以说明，企业家社会资本会促进企业家更早发起战略决策、减少决策所需信息收集时间，加速其决策认知过程，更快建立决策信心，因此，总体而言，企业家社会资本会对企业战略决策速度产生积极影响，基于如此的理由，本书提出以下理论假设：

H5：企业家社会资本对战略决策速度有积极影响。

（二）企业家社会资本维度与战略决策速度的关系

通过上文分析可以得知，企业家社会资本可能会对企业战略决策速度产生积极影响，为了进一步了解企业家社会资本维度对企业战略决策速度的影响，下文将详细分析企业家社会资本的制度性维度和市场性维度对企业战略决策速度的影响。

1. 企业家制度性社会资本与战略决策速度的关系

如前文所言，在我国经济体制改革进程中，政府及其相关职能和行业主管部门等虽然不再参与具体的企业经营管理，但是，仍然在资源配置、市场经济制度、行业监管和宏观调控等与企业经营息息相关的诸多方面发挥着重要作用，因此，企业家建立的与政府及相关部门官员的关系网络仍然嵌入了非常丰富、全面的与企业经营相关的政策、制度等方面的信息和其他资源，制度性社会资本越高的企业家，越有更大可能快速获取更多、更新、更真实和更有价值的信息，从而会提高其对政策环境的认知能力，减少其战略决策时的信息缺口和不确定性，加快相关制度性信息的收集，从而提高企业战略决策的速度。

基于如上的分析，可以知道，企业家制度性社会资本越高，企业家越有可能更早、更快获取重要的战略环境信息，越有可能对企业战略环境了解更多、认识更深刻，越有可能获取更多的战略性资源，从而加快其企业战略决策，因此，本书提出如下理论假设：

H5a：企业家制度性社会资本对战略决策速度有积极影响。

2. 企业家市场性社会资本与战略决策速度的关系

企业家市场性关系主要包括与供应商、竞争对手、经销商或客户等外部企业实体高层管理人员间的私人交往和关系网络，企业家与原材料供应商、半成品供应商、生产设备供应商等外部供应商的交往能力和资源获取能力越强，企业家认知结构中越有可能存储了更多有关原材料、半成品或生产设备质量、供应状况和技术发展变化趋势的相关信息和知识，在需要时还可以重新获取到更多的在平时未被识别和提取的相关信息和知识，越有可能得到更优质的售后技术服务、更优质的原材料供应、更及时的供货、更优惠的原材料价格、更灵活或优惠付款方式甚至直接的资金支持，因此，企业家与外部供应商的交往和资源获取能力越强，当企业家面临具体战略决策问题时，所受的信息、知识和资源约束越小，越有可能进行更快的战略决策。

企业家与客户或经销商高管人员的交往能力越强，企业家越有更大可能赢得客户忠诚、支持和帮助，越有更大可能了解到更多的市场信息或相关需求知识，从而对市场现状及发展趋势的认识越深刻、全面、准确，使企业家在面临具体战略决策问题时能够实现快速和准确的认知过程，增强其信心，从而提高战略决策速度。

企业家与竞争对手的交往能力越强，企业家越有可能与竞争对手建立互信和理解，减少两败俱伤的恶性竞争，增加对竞争对手的了解，从而减少战略决策时的"顾虑"，加深对竞争环境现状和发展趋势的认识，增强战略决策时的信心，从而可能对企业战略决策速度产生积极影响。

综上所述，企业家市场性社会资本越高，企业家对技术环境、市场环境和竞争环境等方面的行业环境发展现状和趋势认识越全面、准确，掌握的相关信息和知识越丰富、准确，能够从中动员和获取的战略性资源越多，从而减小战略决策所需信息缺口和信息收集时间，加快企业家决策认知过程和决策信心的建立，对战略决策速度产生积极影响，因此，可以提出如下的理论假设：

H5b：企业家市场性社会资本对战略决策速度有积极影响。

（三）企业家社会资本与直觉程度

传统的战略决策过程研究通常将决策过程中的理性行为和直觉行为对立起来，认为理性行为就是收集全面的信息，对这些信息进行全面分析和解释，然后设计所有可能的备择方案，并采用多种标准对方案进行分评价，最后做出决策，此外，还需要与企业其他决策进行综合匹配与整合，制订详细的实施计划等，而直觉行为似乎不经历这些步骤，似乎依靠内在的潜意识和本能的反应，事实上，现实企业战略决策过程中经常表现出直觉行为和理性行为的交替出现的情况，理性行为和直觉行为并不对立，直觉行为通常要依赖决策者认知结构中存储的丰富信息、知识和经验，同样会经历一个信息收集、分析、可选方案的形成、评价和选择等过程，不同的是这些过程是在大脑意识深层进行，外部无法观察，甚至决策者也很少意识到，例如，希特和泰勒尔（Hitt & Tyler，1991）认为经理经验也许以某种复杂甚至唯一的方式融合在认知模型中，决策者使用直觉时是一个自动的、无意识的从认知结构中提取图像的过程，这些认知结构具有计划性或启发性，直觉是战略决策经验的简单化或偏见的提取。严格地说，现实企业战略决策过程中不可能有完全的理性而不使用直觉，也不存在完全的直觉而不使用理性，差异只是在于两种行为的程度不同而已，弗雷德里克（Fredrickson，1985）的研究也发现经理决策过程中同时采用理性和直觉的方法，米勒尔（Miner，1997）发现直觉是产生专家点子的一种重要思考方式。

企业家的个体认知风格会影响到其学习、知识获取、信息处理偏好甚至企业家日常行为方式（Kickul et al.，2009），许多实证研究也表明认知风格影响到个体选择，可以促进对组织中战略决策的更好理解（Hough & Ogilvie，2005；Sadler - Smith，1998），直觉作为认知风格构念的一个子维度，通常被认为是一种个体特性或偏好，直觉型企业家喜欢以综合、整体的方式处理杂乱、不熟悉的信息，以观察线索或信号，发现机会（Olson，1985），然而，即使直觉作为一种个体特性或认知风格，如本书第二章所言，决策过程中的直觉并不是随时发生的，更不是情绪化的、想其出现就能出现的，是根植于过去多年信息、知识和经验的积累，在面临某些特定情形的情况下出现，它虽然会犯错误（和理性的逻辑分析过程一样），但是很多时候它也能做出表面看起来不可思议的正确判断，企业家在战略决策过程中是否经常发生直觉行为，会受到其战略认知结构中存储的关于内外环境现状、变化趋势信息、知识存量和结构的影响，企业家社会资本越高，企业家对环境的认知能力越强，对各种环境中各种因素的复杂关系把握得更准确、更清晰，越有可能成为某类微细问题方面的专家，在战略决策过程中面临这些具体的决策问题时，更可能出现直觉判断，这种判断是在具备"充分信心"和强烈的"正确感"基础上作出的，是基于企业家日积月累的并在潜意识中存储的相关信息、知识和经验，而不是基于冲动、偏见或不满意的判断，它与理性分析的差异仅在于没有经历表层意识的逻辑推理和判断。因此，企业家社会资本提供了企业家在战略决策过程中出现直觉的更好的基础和更高的概率，社会资本更高的企业家越有可能在战略决策过程中发生直觉行为，表现出更高的直觉程度。具体来说，企业家建立制度性社会关系网络并从中获取相关信息、资源的能力决定了企业家战略认知结构中相关信息、知识或经验的存量及结构，企业家制度性社会资本越高，则企业家对战略决策所需的政策、制度及其他信息和知识的掌握数量越多、质量越高，认知结构中存储的有关外部制度环境信息、知识和经验丰富，对环境的认知能力越强，对企业发展的外部政治环境现状和发展认识越深刻，在企业需要时所能动员的资源数量越多、质量越高，在战略决策过程中信心越强，因此，在决策过程的某些阶段或就某些具体的决策问题越有更大可能使用直觉方式进行判断或选择；企业家建立市场性社会关系网络并从中获取相关信息、知识和其他资源的能力决定了企业家战略认知结构中有关市场、行业或技术环境方面的信息、知识或经验的存量及结构，企业家市场性社会资本越高，则企业家对行业技术环境、市场环境及竞争环境相关信息和知识掌握数量越多、质量越高，所积累的经验越丰富，对行业发展现状和趋势的认识越全面、深刻和准确，在企业需要时所能动员的资源数量越多、质量越高，在面临相关战略决策问题时，越有可能更多使用直觉判断。基于以上分析与逻辑，可以提出如下理论假设：

H6：企业家社会资本对直觉程度有积极影响。

H6a：企业家制度性社会资本对直觉程度有积极影响。

H6b：企业家市场性社会资本对直觉程度有积极影响。

（四）直觉程度与战略决策速度

由于直觉具有潜意识的、复杂的、快速的、非情感化的和非偏见的特性，是所有决策中的一部分（Khatri & Ng，2000），部分研究表明，战略决策过程中直觉使用程度越高，越可能加快决策进程，提高战略决策速度（Wally，1994），由于直觉使用简化了决策过程，省略了一些正式的程序或常规决策步骤，因此，决策过程中更多地使用直觉可能和更快的决策相联系，因此可以进一步提出以下理论假设：

H7：直觉程度对战略决策速度有积极影响。

（五）直觉程度的中介作用

企业家社会资本反映了企业家建立各类社会关系网络并从中获取战略性环境信息、知识和企业所需资源的能力，是企业家获取准确、及时信息的重要来源（Burt，1997；Adler & Kwon，2002；Sean Lux，2005），企业家日常的社会交往活动或建立社会关系网络的过程实际上也是企业家学习和认知的一个过程，按照认知心理学信息加工理论的观点，企业家建立社会关系网络的过程实际上也是在其认知结构中吸收、存储战略性环境信息的

过程，那些社会资本越高的企业家越有可能积累或存储更多、更好或更有
战略价值的环境信息，积累更多的有关决策问题的信息、知识和间接经验，
从而具备在战略决策过程中产生直觉行为的更好条件，提高了直觉行为发
生的概率，因此有可能对直觉程度产生积极影响，并进一步对战略决策速
度产生积极影响。此外，企业家社会资本的制度性维度和市场性维度实际
上是企业家社会资本不同角度的反映，虽然二者能够提供的信息、知识或
其他资源存在差异，但是通常都会与战略决策问题相关，从而都有可能对
直觉行为的发生产生积极影响，基于上文提出的理论假设 H5、H6、H5a、
H5b、H6a、H6b 和 H7，可以进一步提出如下理论假设：

H8：直觉程度在企业家社会资本与战略决策速度关系间具有中介
作用。

H8a：直觉程度在企业家制度性社会资本与战略决策速度关系间具有
中介作用。

H8b：直觉程度在企业家市场性社会资本与战略决策速度关系间具有
中介作用。

（六）假设理论模型

考虑到本书准备采用结构方程建模的统计分析方法对相关理论假设进
行验证性检验，总结上文提出的关于企业家社会资本、直觉程度与战略决
策速度间关系的理论假设 H5、H6、H7、H8，可以绘制如图 3 - 7 所示的理
论模型。

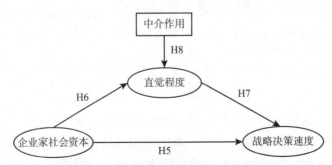

图 3 - 7　企业家社会资本、直觉程度与战略决策速度间关系

　　根据理论假设 H5a、H5b、H6a、H6b、H7、H8a 和 H8b，可以绘制如图 3-8 所示的假设理论模型，作为建立验证性结构方程模型的重要理论依据。

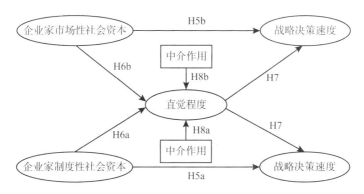

图 3-8　企业家社会资本维度、直觉程度与战略决策速度间关系

五、企业家社会资本对企业绩效的影响

　　近年，许多研究均认为：对转型或发展经济国家而言，由于存在"制度缺失"和"资源流动障碍"，社会资本因可以充当"正式制度替代"（Xin & Pear，1996）和"第二种资源配置方式"（Luo，2003），成为企业赢取竞争优势重要根源。因此，对中国企业而言，企业家社会资本可能成为企业最重要的核心资源或能力之一，按照资源基础论和企业能力理论的观点来看，这会促进企业获得竞争优势并对企业绩效产生积极影响。具体而言，企业家制度性社会资本因可以使企业获取到资金和技术支持、税收优惠、生产许可等方面的好处，可以使企业获得权力庇护并避免麻烦和某些"合法伤害"（耿新，2008），从而可能对企业绩效产生有利影响，"由于政府控制着部分重要的战略性资源并具有项目审批和资源分配权力，因此中国企业管理者倾向于与政府官员维持较强的交往和接触"（Child，1994），事实上，现有许多研究也发现那些与政府及其相关部门领导能维持良好关系的企业家能使企业绩效更好，例如，尼盖尔（Nee，1992）的研究发现中国管理者与政府官员的关系网络与企业绩效正相关，西恩和皮尔

（Xin & Pear，1996）的研究表明关系对企业绩效有积极影响，Peng 和 Luo
（2000）的研究发现中国管理者与政府官员的关系与企业绩效正相关，Li
和 Zhang（2007）的研究表明高管人员与政府官员的关系与新创企业绩效
正相关，耿新·（2008）的研究表明企业家社会资本关系维度的制度性资源
与新创企业绩效正相关。企业家市场性社会资本则可能会使企业在获取及
时的原材料供应、优惠的付款方式、技术支持、忠诚的客户、预付货款、
竞争对手的理解和配合等方面得到好处，可以增加经济交易过程中交易双
方的信任、减少机会主义行为，降低交易成本（Williamson，1985），所有
这些影响都有可能导致企业产生更好的绩效，许多实证研究也证实企业家
或管理者与供应商、客户、竞争对手及其他企业高管人员的良好私人关系
对企业绩效有积极影响（Peng & Luo，2000；Acquaah，2007；耿新，
2008）。基于以上理由，可以提出如下理论假设：

H9a：企业家制度性社会资本对企业绩效有积极影响。

H9b：企业家市场性社会资本对企业绩效有积极影响。

六、企业战略决策质量对企业绩效的影响

在竞争加剧和不断变化的环境下，企业战略决策的好坏常会关系到企
业的存亡，企业间的竞争更多表现为战略较量，那些能够作出更好战略选
择的企业常会在竞争中获取优势地位，然而，如何评价一项战略决策的好
坏却是"仁者见仁，智者见智"，提勒斯（Tilles，1963）曾提出了六条评
价战略决策质量的标准：第一，内部一致性。战略决策与其他决策和企业
目标的一致程度。第二，环境一致性。战略决策是否与环境现状保持一致
并考虑了未来环境的变化。第三，适应性。战略决策是否与企业关键资源
相适应。第四，风险程度。战略决策蕴含的风险是否是公司能够承受的。
第五，时间范围。战略决策是否确定了适当的目标完成时间。第六，有效
性。战略决策是否达到了预期的结果。国内部分研究者认为战略决策质量
是指决策对达成组织目标的贡献（汪丽等，2007）。整合现有战略决策过程
理论研究文献，我们将战略决策质量定义为决策与外部环境、内部资源和
能力以及企业主要目标相一致的程度。

我们认为，由于在多变环境现实中，企业组织、环境与目标常发生冲突和分离，企业战略实际上旨在协调组织、环境与企业目标之间的关系，追求三者之间匹配和动态平衡，因此，评价战略决策质量高低不仅要看决策是否反映了外部环境现实，是否能够与外部环境的变化趋势保持一致，而且要看决策是否反映了企业内部资源、能力特征，是否与企业其他决策发生冲突，是否反映了企业追求的目标。许多战略学家均认为企业绩效在很大程度上受到战略决策质量和战略执行的影响（Dooley et al.，1999），当然，由于许多战略决策都会指向多种企业目标，财务绩效仅仅是其中之一，因此，在分析战略决策质量对企业绩效的影响时，不仅要考虑财务绩效而且要考虑市场绩效等其他绩效。一项战略如果能够较好地与企业内外环境以及目标保持一致，或者能够使组织、环境与目标接近匹配或动态平衡，那么，无疑会对企业绩效产生积极影响，反之，则可能给企业带来巨大损失从而给企业绩效带来极大的负面影响，所以我们可以相信：

H10：企业战略决策质量对企业绩效具有积极影响。

七、企业战略决策速度对企业绩效的影响

在动态与复杂多变的经营环境下，环境变化的不确定性空前增加，导致相关环境信息是不确定、模糊、不可获取或过时的，此时快速决策容易犯错误，避免战略错误的传统方式就是简单等待事情明朗或模仿别人（Bourgeois & Eisenhardt，1987），但是观望或模仿同样可能会导致失败，因为"战略机会窗口"会很快关闭（Bourgeois & Eisenbardt，1988）。那些能进行更快战略决策的企业可能会更容易抓住机会，促进组织学习和更快获取新的知识，并在未来竞争中取得"先行者优势"，从而对企业绩效产生积极影响，例如，琼斯等（Jones et al.，2000）认为更早推出新产品或改进商业模式可以给企业带来竞争优势，鲍姆（Baum，2003）认为在成熟产业中进行快速决策可以使其更早采用提高组织效率的技术，史蒂文森等（Stevenson et al.，1985）认为抢先进行企业并购决策可以更早给企业带来规模经济和知识整合。事实上，博格伊斯和艾森哈德（Bourgeois & Eisenbardt，

1988)，艾森哈德（Eisenhardt，1989）的案例研究发现在高速环境条件下，发现相较于慢速战略决策者，快速战略决策者使用更多的信息、更多的备择方案，而不是相反，那些成功的企业通常战略决策速度更快，战略决策速度对企业绩效有积极影响，居杰和米勒（Judge & Miller，1991）采用了三个行业的企业样本进一步研究了战略决策速度与企业绩效的关系，结果也发现在高速环境条件下，战略决策速度与企业绩效正相关，而鲍姆和沃利（Baum & Wally，2003）对 318 位 CEO 进行为期四年的纵向调查获得了研究的样本数据，结构方程模型的分析结果表明无论在高速环境还是低速环境中，战略决策速度皆与企业绩效具有正相关的关系。因此，我们可以提出如下理论假设：

H11：企业战略决策速度对企业绩效具有积极影响。

八、企业战略决策速度与质量的中介作用

通过以上理论假设，可以认为：企业家制度性和市场性社会资本通过影响战略决策质量从而对企业绩效产生影响的路径可能是存在的，从而可以继续提出以下理论假设：

H12a：战略决策质量在企业家制度性社会资本与企业绩效关系间具有中介作用。

H12b：战略决策质量在企业家市场性社会资本与企业绩效关系间具有中介作用。

如上文所言，虽然诸多研究已经发现企业家社会资本对企业绩效有积极影响，但是学术界对其影响机制的认识仍然并非完全清楚，实际上，企业家社会资本首先会影响到企业家对环境的认知，进而影响到企业家的战略决策，并对企业绩效产生影响，基于前文的理论分析，我们认为：企业家社会资本通过影响战略决策速度从而对企业绩效产生影响的路径在现实中可能是存在的，于是可以提出以下理论假设：

H12a：战略决策质量在企业家制度性社会资本与企业绩效关系间具有中介作用。

**H12b：战略决策质量在企业家市场性社会资本与企业绩效关系间具有

中介作用。

H13a：战略决策速度在企业家制度性社会资本与企业绩效关系间具有中介作用。

H13b：战略决策速度在企业家市场性社会资本与企业绩效关系间具有中介作用。

本 章 小 结

本章首先对本书理论假设提出所依赖的理论基础：即社会资本理论、有限理性决策理论和认知心理学信息加工理论进行了介绍，以便对本书所提研究假设的内在逻辑能够有比较清晰的认识，然后回顾并分析了战略决策过程研究领域对战略决策过程的阶段划分，以了解战略决策过程的特点及涉及的主要决策活动，以便能够更好地分析企业家或企业家社会资本对战略决策过程的影响，同时，本章还结合文献回顾分析了企业家在战略决策过程中的地位和作用，以确认企业家社会资本之所以会对战略决策产生重要影响的逻辑基础之一，在此基础上，本书进一步粗略地分析了企业家社会资本可能对企业家认知结构、战略决策过程及结果的影响，以此为基础提出了本书的总体研究框架，之后，结合本书所使用的理论基础，采用理论演绎和逻辑推理的方法，主要进行了如下几个方面的工作：第一，分析了企业家社会资本及其维度对战略决策质量产生影响的内在逻辑与机理，在此基础上提出了关于企业家社会资本及其维度与战略决策质量间关系的 3 个理论假设；第二，分析了企业家社会资本及其维度可能对理性程度产生的影响，并提出了二者间关系的 3 个理论假设；第三，分析了理性程度对战略决策质量的影响并提出了二者间关系的理论假设；第四，分析了理性程度的中介作用，并提出了 3 个与此相关的理论假设；第五，分析了企业家社会资本及其维度可能对战略决策速度产生的影响，提出了 3 个相关理论假设；第六，分析了企业家社会资本及其维度可能对直觉程度产生的影响，提出了 3 个相关理论假设；第七，分析了直觉程度可能对战略决策速度产生的影响，提出了二者间关系的理论假设；第八，分析了直觉程度的中介作用，并提出了与此相关的 3 个理论假设；第九，根据本书所提出的

系列理论假设，建立了 4 个待检验的理论假设模型。最后，进一步提出了
企业家制度性和市场性社会资本对企业绩的影响，并就企业战略决策质量
和速度可能存在的中介作用进行了理论分析和待检验假设的效归纳起来，
本章总共提出了 28 个理论假设，6 个需要验证的理论框架模型，作为实证
研究的目标和实证检验的依据。

第四章　研究设计与数据收集

本章将首先对本书所涉及的研究变量现有测量方法进行分析的基础上，提出本书的测量方法，然后阐述问卷设计方法和过程，最后对本书的数据收集方法和数据分析方法进行简要介绍。

第一节　研究变量的测量

一、企业家社会资本的测量

（一）现有文献对企业家社会资本的测量

现有文献已经有较多关于企业（家）或管理者社会资本的测量方法，由于研究目的不同和界定不同，对企业家社会资本的测量方法和题目也不完全相同，同时由于社会资本概念被引入企业管理研究以后，相关理论研究仍然处在探索阶段，对企业（家）社会资本的测量目前难以有比较成熟和统一的量表可供本书直接选用，虽然如此，现有文献对企业家社会资本的测量仍然可以给本书提供一些有益的参考和借鉴，因此，下文拟对近年学界关于企业家社会资本的测量方法进行简要回顾与总结。

首先，近年出现了部分基于二手数据对企业（家）社会资本的测量，例如，石军伟等（2007）把企业社会资本定义为企业通过其特定社会资本能够动员的关系资源和相关能力。并采用了三个指标来测量企业社会资本：第一，企业与政府的关系。通过企业家（董事长）任现职前是否在政府或与政府相关部门中有就职经历来衡量企业家的政府关系；第二，组织的社会资本，用 CBCM 人气指数的分数来近似测量；第三，组织的特有关系资本，用无形资产指标来衡量，又如，孙俊华（2008）将企业家社会资本定义为企业家嵌入的社会关系网络及其从中动员资源的能力，并企业家与政府及其他企业的关系来测量社会资本，从企业家政治身份和声誉来测量资源动员能力。

其次，近年更多研究基于第一手调查数据对企业（家）社会资本进行测量，例如，韦影（2007）将社会资本定义为个体或社会单元拥有的关系网络中实际和潜在的资源，将企业社会资本分为内部和外部社会资本，并分别从结构维、关系维和认知维 3 个维度进行测量，由此得到关于企业社会资本的矩阵式测量结构。邓学军（2009）从三个维度测量企业家社会关系网络：第一，权力影响，企业家从社会资本中获得影响程度，包括权力——如特许经营权力、威望——如行业权威、支持与激励。主要指企业家对网络成员的影响力——对政府、对行业机构、对金融组织、对本行业；第二，资源影响，企业家从社会资本获取资源的多寡，包括内容——人、财、物和服务，结构—数量和质量；第三，信息影响，企业家从社会关系网络获取信息的多寡。耿新（2008）把企业家社会资本操作化为企业家社会资本的结构特性和企业家与个外部相关利益者的关系状况，并以结构维度（包括网络规模、网络异质性、网络密度 3 个指标）和关系资源维度（包括商业性关系资源、制度性关系资源和其他关系资源 3 个指标）来测量企业家社会资本。刘寿先（2008）用结构维度（社会互动、网络中心性、行业内部联系、行业外部联系）、关系维度（信任）、认知维度（团结一致性和战略协同）来测量企业社会资本。王立生（2007）用企业与客户间关系质量（信任、满意、承诺）、企业与客户间社会性互动（强度、质量）、企业与客户间认知（组织距离、共享愿景、冲突程度）3 个维度测量企业社会资本。张方华（2005）从纵向关系资本（与客户、供应商的关系资本）、横向关系资本（与竞争对手和其他外部企业的关系资本）、社会关系资本（与大学和科研机构、政府部门、技术中介组织、行业协会、金融机构、风险投资机构）3 个方面测量企业社会资本。蒋勤峰（2007）从结构维度、关系维度、认知维度 3 个方面测量企业社会资本。边燕杰和邱海雄（2000）从法人代表的纵向联系、横向联系和社会联系 3 个方面测量企业社会资本。Peng 和 Luo（2000）用 3 个题项测试管理者在过去 3 年使用与其他公司高层管理者的私人连带、网络和联系的程度，主要包括客户公司、供应商和竞争对手公司的高层管理者，用 3 个题项测试管理者在过去 3 年使用与政府相关部门官员的私人连带、网络和联系的程度，主要包括各级政府领导、产业主管部门官员和其他支持性机构官员（如工商局、税务局和国有银行等），测试题项采用 7 点李克特计分制。Li 和 Zhang（2007），Xin 和 Pearce（1996）用 4 个题项测试管理者的政治网络，如：尽很大努力开发与政府机构官员的联系，维持与国有银行及其他政府机构官员的良好关系，用很多物质资源来维持与行政部门官员的良好关系，花费很多钱以建立与政府高层官员的关系。Morses Acquaah（2007）通过测量公司高管人员使用社会关系网络的程度（包括其他企业的高管人员、政府官员、社区领导的关系）以及这种关系网络给公司带来的利益程度（从能给公司带来优势的信息、价值资源、知识获取 3 个方面来衡量）来测量管理者的社会资本。

（二）本书对企业家社会资本的测量

参考耿新（2008）、边燕杰和邱海雄（2000）、蒋勤峰（2007）、Peng 和 Luo（2000）、Morses Acquaah（2007）、Li 和 Zhang（2007）、Xin 和 Pearce（1996）等对企业家社会资本的测量方法，结合本书对企业家社会资本界定及维度划分，本书分别设计了 5 个题项测量企业家制度性社会资本，5 个题项测量企业家市场性社会资本，测量题目的具体内容如表 4 - 1 所示。题项要求被访者根据企业家近 3 年社会交往情况，按照与题述内容相一致的程度，进行评价和打分，1 = 完全不符合，7 = 完全符合。

表 4 - 1　　　　　　　　　　企业家社会资本测量题目

企业家制度性社会资本测量条目
A1：与各级政府、行业主管部门或行政职能部门的官员联系很广泛
A2：与各级政府、行业主管部门或行政职能部门的官员有好的私人关系
A3：能从与各级政府、行业主管部门或行政职能部门官员的关系中获得较多有用信息
A4：能从与各级政府、行业主管部门或行政职能部门官员的关系中获得较多有用资源
A5：经常动用与各级政府、行业主管部门或行政职能部门官员的关系解决公司困难

企业家市场性社会资本测量条目
B1：与客户、供应商、竞争对手或其他企业高管人员联系很广泛
B2：与客户、供应商、竞争对手或其他企业高管人员私人关系很好
B3：能从与客户、供应商、竞争对手或其他企业高管人员的关系中获得较多有用信息
B4：能从与客户、供应商、竞争对手或其他企业高管人员的关系中获得较多有用资源
B5：经常动用与客户、供应商、竞争对手或其他企业高管人员的关系解决公司困难

注：以上题项是正式问卷形成后的测试题项，相较初始问卷有一定的调整和修改。

资料来源：参考 Peng 和 Luo（2000），Morses Acquaah（2007），Li 和 Zhang（2007），Xin 和 Pearce（1996），耿新（2008）的测量题目进行修改。

二、战略决策过程变量的测量

（一）理性程度

理性是做某些事情的原因，用来判断行为合理性，即认为在特定条件下的某行为是可以理解的（Butler，2002），理性刻画了行为在追求目标达成时是符合逻辑的（Dean & Sharfman，1993），理性的核心概念主要指战略决策全面性——组织高层管理团队在战略决策过程中系统地从外部环境收集和处理信息的广泛程度（Fredrickson，1984；Glick et al.，1993），那些扫描环境获取更大数量信息并进行更广泛的环境信息分析的企业被认为更具全面性（Dean & Sharfman，1993），全面性提炼了形成战略的"概要主义"的本质（Ansoff，1965；Hofer & Schendel，1978）。正如爱尔巴里（El-banna，2006）所言，不同学者对理性的构念和概念化是不同的，正是由于不同学者对决策理性的构念和概念化界定不同，造成了诸多实证研究理性测量方法的较大差异，例如，迪恩和沙夫曼（Dean & Sharfman，1993，1996）从信息收集、分析的角度设计了5个题项测量决策理性，Atuahene-Gima 和 Li（2004）从备择行动方案收集、制订、评价的角度设计了5个题项来测量决策过程理性，普里姆等（Priem et al.，1995）和米勒尔（Miller，1987，1988，1992）从信息扫描、信息分析过程、计划时期和具体化程度等角度设计了14个条目测量战略决策理性，弗雷德里克（Fredrickson，1984）从战略决策步骤的角度设计了43个题目。

事实上，现有实证研究对理性操作化和测量的混乱已经造成了实证研究结果的混乱和相互矛盾，有幸的是米勒等（Mueller，2000）对这些看似矛盾的实证研究结果进行了原因分析，米勒（Mueller）等认为：使用信息的正式分析（理性）能减少决策问题的不确定性，在高低动态环境下与绩效都正相关，在低动态环境中关系更强；使用说服的理性在低动态环境下与绩效不相关，但在高动态环境下明显与绩效负相关，当理性被严格定义为解决围绕决策问题不确定性的信息工具时，无论高低动态环境，理性都与绩效正相关，因此将理性概念操作化为全面性（分析的数量和详尽性）可能会混淆信息理性和说服理性（Mueller et al.，2000），该文对理性的类型划分主要根据兰戈里（Langley，1989）案例研究的发现：即公司决策理性——正式分析的表现形式主要为信息目的理性和说服目的理性。

本书认为：对理性构念的过分宽泛化界定实际上并不利于理论构建和实证研究的发展，因此本书将理性操作化为：在战略决策过程中使用的信息数量、质量以及考虑备择方案的广泛程度。在此基础上，参考 Dean 和 Sharfman（1993，1996）、Priem，Rasheed 和 Kotulic（1995）和 Miller（1987，1988，1992）对理性的测量方法，本书设计 6 条题目测量决策理性程度，题项要求问卷填写人员根据近 3 年其公司做出的某项其印象比较深刻的战略决策（企业家参与并在战略决策过程中起主要在、决定性作用）的情况进行填写，题项的具体内容如表 4-2 所示，测量尺度采用 Likert 七点计分制，1 = 完全不同意，7 = 完全同意。

表 4-2   理性程度的测量题目

理性程度测量条目
C1：在该项决策过程中，基本收集或掌握了决策所需要的信息
C2：在该项决策过程中，掌握或收集决策所需信息的数量很多
C3：在该项决策过程中，掌握或收集的相关信息质量较高
C4：在该项决策过程中，提出了很多可能的行动方案
C5：在该项决策过程中，考虑的备择方案数量很多
C6：在该项决策过程中，决策所需信息缺口很大（R）

资料来源：参考 Dean 和 Sharfman（1993，1996），Priem，Rasheed 和 Kotulic（1995）和 Miller（1987，1988，1992）的测量题目进行修改。

（二）直觉程度

直觉是一种理解特定情形的综合心理功能（Vaughan，1990），它可以使我们将零散的数据和经验整合成一幅一体化的图像，是一种对现实的整体感觉，超越了理性认识，直觉具有下意识的、复杂的、快速的、非情感化的和偏见的特性，是所有决策中的一部分（Khatri et al.，2000），直觉可以概念化为两种明确的方式：整体预感和自动专家，整体预感主要是指通过提取、综合多种经验信息进行判断、选择，此种经验信息存储在以某种复杂方式相联结的潜意识记忆中，能够产生感觉正确的判断或选择（Lane

& White, 1999；Mintzberg, 1994）不通过理性思考获取的知识，它来自普通意识水平下的潜意识的某些层面，容易消失和很难捉摸，新想法来自由经验、事实和关系组成的大脑，自动专家主要指面对过去积累了丰富经验的熟悉情景时的一种自动反应（Miller & Ireland, 2005）。

虽然直觉在战略决策过程中扮演了重要的角色（Butler, 2002），但是关于直觉的实证研究很少，部分学者研究了直觉对战略决策速度的影响（Eisenhardt, 1989；Judge & Miller, 1991；Wally & Baum, 1994），卡特瑞等（Khatri et al., 2000）研究了直觉与企业绩效的关系，因此对直觉的测量方法并不多，沃利和鲍姆（Wally & Baum, 1994）从决策者个体特性和决策过程中的直觉行为两个方面来测量直觉（设计了 6 个题目），Khatri 和 Ng（2000）从依赖主观判断、经验和直感等方面设计了 3 个条目测量直觉。

参考 Wally 和 Baum（1994）、Khatri 和 Ng（2000）对直觉的测量方法，同时考虑到中国文化差异，本书设计了 5 个题项来测试企业家在战略决策过程中使用直觉的情况，如表 4 - 3 所示，题项要求企业家根据自己在战略决策过程中的实际情况与题目内容相符合的情况进行评分：1 = 完全不同意，7 = 完全同意。

表 4 - 3　　　　　　　　　　　直觉程度的测量题目

直觉程度的测量条目
D1：在该项决策过程中，企业家依赖单纯主观判断的程度如何（1 = 很少，7 = 很多）
D2：在该项决策过程中，企业家依赖过去经验的程度如何（1 = 很少，7 = 很多）
D3：在该项决策过程中，企业家常在信息不足时依靠直觉进行判断（1 = 完全不同意，7 = 完全同意）
D4：在该项决策过程中，企业家常依靠感觉对某些事项进行判断（1 = 完全不同意，7 = 完全同意）
D5：在该项决策过程中，企业家常依靠经验对某些事项进行判断（1 = 完全不同意，7 = 完全同意）

资料来源：主要参考 Khatri 和 Ng（2000）的量表，增加了两个题目。

三、战略决策结果变量的测量

（一）战略决策速度

有时候，时间对战略决策来说很重要，有可能决定战略实施的成败，拖延决策可能会对企业产生巨大的不利影响，尤其在动态或高速环境下，延迟决策可能会失去机会，战略窗口可能关闭。现有文献对战略决策速度的研究主要集中在西方，国内相关研究文献很少，但是就笔者检阅的西方文献来看，对战略决策速度的界定主要指某项决策所花费的时间，因此对战略决策速度的测量也主要在于测量企业进行某项具体战略决策时所花费的时间，测量的方法主要有通过设计某项决策情节，让被访问者估算该项决策在其企业中可能花费的时间，以此作为战略决策速度的测量值，如沃利和鲍姆（Wally & Baum，1994）设计了一个决策剧情测量战略决策绝对速度，设计 3 个题目测量战略决策相对速度，沃利和鲍姆（Wally & Baum，2003）则直接设计了三个战略决策来测量战略决策的绝对速度，该方法的优点是避免了不同决策所花费时间的不同，以及让被访问者回忆的困难而导致的测量误差，缺点是让被访问者估算由其企业来做这样的决策需花费时间，同样可能和实际的企业决策是有差异的，也有文献通过让被访问者回忆企业近期所作的最重大的战略决策所花费的时间来估算企业战略决策速度，如 Forbes（2005）、Eisenhardt（1989）、Mintzberg（1976）、Ge 和 Miller（1991）对战略决策速度的测量，该方法的缺点是回忆的误差以及决策类型不同所带来的差异。

然而，时间对企业战略管理的意义来说远非如此简单，事实上，在动态的竞争环境下，比竞争对手更早发现机会或识别问题，从而更早或更快地进行战略决策，同样对企业获取竞争优势意义重大，现有文献对战略决策速度的研究（包括其测量）较少关注到此问题，事实上，企业战略决策的绝对速度在不同行业的企业间进行比较意义不大，因为即使相同的战略决策速度，对不同的行业来说，其战略价值和意义是不同的，真正具备战略意义和价值的可能是战略决策的相对速度，即企业进行战略决策的速度相较竞争对手来说是快或慢，可能更有参考意义和价值，企业战略决策的相对速度更大可能更能给企业带来竞争优势，考虑到本书的主要问题之一就是要探明企业家社会资本对战略决策速度的影响，企业家社会资本极有可能给企业带来"先知先觉"的信息优势，从而使那些社会资本高的企业家具备更早发现机会或识别威胁的可能性，因此，本书主要参考 Wally 和 Baum（1994）的测量方法，从企业战略决策速度的相对含义出发，测量企业与主要的竞争对手相比，其战略决策速度的快慢，为此设计了表 4-4 所示的测量题项，题项要求填表人根据其公司近三年某项重大战略决策的实际情况，按照与题项内容项符合的程度进行主观评价和打分：1 = 完全不符合，7 = 完全符合。

表 4-4 　　　　　　　　　　　　　战略决策速度测量题目

战略决策速度测量条目
E1：从该项决策来看，我们能比竞争对手更早发现机会
E2：从该项决策来看，当发现机会时，我们的行动比竞争对手快
E3：从该项决策来看，我们对问题的反应比竞争对手快
E4：从该项决策来看，我们决策的速度比竞争对手快
E5：从该项决策来看，我们能比竞争对手更早发现问题

资料来源：参考 Wally 和 Baum（1994）的量表进行修改，增加了两个题目。

（二）战略决策质量

决策质量是指一个决策对达成组织目标的贡献（汪丽等，2006），现有研究发现高层管理团队的认知能力和决策过程中的相互作用方式是影响战略决策质量的两个主要先行因素（Amason，1996），通常，对战略决策质量的评价可以在实施前或实施后进行评价，西摩·提勒尔（Seymour Tilles，1963）提出了六条评价战略决策正确与否的标准：第一，内部一致性，即某项决策与其他决策和企业目标的适宜程度，例如，家族企业的快速扩张战略与保持家族控制的目标可能不一致。第二，环境一致性，主要指决策是否与环境现状保持一致并考虑了未来环境的变化。第三，与企业可获取资源的适应性，指决策是否与企业关键资源相适应。第四，风险的满意程度，即战略的风险是否是公司能够承受的。第五，适当的时间范围，即决策是否确定了适当的目标完成时间。第六，有效性，即决策是否达到了预期的结果。后来西方学者对战略决策质量的测量主要参考这六条标准进行量表设计，例如，Dooley 和 Fryxell（1999）、米奇，杜里和福利科赛尔（Michie，Dooley & Fryxell，2002）设计了 6 个题目测量战略决策的质量，这 6 个题项基本上是参考上述的 6 条标准进行设计的（主要使用了其中的 4 条标准），施温格等（Schweiger et al.，1986，1989）的实验研究过程中对战略决策质量的评价也参考了上述标准，并从假设的有效性、重要性及建议的质量三个方面设计题目测量决策质量，汪丽（2006）采用了 7 个题目测量战略决策质量，其中某些题项也参考了上述标准。此外，有的学者采用了综合性测量方法，直接测量决策者对决策质量的感知和主观判断，如王国锋、李懋和井润田（2007）用 3 个题项度量决策质量，有的学者在研究高管团队决策质量时，将团队最终决策结果与团队成员最初的个人想法进行比较，由此测量团队决策质量，例如，詹森等（Janssen et al.，1999）设计了 3 个题目测量决策质量、郎淳刚，席酉民和郭士伊（2007a）、郎淳刚和席酉民（2007b）对决策质量的测量也采用了此量表。

基于上文对现有文献测量战略决策质量方法的简要回顾，本书认为各种方法对战略决策质量的测量各有优缺点，同时，对战略决策质量的客观测量很难做到，因为战略决策通常指向比较长远的未来，有时候在短期内很难对其进行比较准确和客观的评价，包括外部人员和制定战略决策的人员，都较难做到这一点，这是因为某些战略在短期内很难看到其效果，但却对企业有长远、深刻的潜在影响。

根据本书对战略决策质量的界定，同时考虑到本书的研究目的之一在于分析企业家社会资本对战略决策质量的影响，侧重于战略实施后的评价，因此，本书主要根据 Tilles（1963）提出的战略评价标准，同时参考 Dooley 和 Fryxell（1999）、Michie，Dooley 和 Fryxell（2002）、Janssen 等（1999）、郎淳刚和席酉民（2007）、王国锋，李懋和井润田（2007）、汪丽（2006，2007）等对战略决策质量的测量方法，设计了 6 条题项，并采用 Likert 7 点计分制进行评分，题项要求参与问卷调查的企业家或其他高层管理人员就公司近三年某项最重要战略决策的实际情况，判断与问卷中的描述项符合的程度进行评分：1 = 完全不同意，7 = 完全同意。测量的内容主要从战略决策与外部环境的一致性情况、与内部财务状况、资源、能力及其他决策的一致性情况等方面对战略决策质量进行评价，具体条目内容，如表 4 - 5 所示。

表 4 – 5 战略决策质量测量题目

战略决策质量测量条目
F1：该项决策与公司外部环境是一致的
F2：该项决策反映了公司目前的财务状况
F3：该项决策与公司其他决策是相适应的
F4：该项决策促进了公司目标实现
F5：该项决策与外部环境变化是一致的
F6：该项决策与公司内部资源和能力是一致的

资料来源：参考 Dooley 和 Fryxell，1999；Michie，Dooley 和 Fryxell（2002）；Janssen 等（1999）；王国锋，李懋和井润田（2007）的量表进行修改。

四、控制变量的测量

本书所提出的研究框架和理论假设模型中，主要的因变量是企业战略决策速度和战略决策质量，由于这两个研究变量会受到许多其他因素的影响，因此，需要对一些关键影响因素进行控制，但是，在实证主义研究范式中，受时间、成本和条件的限制和约束，几乎很难做到在一项研究中考虑或控制住所有影响因素，根据现有文献的研究结论，战略决策质量和速度的其他影响因素主要有环境因素、组织因素、决策团队规模等，因此，本书将企业所在行业作为环境因素的控制变量，将企业规模、企业性质作为组织因素的控制变量，将决策团队规模作为决策团队因素的控制变量。各控制变量的测量方法如下：

（1）企业所在行业。按照企业是否生产有形产品将所有的行业分为两类，其中生产有形产品的归为制造业，并将其编码为 1，将其他企业归类为服务业，并将其编码为 0。

（2）企业性质。将企业性质按照国有企业（含国有控股）、民营企业、中外合资企业、外商独资企业和其他企业 5 大类，作为类别变量分别编码为：国有企业（含国有控股）= 1、民营企业 = 2、中外合资企业 = 3、外商独资企业 = 4、其他企业 = 5。

（3）企业规模。

由于采用问卷调查直接测量企业员工具体总人数具有一定的困难，因此本书研究问卷中按照企业员工人数范围对企业规模进行了分类，总共分为五类，并对每一类给予一定的编码值：300 人以下的编码为 1，301～800 人的编码为 2，801～1300 人的编码为 3，1301～2000 人的编码为 4，2001 人以上的编码为 5。

（4）决策团队规模。对决策团队规模采用了一个测试题项，直接询问企业通常参与企业重大的战略性决策的人数在多少数值范围内，采用分类编码方法：1 人的编码为 1，2～3 人的编码为 2，4～6 人的编码为 3，7～8 人的编码为 4，9～10 人的编码为 5，10 人以上的编码为 6。

五、企业绩效的测量

对企业绩效的测量主要借鉴了 Parket 和 Eilbiet（1975）、Stanwick 等（1998）、Griffin 等（1997）、Waddock 等（1997）、Rof 等（2001）和 Gupta（2001）的测量题目，选择了 5 个题目测量企业绩效，如表 4-6 所示。

表 4-6   **战略决策质量测量题目**

战略决策质量测量条目
J1：与竞争对手相比，公司总资产收益率水平
J2：与竞争对手相比，公司总销售收益率水平
J3：与竞争对手相比，贵公司年均销售增长率水平
J4：与竞争对手相比，贵公司投资回报率水平
J5：与竞争对手相比，贵企公司利润率水平

资料来源：参考 Parket 和 Eilbiet（1975）；Stanwick 等（1998）；Griffin 等（1997）；Waddock 等（1997）；Rof 等（2001）和 Gupta（2001）的量表进行修改。

第二节　问卷设计

一、问卷设计原则与过程

按照实证主义研究范式的理论与逻辑，一项研究的质量不仅取决于研究者提出理论假设的合理性（即研究的理论基础和关系假设的内在逻辑），更重要的是取决于研究者对研究构念的操作化定义、测量以及收集测量数据的质量，尽量保证获取真实可靠的数据是实证研究中关键的一环，受客观条件的限制，本书拟选择问卷调查方法作为数据收集的主要方法，主要的考虑就是：问卷调查法是管理学定量研究中最常使用的数据收集方法，具有数据收集迅速和成本低廉的特点，但是对问卷设计的质量有较高要求，问卷设计的一个重要准则就是准确而简约（陈晓萍、徐淑英和樊景立，2008），荣泰生（2005）认为问卷设计需遵循以下原则：一是问卷内容需与研究概念相呼应；二是问卷中的问题需易于回答，避免专业术语和二合一的问题；三是尽量不涉及个人隐私；四是前面题项不要影响后面题项，题项排序尽量先易后难；五是正式调查之前要有一个预调查的过程；李怀祖（2004）提出了问卷设计中的应注意三点：问项不能带有倾向性和诱导性、不要提难以回答的问题、不要把未确认的事情作为前提假设。

二、本书的问卷设计过程

遵循上述学者的建议和观点，本书对问卷的设计大概经历了五个阶段：

第一阶段，问卷的初步设计。大量搜集和阅读相关文献，寻找、搜集并整理了本书所欲测量变量的成熟量表，由于本书对大多数研究构念采用了西方权威期刊上的成熟量表（主要涉及了对战略决策质量、决策速度、理性和直觉等构念的测量），因此，必须考虑这些量表的跨文化适用性，在问卷设计过程中，笔者另外找了三位英语水平较高且从事管理研究的同学组成两组，首先，将英文量表翻译成了符合中国人思维习惯和理解方式的中文量表，翻译尽可能采用"意译"的方法，然后有另外两位同学再将其翻译成英语，通过了多次反复对语句及词汇的比较、修改，最终确定了各研究构念的中文测量题项，对企业家社会资本的测量借鉴了SMJ上发表的多篇文献以及国内多篇博士论文的测量方法和题项，根据本书的目的及对企业家社会资本的界定，初步设计了10个题项测量企业家社会资本，问卷分成三部分，第一部分包括填表人及企业基本情况的问项，第二部分包括企业家社会资本的测量题项，第三部分包括战略决策速度、决策质量、理性和直觉等方面的测量题项。

第二阶段，与导师及部分专家的讨论。笔者的初始问卷设计完成后，首先将问卷提交给导师陈教授审阅，针对本问卷调查对象的特殊性，陈老师就问卷的简约和整体编排提出了许多宝贵修改意见，初始问卷中要求在填表人和企业基本情况栏目中填写人名和公司名称，陈老师认为企业家社会资本及战略决策调查可能会涉及企业的商业秘密或企业家个人的隐私，建议删除相关内容，因此问卷初稿采用了完全匿名的方式，并根据陈老师的修改意见对问卷进行了进一步的修改和调整，对容易产生歧义的题项进行了语句的进一步修饰。

第三阶段，对少量企业家的深度访谈。访谈采用了半结构访谈的方式，访谈内容主要包括企业家社会交往情况，战略决策过程和方式，企业经营情况和经营环境等，访谈的最后，请 3 位企业家填写了本问卷的初稿，填写完成后，笔者就问卷中的测量题项是否能真实可靠地反映要测量的构念、测量题项是否比较容易回答等问题咨询了 3 位企业家的意见，根据其意见，对个别词汇和语句进行了通俗化修改。

第四阶段，小样本问卷调查。针对两个 EMBA 班级战略管理课程的课堂问卷发放，共发放和收集了 52 个样本企业的问卷调查，并对问卷的有效性进行了初步分析，删除了无效的 2 份问卷，删除的标准是：问卷存在数据缺失和遗漏；问卷回答中存在明显的矛盾之处（主要通过反向条目进行识别）；问卷中存在很明显的"应付差事"痕迹。最后确定 50 份有效问卷。

第五阶段，小样本的探索性因子分析和信度分析。根据回收的 50 份有效问卷，对本书所涉及的主要研究构念进行了探索性因子分析和信度分析，以确认本问卷测量的效度和信度。小样本探索性因子分析和信度分析结果表明：战略决策相关研究变量的测量基本有效，量表的效度和信度基本上可以接受：所有变量的信度系数均在 0.7 以上，将战略决策变量放在一起进行探索性因子分析，每个变量的测量条目均能被归于该因子（载荷系数大于 0.75），交叉因子载荷均小于 0.3，说明战略决策相关变量的测量量表具有较好的聚合效度和区分效度，能够满足本书的需要。同时，为了防止前面的题项对后面的题项造成影响，正式问卷还对题目的顺序进行了重新排列，第一部分仍然是填表人及受访企业基本情况，第二部分改为对战略决策相关研究变量的测量，第三部分改为企业家社会资本的测量，并对测量题项的内部次序进行了部分调整。

第三节　数　据　收　集

一、数据收集的常用方法

常用的数据收集方法主要有一手资料和二手资料的收集方法，二手资料一般通过文献、档案、各种统计年鉴、各种企业资料数据库以及企业网站等方式进行收集，第一手资料的获取一般要通过企业调查来获取所需数据，企业调查方法主要有企业人员访谈、电话访谈、问卷调查、计算机访谈等，其中问卷调查方法又可以分为电子邮件问卷、纸质问卷两种方式，电子问卷发放可以通过在线调查、邮件寄发来实现，纸质问卷可以通过邮寄方式、现场访谈和填写等方式。

数据收集还有一个重要方面就是抽样方法的确定，抽样时，首先需要确定研究的总体，然后选择适当的抽样方法，由于抽样推断都是建立在概率抽样的基础上（贾俊平，2005），因此一般在管理或社会科学研究中均采用概率抽样方法进行抽样，常用的概率抽样方法有简单随机抽样、分层抽样、系统抽样和整群抽样，其中简单随机抽样又可以分为不重复随机抽样和重复随机抽样[1]。

二、本书的数据收集方法

由于本书理论模型中所涉及的研究变量，多数都是主观性的测量指标，即使有部分客观性题目，也没有可以利用的二手数据，因此，主要通过问卷调查法来获取所需要的数据，数据的收集主要经历了以下步骤：

（1）研究总体的确定。本书主要分析企业家社会资本对战略决策质量和速度的影响，因此，将研究的总体定为在中国境内的制造类和服务类企业，排除了第一产业企业。

---

[1]　本节内容主要参阅贾俊平. 统计学［M］. 北京：清华大学出版社，2005.

（2）分析层面的确定。本书主要分析企业家社会资本对战略决策质量和速度的关系，因此分析的层面主要包括个体层面和决策层面，其中个体层面主要包括企业家社会资本、企业家在战略决策过程中的理性程度和直觉程度等个体行为表现，决策层面主要包括企业战略决策质量和战略决策速度，由于在企业战略决策过程中，虽然企业家个体在其中起到主导和决定性的作用，但是，除少部分独裁式的企业家外，毕竟多数企业战略决策通常是决策团队参与的结果，因此，某项企业战略决策的质量和决策速度应该是一个决策层次的概念，对战略决策速度和质量的测量针对的是某项具体的战略决策。

（3）抽样方法。受本书条件、时间和成本的限制，采用随机或其他概率抽样方法，选择足够的、有代表性的企业样本直接进行企业调研和数据收集，难度较大，同时，因本书问卷主要要求企业家要参与问卷调查，进一步增加了数据收集的难度，因此，基于调查的难度和本书具备的条件，只能采用方便抽样的方法，问卷的发放主要根据笔者的社会关系进行选择，问卷调查区域和发放对象主要包括四川、广东、陕西、天津和北京，江苏的样本主要作为预调研和问卷修改依据使用，当然这可能限制了本书样本企业的代表性，但是本书使用的方便抽样仍然具备相当的概率抽样的性质，首先，从地域来看，本书样本有来自东部、中部和西部、南部的样本，既有经济发达地区也有经济不发达地区，其次，样本的选择没有进行挑选，而是根据数据的可获得性进行选择。

（4）样本容量的确定。由于本书主要采用结构方程模型的分析方法，但是关于结构方程模型需要的样本量应该是多少比较合适，学术界的看法并不一致，侯泰杰，温忠麟和成子娟（2004）认为大多数模型的样本量至少需要 $100\sim200$ 个被试，邱皓政（2009）却认为若要追求稳定的 SEM 分析结果，低于 200 的样本量是不鼓励的，也有学者认为样本量和测量条目的比最少达到 5 个以上，达到 10 个更好，本书共有 31 个主观性测量条目，综合考虑上述学者的建议，同时考虑本问卷调查的难度，初步确定要求本问卷至少要求达到 200 个以上的样本容量。

（5）问卷填写人的选择。根据本书的目的和要求，设定企业家本人或者对企业家及企业战略决策情况比较熟悉的其他中高层管理人员作为受访对象，其中对社会资本的测量和对理性程度及直觉的测量尽量要求企业家本人填写。

（6）调查方法的选择。前期问卷设计和问卷预测试主要通过企业深度访谈和小样本预测试的方法，首先，采用半结构化和深度访谈相结合的方法，对少量企业家进行了访谈，访谈的目的主要在于考察问卷设计内容是否存在难以回答、歧义、或语言表述不清楚或明显误导的题目，同时，了解企业家对社会资本可能给其战略决策带来的影响的切身体会，以便本书能够更好发现在中国情境下变量间关系发生的内在逻辑。

对初始问卷修改后，通过对 EMBA 班学员进行了调查问卷的小样本测试。通过小样本问卷测试和修改后，形成了正式的问卷调查表，并开始较大规模问卷发放，问卷的发放主要通过委托笔者的同学、朋友关系，在多家管理咨询公司举办的企业家培训课堂上、政府和行业协会举办的企业家年终座谈会集中发放为主，部分问卷以电子邮件等方式发放。

三、问卷回收情况

正式问卷的发放主要通过了五种途径进行：第一种途径通过南京大学 EMBA 总裁班战略管理课堂发放，第二种途径通过部分管理咨询公司举办的企业家培训课堂发放，第三途径是通过部分行业协会向成员企业发放，第四种途径是部分开发区管委会向所辖企业发放，第五种途径是以 E－mail 方式直接向实体企业发放。最后总共发放了 562 份问卷，回收 314 份问卷，其中有效问卷 293 份，有效回收率为 52.13%。从企业性质来说，在 293 份有效问卷中，国有企业占 36.5%，民营企业占 37.6%，合资企业占 11.5%，外资企业占 10.4%，集体企业占 4%；从所在行业来看，样本分布比较分散，其中制造业 57.3%，服务业 42.7%，从企业规模来说，300 人以下占 35.2%，300～800 人占 22.5%，800～1300 人占 10.5%，1300～2000 人占 12.8%，2000 人以上占 19%。

四、数据分析方法介绍

（1）描述统计分析方法。描述统计分析主要包括对样本企业规模、所在行业、企业性质、填表人在企业中的职位和工作年限等企业基本情况的分布特征进行分析，同时，为了对本书所收集数据的质量有一个初步判断，在描述统计分析中还需要对本书所收集数据是否受到共同方法变异的影响，初步考虑 Harman 单因素检验方法来检验共同方法变异的影响，通过频数分析，了解所有的测量条目是否存在严重的非正态分布的问题，主要检验各测量指标的偏度和峰度。

（2）量表信度和效度分析方法。主要通过探索性因子分析和验证性因子分析两种方法来对量表的信度和效度进一步的检验和验证。

（3）实证分析方法。主要采用结构方程模型的分析方法，对本书提出的理论假设和理论框架进行验证性检验，同时结合使用部分传统的方差分析方法，初步了解部分控制变量的影响，对影响不显著的控制变量尽量不要进入 SEM 模型，已达到 SEM 模型简约原则。

本 章 小 结

本章在现有文献对本书所涉及研究变量的测量方法进行回顾分析的基础上，根据本书对相关研究变量的定义，借鉴和参考现有量表，设计了本书对各变量的测量题项，主要包括企业家社会资本、企业战略决策速度、企业战略决策质量、企业绩效、理性和直觉等研究构念，在确定本书的问卷题项时，本书进行了小规模深度企业访谈，使用了 50 份有效问卷，对本书所涉及的主要研究构念进行了探索性因子分析和信度分析，以确认本问卷测量的效度和信度。小样本探索性因子分析和信度分析结果表明多数研究构念的信度系数均在 0.7 以上，因子载荷系数基本上在 0.6 以上，交叉因子载荷均小于 0.3，说明本书的主要构念的测量题项信度和效度基本达到研究的要求，问卷题项具有较好的聚合效度和区分效度，在对问卷设计的一般原则和过程进行简要介绍的基础上，详细报告了本书的问卷设计过程、方法和依据，在对常用数据收集方法进行介绍的基础上，详细说明了本书的数据收集途径、方法、问卷回收的情况、有效问卷和数据收集结果，最后对本书拟采用的数据分析方法进行了简要介绍。

第五章　实证分析与结果讨论

本章首先在对本书所收集数据进行描述统计分析和对数据质量进行初步判断的基础上，对所有研究变量测量量表进行信度和效度检验，其次，根据本书理论假设模型，运用结构方程模型方法对相关理论假设进行检验，最后，针对检验结果进行相应的解释和讨论。

第一节　描述统计分析

一、样本分布

根据本书利用方便抽样所获得的 306 家企业样本，主要从企业性质、所属行业、企业规模和填表人职位等方面进行样本分布分析，大致了解样本企业的基本分布特征。

（一）企业性质

将样本企业按照企业性质进行分类，分类结果见表 5 - 1，表中频次表示该类型样本企业数量，百分比指占总样本企业数的比例。

表 5 - 1　　　　　　　　　　　样本企业性质分布

企业性质	频次	占比（%）
国有企业（含国有控股）	108	35.3
民营企业	84	27.5
中外合资企业	39	12.8
外商独资企业	39	12.8
其他企业	36	11.6
合计	306	100

从样本企业性质来看，国有企业和民营企业所占比重最大，其中国有企业 108 家，占 35.3%，民营企业为 84 家，占样本总量的 27.5%，中外合资企业、外商独资企业分别为 39 家，占总样本比例分别为 12.8%，其他企

业最少，有 36 家占 11.6%。说明样本主要代表了国有企业和民营企业，其他类型企业被包含的信息相对较少。

（二）企业规模

按企业在职员工总数将企业规模分为 5 类，分类结果见表 5 - 2。

表 5 - 2　　　　　　　　　　　　样本企业规模分布

企业员工人数	频次	占比（%）
300 人以下	104	34.1
301 ~ 800 人	72	23.6
801 ~ 1300 人	34	11.2
1301 ~ 2000 人	35	11.6
2000 人以上	61	19.4
合计	306	100

从表 5 - 2 可以看出，300 人以下的企业有 104 家，占总样本的比例为 34.1%，301 ~ 800 人的企业有 72 家，占总样本的比例为 23.6%，801 ~ 1300 人的企业有 34 家，占总样本的比例为 11.2%，1301 ~ 2000 人的企业有 35 家，占总样本的比例为 11.6%，2000 人以上的企业有 61 家，占总样本数的比例为 19.4%，从企业员工人数规模来看，样本企业分布主要集中在两头，中小企业样本数最多，2000 人以上的企业其次。

（三）所属行业

将样本企业按其主要业务所在行业进行分类，初始分类主要根据填表人所填行业进行分类，分类结果见表 5 - 3。

表 5 - 3　　　　　　　　　　　　样本企业所属行业分布

企业所属行业	频次	占比（%）
机械制造	41	13.6
通讯电子	58	19.0

续表

企业所属行业	频次	占比（%）
生物医药	31	9.7
化工	24	7.7
冶金与能源	8	2.7
运输	19	6.2
金融	22	7.4
贸易	55	21.3
IT 服务	19	6.2
咨询服务	19	6.2
合计	306	100

从样本企业所属行业来看，为了简化行业类别，将具有实物产品生产的企业归类为制造业，包括机械制造、通讯电子、生物医药、化工、冶金和能源五个行业，将其他企业归类为服务业，包括运输、贸易、金融、IT服务、咨询服务等五个行业，其中制造业企业所占比重相对较大，占总样本的52.7%，服务业企业占总样本的47.3%，但是二者相差不大，说明样本企业按行业分类基本代表了制造和服务两类行业。

（四）填表人职位

按填表人在企业中的职位情况，将样本企业归为3类，分步情况见表5-4，从表5-4中可以看出，填表人为企业总经理或董事长的企业有163家，占总样本的比例为53%，填表人为企业副总级高层管理人员的企业有113家，占总样本企业的比例为37%，填表人为中层管理人员的企业有30家，占总样本企业的比例为10%。

表5-4 样本企业填表人职位分布

填表人职位	频次	占比（%）
总经理或董事长	163	53
副总或同级职位	113	37
部门经理	30	10
合计	306	100

（五）填表人任职年限

按填表人在企业中的任职年限进行分类，将样本企业归为 3 类，归类结果见表 5 - 5，填表人任职年限在 3 年以下的企业有 21 家，占总样本企业的比例为 6.6%，填表人任职年限在 3 ~ 5 年的企业有 104 家，占总样本企业的比例为 34.1%，填表人任职年限在 5 年以上的企业有 181 家，占总样本企业的比例为 59.3%。

表 5 - 5　　　　　　　　　样本企业填表人任职年限分布

填表人职位	频次	占比（%）
3 年以下	21	6.6
3 ~ 5 年	104	34.1
5 年以上	181	59.3
合计	306	100

二、样本数据质量初步分析

（一）测量条目分值的描述统计分析

通常，测量条目需要有足够的变异，才有利于变量间关系的分析，若某个指标或条目的变异过小，说明该条目或指标较少受其他因素的影响，较小的变异可能仅仅是由于测量误差造成的，如果从理论的角度不能有充分的理由或解释，说明该条目或指标作为某个构念的测量指标可能是不妥当的，表 5 - 6 中列出了各测量题目的均值和标准差，观测变量栏目前一项是测量题目编号，后一项是结构方程变量名称。

表 5 - 6　　　　　　　　　测量条目描述统计分析

观测变量	均值	标准差	观测变量	均值	标准差	观测变量	均值	标准差
A1：sc1	4.689	1.670	C5：Lx14	4.782	1.587	D1：Inti16	4.259	1.655
A2：sc2	4.585	1.695	C6：Lx15	4.782	1.537	D2：Inti17	4.295	1.735

续表

观测变量	均值	标准差	观测变量	均值	标准差	观测变量	均值	标准差
A3：sc3	4.705	1.696	F1：Qaulity21	4.864	1.505	D3：Inti18	4.197	1.665
B1：sc4	4.969	1.605	F2：Qaulity22	5.019	1.464	D4：Inti19	4.162	1.725
B2：sc5	4.852	1.615	F3：Qaulity23	4.934	1.457	D5：Inti20	4.143	1.640
B3：sc6	4.965	1.625	F4：Qaulity24	4.969	1.547	J1：perfor1	4.695	1.635
A4：sc7	4.868	1.649	F5：Qaulity25	4.996	1.450	J2：perfor2	4.897	1.865
B4：sc8	4.876	1.631	F6：Qaulity26	4.961	1.465	J3：perfor3	4.562	1.725
A5：sc9	4.740	1.655	E1：Pace27	4.441	1.614	J4：perfor4	4.703	1.703
C1：Lx10	4.740	1.560	E2：pace28	4.339	1.643	J5：perfor5	4.713	1.693
C2：Lx11	4.814	1.485	E3：Pace29	4.554	1.557			
C3：Lx12	4.895	1.550	E4：Pace31	4.407	1.667			
C4：Lx13	4.736	1.619	E5：Pace32	4.553	1.577			

对所有研究变量的描述统计分析结果表明：企业家社会资本 10 个测量条目的最小值为 1，最大值为 7，均值在 4.585~4.969，标准差在 1.605~1.696，方差在 2.575~2.878，从测量条目的数据特征来看，各测量指标的均值在中等偏上，指标变异明显。战略决策质量 6 个测量条目的最小值为 1，最大值为 7，均值在 4.86~5.02，标准差在 1.45~1.50，方差在 2.12~2.39，从测量条目的数据特征来看，各测量指标的均值在中上等，说明样本企业整体战略决策质量在中上水平，从离散指标来看，各观察条目的变异明显。战略决策速度 5 个测量条目的最小值为 1，最大值为 7，均值在 4.39~4.55，标准差在 1.55~1.66，方差在 2.43~2.78，从测量条目的数据特征来看，各测量指标的均值在中等，指标变异明显。理性程度 6 个测量题项的最小值为 1，最大值为 7，均值在 4.73~4.89，标准差在 1.49~1.6，方差在 2.20~2.62，从测量条目的数据特征来看，各测量指标的均值在中等偏上，指标变异明显。直觉的 5 个测量条目的最小值为 1，最大值为 7，均值在 4.14~4.39，标准差在 1.64~1.73，方差在 2.69~3.01，从测量条目的数据特征来看，各测量指标的均值在中等，指标变异明显。

从样本数据均值、标准差和方差数值特征来看，本书对所有指标的测量未发现无效测量或其他异常情况，可以进行后续分析。

（二）数据偏度与峰度分析

由于本书拟采用结构方程模型的统计分析工具，SEM 的常用估计方法有 ML 方法、GLS 方法和 WLS 方法，其中 ML 方法要求变量是多元正态分布的，WLS 方法虽然不要求数据是正态分布的，但是要求样本容量较大（侯泰杰，温忠麟和成子娟，2004），受各种条件和因素的制约，特别是本书要求尽量由企业家本人参与问卷填写，增加了问卷收集的难度，使得本书样本总数量不是较大，因此 ML 方法成了本书的首选，为了保证数据分析质量和 ML 估计的稳健性，需要首先对测量数据的分布特性进行分析，考察各变量测量数据偏度和峰度是否在可以接受的范围，分析结果如表 5-7 所示，表中观测变量栏目前面是各测量条目的编号，后面是在结构方程模型中使用的变量名称，偏度和峰度栏目分别表示各测量条目的样本得分值的频数分布特性。

表 5-7　　　　　　　　　　　观测变量偏度与峰度分析

观测变量	偏度	峰度	观测变量	偏度	峰度	观测变量	偏度	峰度
A1：sc1	-0.403	-0.871	C5：Lx14	-0.409	-0.745	D2：Inti17	-0.213	-0.865
A2：sc2	-0.297	-0.860	C6：Lx15	-0.349	-0.840	D3：Inti18	-0.277	-0.788
A3：sc3	-0.340	-0.960	F1：Qaulity21	-0.340	-0.752	D4：Inti19	-0.194	-0.852
B1：sc4	-0.553	-0.679	F2：Qaulity22	-0.401	-0.655	D5：Inti20	-0.237	-0.708
B2：sc5	-0.334	-0.855	F3：Qaulity23	-0.272	-0.803	J1：perfor1	-0.287	-0.780
B3：sc6	-0.448	-0.907	F4：Qaulity24	-0.430	-0.697	J2：perfor2	-0.273	-0.565
A4：sc7	-0.443	-0.820	F5：Qaulity25	-0.294	-0.794	J3：perfor3	-0.287	-0.888
B4：sc8	-0.487	-0.723	F6：Qaulity26	-0.284	-0.819	J4：perfor4	-0.294	-0.752
A5：sc9	-0.416	-0.882	E2：pace28	-0.340	-0.711	J5：perfor5	-0.337	-0.608
C1：Lx10	-0.323	-0.920	E3：Pace29	-0.276	-0.780			
C2：Lx11	-0.380	-0.675	E4：Pace31	-0.364	-0.679			
C3：Lx12	-0.461	-0.738	E5：Pace32	-0.352	-0.638			
C4：Lx13	-0.425	-0.696	D1：Inti16	-0.187	-0.880			

通常，偏度绝对值小于 3，峰度绝对值小于 10，可以认为样本数据基本服从正态分布（Kline，1998）[1]，从表 5-7 中数据偏度和峰度的数值来看，样本数据偏度绝对值范围为：0.194~0.553，远小于 3 的临界值，峰度绝对值范围为：0.638~0.960（决策团队规模除外），远小于 10 的阀值，因此，本书所收集的样本数据非正态分布问题并不严重，可以使用 ML 估计方法进行结构方程模型的数据拟合分析。

（三）共同方法变异分析

共同方法变异指因为同样的数据来源或评分者、同样的测量环境、项目语境以及项目本身特征造成的预测变量与效标变量之间人为的共变（刘军，2008），由于本书较多的问卷发放采用了集中发放的方式，测量中所涉及的变量有共同的数据来源，因此有可能存在共同方法变异的问题。本书采用 Harman 单因素检验方法来检验共同偏差的影响，该种技术基本假设是如果数据中存在大量的共同方法变异，那么进行因素分析时，将会析出一个单独因子，或是一个公因子解释了大部分变量变异量（刘军，2008），在将所有关于企业家社会资本、直觉程度、理性程度、战略决策质量和战略决策速度测量题项放在一起进行因子分析，分析结果得到了 6 个特征值大于 1 的因子，共解释了的总变异 79.63%，其中最大的一个因子解释了总变异的 19.17%，说明共同方法变异在本书中影响并不显著。

第二节　量表效度与信度检验

一、量表效度和信度的内涵与检验方法

（一）量表的效度

量表的效度通常指测量指标是否能够测量到所要测量的潜变量（陈晓

---

① 转引自侯泰杰，温忠麟，成子娟. 结构方程模型及应用［M］. 北京：教育科学出版社，2004：129.

萍，徐淑英和樊景立，2008），它用来反映构念定义与测验的一致性程度，通常包括内容效度、构念效度和效标关联效度等，内容效度是指测验内容在多大程度上反映了所要测量的构念（Haynes，Richard & Kubany，1995），在实践中可以采用定性或定量的方法对量表的内容效度进行评价，定性方法通常组织专家对构念的测量进行主观判断，主要评价测量指标的代表性、重要性以及完整性（是否涵盖了构念的理论边界），定量方法通常组织较多人员进行评价打分，然而通过一定的统计分析判定指标在各构念上的内容效度（陈晓萍，徐淑英和樊景立，2008）；构念效度包括聚合效度和区分效度，聚合效度是指通过不同方式测量同一构念，所得结果应该高度相关，可以通过探索性因子分析或验证性因子分析来进行检验，区分效度则指通过不同方法来测量不同的构念时，测量结果应该可以区分，区分效度通常以检测各潜变量之间的相关系数是否显著低于 1 来判断，可以用验证性因子分析来进行检验（陈晓萍，徐淑英和樊景立，2008）。效标关联效度指测量工具是否足以显示所测变量的特质，包括预测效度和同时效度，同时效度指测量工具在描述目前现象的有效性，预测效度指测量工具所测内容能够预测未来才能获取的测量的程度，一个具有较好效标关联效度的测量工具可以作为检视其他测量工具的基准（荣泰生，2009）。

由于本书所使用的所有测验量表都是在充分的文献研究基础上，尽量借鉴或采用了现有国际十权威期刊的成熟测量量表，量表的测量题项或指标设计多数来自现有成熟量表，考虑了本书的意图和中国情景的特殊性加以修改，量表条目的形成也经多次与导师、学术团队和部分企业家进行了深入讨论，在小样本问卷调查后，进一步检视了各测量条目的适宜性并进行了进一步微调，因此，本书对所有相关研究变量的测量量表具有一定程度的内容效度和关联效度，在下面的分析中主要涉及量表信度和构念效度的分析，对内容效度和关联效度不再提及。

（二）量表的信度

量表的信度通常指指标能否稳定、准确地测量相关构念，它用来评价测量结果的一致性、可靠性和稳定性，结构方程模型中通常以测量误差的方差大小来衡量。量表的信度系数可以通过三种方法来进行估计：第一种方法是同时发放两份等效但不完全相同的测量，通过分析两份测量结果的相关系数来估计该测量的信度系数；第二种方法是评价测量的内部一致性，评价方法有折半信度法（分析奇偶题项的相关性）、Cronbach's α 系数法等（Cronbach，1951）；第三种方法是重测信度法，即在两个不同时间点，对相同的被试者进行测量，两次测量结果的相关系数就是重测信度。在探索性因子分析中，Cronbach's α 系数是最常用的评价 Likert 量表信度的系数，但是关于系数大小即信度临界值在什么范围是可以接受的，相关学者的看法并不一致，通常实际应用中要求 Cronbach's α 大于 0.7，但是 0.7 标准近年也受到一些管理学者的质疑①。

在验证性因子分析中，量表信度的检验可以从个别指标信度和因子整体信度两个方面进行，个别指标的信度评价主要从各指标的标准化因素负荷量的平方值进行判断，一般标准是大于 0.5（Kline，1998），但也有学者认为此标准太严，只要标准化因素负荷大于 0.5，且 t 检验显著即可，因子整体信度则通过计算组合信度来进行判断，一般大于 0.5 即可，也有学者认为标准应该是大于 0.6，本书接受 0.5 的标准化因素负荷标准和 0.5 的组合信度标准，对量表信度进行检验。个别指标的效度可以用各指标与潜在变量间的载荷系数及其显著性来反映，聚合效度可以用各潜在变量的平均变异萃取值来反映，由于一般结构方程模型应用软件不直接报告指标组合信度和平均变异萃取值，需要自己计算，计算公式如下②：

（1）组合信度 ρ_c 的计算公式：

$$\rho_c = \frac{(\sum \lambda)^2}{[(\sum \lambda)^2 + \sum (\theta)]} \tag{5.1}$$

上式中 ρ_c 表示组合信度，λ 表示观察变量在潜在变量上的标准化因素负荷量，θ 表示观察变量的测量误差变异量。

（2）平均变异萃取值 ρ_v 的计算公式：

---

① 本部分内容主要引自陈晓萍，徐淑英，樊景立. 组织与管理的实证研究方法［M］. 北京：北京大学出版社，2008.

② 计算公式来自吴明隆. 结构方程模型——AMOS 的操作与应用［M］. 重庆：重庆大学出版社，2009：252 – 253.

$$\rho_v = \frac{\sum \lambda^2}{[\sum \lambda^2 + \sum (\theta)]} \qquad (5.2)$$

上式中 ρ_v 表示平均变异萃取值，λ 表示观察变量在潜在变量上的标准化因素负荷量，θ 表示观察变量的测量误差变异量。

二、企业家社会资本量表效度与信度分析

本书将企业家社会资本界定为企业家建立社会关系网络并从中获取企业所需信息、知识及其他资源的能力，考虑到在中国转型经济和文化背景下，企业家社会资本对企业具有较高的商业价值，企业家的社会关系网络情况通常被视为个人和商业秘密，一些被访者往往拒绝回答此类问题（Peng & Luo，2000），这导致社会资本领域诸多对个体社会资本的测量方法在操作中很难得到应用（如对网络规模、网络密度和关系内容等方面的问项常很难得到回答），为了提高测量质量，本书基本上借鉴了 Peng 和 Luo（2000），Li 和 Zhang（2007）对企业高层管理者社会资本的测量方法，在充分考虑企业家社会资本定义和测量指标的内容一致性基础上，设计了 10 条题目测量企业家社会资本，题项基本上包括了 Peng 和 Luo（2000），Li 和 Zhang（2007）的测量内容，因此，本测量的内容效度基本上能够得到保证，同时为了进一步了解该量表在中国情景进行测验的构念效度，本书将 258 份问卷样本数据随机分成两部分，一半用来做探索性因素分析，另一半用来做验证性因素分析。

（一）探索性因素分析

要进行因素分析，需要确认样本数据是否满足进行因子分析的条件，探索性因子分析的 KMO 和 Bartlett 球体检验结果表明 KMO 系数 = 0.923，总体 Bartlett 球形检验卡方值 $\chi^2 = 1.822E3$，df = 15，p < 0.001，10 个指标项在 0.001 的水平上显著相关，每个条目的取样合适性测度（Measures of Sampling Adequacy，MSA）均大于 0.9，说明企业家社会资本 9 个指标项目的测量数据可以放在一起进行因子分析。根据探索性因子分析对区分效度的要求，对特征值提取标准为大于 1 以上，采用主成分分析法，根据因素

分析结果的碎石图选择 2 因子模型，因子 1 特征值为 5.686，对总变异量解释力为 63.181%，因子 2 特征值为 1.390，对总变异量解释力为 15.443%，经正交旋转后，因子 1（企业家制度性社会资本）5 个指标的因子载荷量分别为：sc1 = 0.80，sc2 = 0.79，sc3 = 0.81，sc7 = 0.83，sc9 = 0.82（5 个指标在因子 2 上的负荷量均小于 0.3），因子 2（企业家市场性社会资本）5 个指标的因子负荷量分别为：sc4 = 0.81，sc5 = 0.78，sc6 = 0.81，sc8 = 0.80（4 个指标在因子 1 上的负荷量均小于 0.36，其中测试题目 B5 的因子载荷系数为 0.351，未达到 0.5 以上的可接受数值，因此删除该条目，在后面的实证分析不加考虑），说明本测量量表具有较好的聚合效度和区分效度。因子 1 的 Cronbach's α 信度系数 = 0.935，因子 2 的 Cronbach's α 信度系数 = 0.887，均超过了 0.5 的标准，说明本测量的信度指标可以接受。具体分析结果见表 5 - 8。

表 5 - 8　　　　　　　　　　探索性因子分析结果

指标项目	因子 1	因子 2
与各级政府或行业主管等部门官员的联系很广泛	0.80	
与各级政府或行业主管等部门官员有良好的私人关系	0.79	
能从上述关系中获得较多有用信息	0.81	
能从上述关系中获得较多有用资源	0.83	
经常动用上述关系解决公司困难	0.82	
与客户、供应商、竞争对手或其他高管人员联系很广泛		0.81
与客户、供应商、竞争对手或其他高管人员私人关系很好		0.78
能从上述关系中获得较多有用信息		0.81
能从上述关系中获得较多有用资源		0.80
Cronbach's α 信度系数	0.935	0.887
特征值	5.686	1.390
变异量解释	63.181%	15.443%

（二）验证性因素分析

1. 一阶验证因子分析

（1）测量模型设定。本书利用第二组样本（N = 153）对企业家社会资本构念测量进行验证性因子分析，根据探索性因子分析结果，企业家社会资本的 9 项测量条目可以用 2 因子进行替代，根据测量条目的内容，分别命名为企业家制度性社会资本（以 ISC 表示）和市场性社会资本（以 MSC 表示），企业家制度性社会资本有 5 个指标（sc1、sc2、sc3、sc7、sc9），企业家社会市场性社会资本有 4 个指标（sc4、sc5、sc6、sc8），以该模型作为初始模型，建立如图 5 - 1 所示的测量模型。

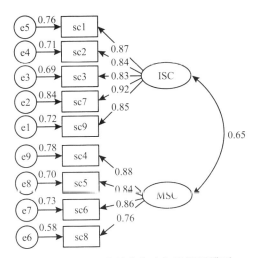

图 5 - 1　企业家社会资本初阶测量模型

（2）测量模型识别。本模型有 9 个指标，需估计 9 个残差，9 个因子载荷系数，1 个相关系数，共有 19 个待估参数，根据 t 规则 q(q + 1)/2 = 45，t = 19 < 45，测量模型的自由度为 26，此外，本模型每个潜在变量的测量指标均大于 3 个，基本满足模型识别的条件，采用固定负荷法，对模型进行了样本数据拟合分析，分析结果见表 5 - 9。

表5－9　　　　　　　企业家社会资本初阶测量模型参数估计

指标←因子	非标准系数	标准系数	C. R.	P	R^2	组合信度	AVE
SC9←ISC	1.000	0.849		***	0.720	0.936	0.745
SC7←ISC	1.078	0.918	19.992	***	0.843		
SC3←ISC	1.002	0.830	16.850	***	0.689		
SC2←ISC	1.018	0.843	17.259	***	0.711		
SC1←ISC	1.039	0.874	18.244	***	0.763		
SC8←MSC	1.000	0.765		***	0.585	0.902	0.70
SC6←MSC	1.115	0.856	14.428	***	0.733		
SC5←MSC	1.084	0.837	13.939	***	0.701		
SC4←MSC	1.133	0.881	14.982	***	0.776		
ISC－MSC		0.65	7.339	***			

注：*** 代表 P < 0.001。

（3）测量模型参数估计。本模型运算结果的卡方值 $\chi^2 = 22.303$，
df = 26，$\chi^2/df = 0.858$，p = 0.672，卡方检验表明模型拟合度比较理
想，同时，综合考察其他常用的模型适配度检验指标，GFI = 0.982、
CFI = 0.998、TLI = 0.998、IFI = 0.998 均大于 0.9 的阀值，SRMR =
0.0168 和 RMSEA = 0.000 均小于 0.08 的临界值，进一步说明测量模
型能很好拟合样本数据。此外，为了进一步判别本模型的内在质量，有
必要对本模型运算结果的拟合残差进行分析，一般而言，如果出现负的
误差变异量，说明模型界定有错误，如果标准化残差矩阵中存在绝对值
大于2.58 的数值，表明模型中有序列误差存在，模型的内在质量不
佳，如果模型正确，大部分标准化残差绝对值会小于2（吴明隆，
2009），从本模型的误差变异量和标准化残差矩阵来看，9 个测量指标
的测量误差变量均为正值且标准误估计值均较小，不存在大于2.58 的
标准化残差，绝大多数标准化残差绝对值小于0.5，说明本模型内在质
量可以接受。

（4）信度分析。从表5－9来看，ISC 和 MSC 到各测量指标间的标准化
路径系数（因素负荷）均在 0.5 ~ 0.95 的理想范围值内，全部达到 0.001

以上的统计显著水平,显示本量表具备聚合效度,同时,两个潜因子提取的平均变异达到0.6以上,说明潜因子对测量指标的解释力超过测量误差,潜因子的测量具备聚合效度,另外,各测量指标的信度系数均在0.5以上,表明本测量具备良好的内部一致性,信度指标可以接受。此外,从表5-9中还可以看出,ISC与MSC间的标准化相关系数为0.65,t值=7.339,达到$P<0.001$的统计显著水平,说明企业家社会资本的两个维度仍然存在较强的相关性,2个初阶维度之上可能还存在高阶因素,有必要构建高阶模型来进一步进行分析。

(5)效度分析。对于本量表的聚合效度,从标准化因素负荷来看,均在0.80以上,显示本测量具备一定的聚合能力,同时,从平均变异量提取值AVE来看,AVE1为0.745,AVE2为0.7,大于0.5的标准,说明潜因子具有一定的聚敛能力,因此,2因子的企业家社会资本测量模型具有良好的聚合能力和一定的聚合效度。

对于量表的区分效度,以弗奈尔和拉克尔(Fornell & Larker,1981)的建议,可以比较2个构念因子的AVE平均值是否大于2因子间相关系数的平方,若AVE平均值大于相关系数平方,可以显示构念间具有理想的区辨力[1],企业家社会资本2个维度的AVE平均值为0.7225>相关系数平方=0.4225,因此,说明企业家社会资本的2个维度是可以互相区别的。

2. 高阶验证性因子分析

(1)测量模型设定。根据企业家社会资本初阶测量模型的分析结果,由于2个维度之间仍然存在统计上显著的相关关系,因此,本书进一步以企业家社会资本的两个维度构建潜因子型多维构念,由两个维度的聚合来代表企业家社会资本构念的高阶测量模型(见图5-2),模型中SC代表企业家社会资本构念,ISC表示企业家制度性社会资本,MSC表示市场性社会资本,测量指标代号与初阶测量模型相同。

---

[1] 转引自邱皓政,林碧芳. 结构方程模型的原理与应用 [M]. 北京:中国轻工业出版社,2009.

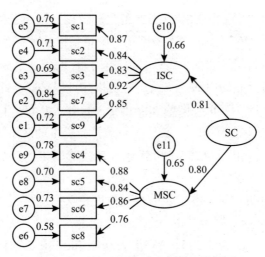

图 5-2 企业家社会资本高阶测量模型

（2）模型识别。该模型有 9 个指标，需估计 11 个残差，8 个因子载荷系数，共有 19 个待估参数，根据 t 规则 q(q+1)/2 = 45，t = 19 < 45，测量模型的自由度为 26，基本满足模型识别的条件，采用固定负荷法，对模型进行了样本数据拟合分析，分析结果见表 5-10。

表 5-10　　　　　　企业家社会资本高阶测量模型参数估计

指标←因子	非标准系数	标准系数	C. R.	P	信度系数	组合信度	AVE
MSC←SC	1.000	0.803		***	0.645	0.791	0.653
ISC←SC	1.140	0.814	7.339	***	0.662		
SC9←ISC	1.000	0.849		***	0.776		
SC7←ISC	1.078	0.918	19.992	***	0.701		
SC3←ISC	1.002	0.830	16.850	***	0.733		
SC2←ISC	1.018	0.843	17.259	***	0.585		
SC1←ISC	1.039	0.874	18.244	***	0.763		
SC8←MSC	1.000	0.765		***	0.711		
SC6←MSC	1.115	0.856	14.428	***	0.689		
SC5←MSC	1.084	0.837	13.939	***	0.843		
SC4←MSC	1.133	0.881	14.982	***	0.720		

注：*** 代表 P < 0.001。

（3）参数估计。本模型运算结果与初阶测量模型基本相同，卡方值 $\chi^2 = 22.3$，$p = 0.672$，$\chi^2/df = 0.858 < 3$，卡方检验表明模型拟合度理想，其他常用的模型适配度检验指标：GFI = 0.982、CFI = 0.998、TLI = 0.998 和 IFI = 0.998 均大于 0.9 的阀值，SRMR = 0.0168 和 RMSEA = 0.000 均小于 0.08 的临界值，进一步说明测量模型能很好拟合样本数据。此外，从本模型的标准化残差矩阵来看，不存在大于 2.58 的标准化残差数值，绝大多数标准化残差绝对值小于 0.6，说明本测量模型内在质量较好，从全部指标和潜在因子的测量误差变量的变异量来看，其值均为正数，在 0.001 水平上显著，从测量误差的标准化变异量估计值来看，其值均较小，说明模型界定没有问题。

（4）信度和效度分析。从表 5 – 10 来看，ISC 和 MSC 到各测量指标间的标准化路径系数（因素负荷）均在 0.5 ~ 0.95 的理想范围值内，达到 0.7 以上，在 0.001 以上的统计显著水平，SC 到 MSC 的载荷系数为 0.803，信度系数为 0.645，到 ISC 的载荷系数为 0.814，信度系数为 0.662，企业家社会资本构念分别提取了其 2 个维度 64.5% 和 66.2% 的方差，提取的两个维度方差平均值为 65.35%（AVE），超过误差的解释量（不能解释的变异量分别为 35.% 和 34.8%），显示本量表具备一定的聚合效度，另外，各测量指标的信度系数（除测量指标 SC8 为 0.585 外），均在 0.6 以上，表明本测量具备良好的内部一致性，信度指标可以接受，企业家社会资本 2 维度因子结构的组合信度为 0.791，大于 0.6 的标准，信度指标可以接受。

综上分析，本书认为企业家社会资本的高阶测量模型可以接受，可以用来建立结构模型，并可以用来检验将企业家社会资本构念作为一个整体概念相关理论假设。

三、战略决策质量量表效度与信度分析

（一）探索性因素分析

本书将战略决策质量界定为决策内容与企业内外环境及企业目标的一致性程度，在充分的文献研究基础上，本书参阅和借鉴了 Dooley 和 Fryxell（1999）、Michie，Dooley 和 Fryxell（2002）、Janssen 等（1999）、郎淳刚和

席酉民（2007）、王国锋，李懋和井润田（2007）、汪丽（2006，2007）等学者对战略决策质量的测量方法，同时根据 Seymour Tilles（1963）提出的 6 条评价战略决策正确与否的标准，在 Dooley 和 Fryxell（1999），Michie，Dooley 和 Fryxell（2002）成熟量表的基础上略有修改，基本上保留了大部分原有题目内容，共选取了 6 个题目来测量，因此，本书对该构念的测量的内容效度能够得到一定程度的保证，利用第一组数据（N = 153）进行探索性因子分析，KMO 和 Bartlett 球体检验结果显示 KMO = 0.917，总体 Bartlett 球形检验卡方值 $\chi^2 = 1.092E3$，df = 15，p < 0.001，6 个题目在 0.001 的水平上显著相关，每个条目的 MSA 均大于 0.85，说明战略决策质量 6 个条目的测量数据可以放在一起进行因子分析。根据探索性因子分析对区分效度的要求，对特征值提取标准为大于 1 以上，采用主成分分析法，因素分析结果提取了特征值为 4.382，对总变异量解释力为 73.03% 的 1 个因子，6 个题项的因子载荷分别为：qaulity21 = 0.71，qaulity22 = 0.885，qaulity23 = 0.76，qaulity24 = 0.74，qaulity25 = 0.74，qaulity26 = 0.78，6 个条目的 Cronbach's α 内部一致性系数为 0.93，说明本测验量表具有较高的信度，由于 6 个因子的相关系数均在 0.6 以上，且达到 0.001 以上的显著水平，因此可以初步判断本测量具有较好的聚合效度。具体分析结果见表 5 – 11。

表 5 – 11　　　　　　　　　　　　探索性因子分析结果

指标项目	因子 1
战略决策与公司外部环境是一致的	0.71
战略决策反映了公司目前的财务状况	0.76
战略决策与公司其他决策是相适应的	0.74
战略决策促进了公司目标的实现	0.74
战略决策与外部环境变化是一致的	0.78
战略决策与公司内部资源和能力是一致的	0.80
Cronbach's α 信度系数	0.93
特征值	4.382
变异量解释	73.03%

（二）验证性因子分析

1. 测量模型设定

根据探索性因子分析结果，用另一半样本数据（N = 153）对战略决策质量的测量进行验证性因素分析，根据探索性因子分析结构，以战略决策质量的 6 个测量指标建立一因子的测量模型（见图 5 - 3），其中 SDQ 代表战略决策质量，qaulity21 ~ qaulity26 代表 6 个测量指标

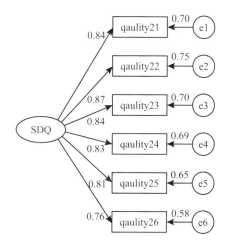

图 5 - 3　战略决策质量验证性因子分析模型

2. 模型拟合状况与参数估计

模型拟合样本数据运算结果的拟合指数与初阶测量模型基本类似，卡方值 $\chi^2 = 19.7$，p = 0.02，$\chi^2/df = 2.193 < 3$，卡方检验表明模型拟合度理想，其他常用的模型适配度检验指标：GFI = 0.975、CFI = 0.990、TLI = 0.984 和 IFI = 0.990 均大于 0.9 的阀值，SRMR = 0.019 和 RMSEA = 0.068 均小于 0.08 的临界值，说明测量模型能较好拟合样本数据。此外，从本模型的标准化残差矩阵来看，绝大多数标准化残差绝对值小于 0.6，从全部指标和潜在因子的测量误差变量的方差来看，其值均为正数，在 0.001 水平上显著，从测量误差的标准化变异量估计值来看，其值均较小。

模型运算结果的参数估计值见表 5 - 12。

表 5 – 12 战略决策质量测量模型参数估计

指标←因子	非标准系数	标准系数	C. R.	P	R^2	组合信度	AVE
Qaulity21←SDQ	1. 000	0. 838		***	0. 702	0. 926	0. 677
Qaulity22←SDQ	1. 004	0. 865	17. 019	***	0. 749		
Qaulity23←SDQ	0. 968	0. 838	16. 474	***	0. 701		
Qaulity24←SDQ	1. 016	0. 828	16. 171	***	0. 685		
Qaulity25←SDQ	0. 928	0. 807	15. 461	***	0. 651		
Qaulity26←SDQ	0. 881	0. 758	14. 215	***	0. 575		

注: *** 代表 P < 0.001。

3. 信度和效度分析

从表 5 – 12 来看，SDQ 到各测量指标间的标准化路径系数（因素负荷）分别为 0. 838、0. 865、0. 838、0. 828、0. 807、0. 758，均在 0. 5 ~ 0. 95 的理想范围值内，达到 0. 001 以上的统计显著性水平，SDQ 到各指标的信度系数分别为 0. 702、0. 749、0. 701、0. 685、0. 651、0. 575，达到 0. 5 以上，组合信度系数为 0. 926，表明本测量具有较好的内部一致性和可以接受的信度指标。

对于本量表的聚合效度，从标准化因素负荷来看，均在 0. 75 以上，显示本测量具备一定的聚合能力，同时，从平均变异量提取值 AVE 来看，AVE 为 0. 677，大于 0. 5 的标准，说明潜因子具有一定的聚敛能力，因此，战略决策质量构念的测量具有一定的聚合效度。

四、理性程度量表效度与信度分析

（一）探索性因素分析

本书对战略决策过程中的理性程度的测量借鉴了迪恩和沙夫曼（Dean & Sharfman，1993，1996）、普里姆等（Priem et al.，1995）和 Miller（1987，1988，1992）对理性的测量方法，共选取了 6 个题目来测量，利用第一组数据（N = 153）进行探索性因子分析，KMO 和 Bartlett 球体检验结果显示 KMO = 0. 936，总体 Bartlett 球形检验卡方值 χ^2 = 1. 392E3，df = 15， p＜0.001，6个题目在0.001的水平上显著相关，每个条目的MSA均大于0.9，说明理性程度5个条目的测量数据可以放在一起进行因子分析。根据探索性因子分析对区分效度的要求，对特征值提取标准为大于1以上，采用主成分分析法，因素分析结果提取了特征值为4.762，对总变异量解释力为73.36%的1个因子，6个题项的因子载荷分别为：lx10 = 0.81，lx11 = 0.81，lx12 = 0.8，lx13 = 0.76，lx14 = 0.82，lx15 = 0.74，6个条目的Cronbach's α内部一致性系数为0.90，说明本测验量表具有较高的信度，由于6个因子的相关系数均在0.7以上，且达到0.001以上的显著水平，因此可以初步判断本测量具有较好的聚合效度。具体分析结果见表5 – 13。

表5 – 13　　　　　　　　　　　　探索性因子分析结果

指标项目	因子1
战略决策基本收集或掌握了决策所需要的信息	0.81
战略决策掌握或收集决策所需信息的数量很多	0.81
战略决策掌握或收集的相关信息质量较高	0.80
战略决策提出了很多可能的行动方案	0.76
战略决策考虑的备择方案数量很多	0.82
战略决策决策所需信息缺口很大（R）	0.74
Cronbach's α 信度系数	0.90
特征值	4.762
变异量解释	73.36%

（二）验证性因素分析

1. 模型设定

为了对量表的信度和效度进行进一步分析，根据探索性因子分析结果，用理性程度的6个测量指标构建一因子的测量模型（见图5 – 4），模型中RATIONAL代表理性程度构念，lx10 ~ lx15代表测量的6个题项，运用第二组（N = 153）样本数据进行验证性因子分析。

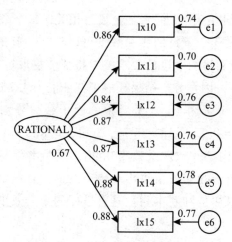

图 5 – 4　理性程度测量模型

2. 模型拟合与参数估计

从本模型运算结果的拟合指标来看，卡方值 $\chi^2 = 9.507$，$p = 0.392$，$df = 9$，$\chi^2/df = 1.056 < 3$，卡方检验表明模型拟合度理想，其他常用的模型适配度检验指标：GFI = 0.988、CFI = 0.999、TLI = 0.990 和 NFI = 0.966 均大于 0.9 的阀值，SRMR = 0.018 和 RMSEA = 0.015 均小于 0.08 的临界值，说明测量模型能很好拟合样本数据。

此外，从本模型的标准化残差协方差矩阵来看，绝大多数标准化残差绝对值小于 0.5，从全部指标和潜在因子的测量误差变量的方差来看，其值均为正数，在 0.001 水平上显著，从测量误差的标准化变异量估计值来看，其值均较小。

模型的参数估计值见表 5 – 14。

表 5 – 14　　　　　　　　理性程度测量模型参数估计

指标←潜变量	非标准系数	标准系数	C. R.	P	R^2	组合信度	AVE
Lx10←Rational	1.000	0.860		***	0.740	0.947	0.752
Lx11←Rational	0.927	0.838	17.583	***	0.702		
Lx12←Rational	1.005	0.870	18.896	***	0.757		

指标←潜变量	非标准系数	标准系数	C. R.	P	R^2	组合信度	AVE
Lx13←Rational	1.055	0.874	18.926	***	0.764		
Lx14←Rational	1.044	0.883	19.289	***	0.780		
Lx15←Rational	1.006	0.878	19.173	***	0.772		

注：*** 代表 P < 0.001。

3. 信度和效度分析

从表 5 - 14 可以看出，各测量指标的信度系数均在 0.7 以上，说明单个测量条目的信度很好，5 个指标的单因子组合信度系数 0.947，达到 0.6 以上水平，说明 5 个指标具有较好的建构信度，本量表的内在一致性较好，信度得到验证，本测量量表信度水平可以接受。

对于本量表的聚合效度，从标准化因素负荷来看，均在 0.80 以上，显示本测量具备一定的聚合能力，同时，从平均变异量提取值 AVE 来看，AVE 为 0.752，大于 0.5 的标准，说明潜因子具有良好的聚敛能力，因此，理性构念的测量具有一定的聚合效度。

五、战略决策速度量表效度与信度分析

（一）探索性因素分析

通常，战略决策速度具有"相对速度"的含义，即企业战略决策速度只有相较于竞争对手决策速度或环境的变化速度才真正具有战略管理意义，因此，本书在对现有国内外文献的战略决策速度测量方法进行充分研究的基础上，选择了沃利和鲍姆（Wally & Baum，1994）测量决策速度 3 个题项并根据本书研究的目的和中国情景特点，增加了 2 个题项，一共 5 个题项作为战略决策速度的测量量表，因此本量表具有一定的内容和效标效度，为了检验本量表的信度和构念效度，利用第一组数据（N = 153）进行探索性因子分析，KMO 和 Bartlett 球体检验结果显示 KMO = 0.921，总体 Bartlett 球形检验卡方值 χ^2 = 1.574E3，df = 10，p < 0.001，5 个题目在 0.001 的水平上显著相关，每个条目的 MSA 均大于 0.9，说明战略决策速度 5 个条目

的测量数据可以放在一起进行因子分析。根据探索性因子分析对区分效度的要求，对特征值提取标准为大于 1 以上，采用主成分分析法，因素分析结果提取了特征值为 4.383，对总变异量解释力为 77.652% 的 1 个因子，5 个题项的因子载荷分别为：pace27 = 0.84，pace28 = 0.87，pace29 = 0.88，pace31 = 0.88，pace32 = 0.86，5 个条目的 Cronbach's α 内部一致性系数为 0.915，说明本测验量表具有较高的信度，由于 5 个因子的相关系数均在 0.7 以上，且达到 0.001 以上的显著水平，因此可以初步判断本测量具有较好的聚合效度。具体分析结果见表 5 - 15。

表 5 - 15　　　　　　　　　　探索性因子分析结果

指标项目	因子 1
能比竞争对手更早发现机会	0.84
当发现机会时，我们的行动比竞争对手快	0.87
对问题的反应比竞争对手快	0.88
重要决策的速度比竞争对手快	0.88
能比竞争对手更早发现问题	0.86
Cronbach's α 信度系数	0.915
特征值	4.383
变异量解释	77.652%

（二）验证性因素分析

1. 测量模型设定

同样，根据探索性因子分析结构，建立由战略决策速度五个测量题项构成的一因子测量模型（见图 5 - 5），模型中 PACE 代表战略决策速度构念，pace27 ~ pace32 代表测量的 5 个题项。

2. 模型拟合与参数估计

运用第二组（N = 153）样本数据的结构方程估算结果的拟合指标情况是：卡方值 χ^2 = 5.417，p = 0.367，df = 5，χ^2/df = 1.083 < 3，卡方检验表明模型拟合度理想，其他常用的模型适配度检验指标：GFI = 0.992、CFI = 0.999、TLI = 0.998 和 NFI = 0.997 均大于 0.9 的阀值，SRMR = 0.0058 和 RMSEA = 0.018 均小于 0.08 的临界值，说明测量模型能很好拟合样本数据。

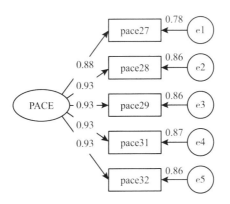

图 5 - 5 战略决策速度测量模型

此外，从本模型的标准化残差值及测量误差的标准化变异量估计值来看，均显示模型界定没有问题。模型运算的参数估计值见表 5 - 16。

表 5 - 16 战略决策速度测量模型参数估计

指标←潜变量	非标准系数	标准系数	C. R.	P	R^2	组合信度	AVE
Pace27←PACE	1.000	0.884		***	0.781	0.96	0.85
Pace28←PACE	1.068	0.927	23.543	***	0.860		
Pace29←PACE	1.012	0.927	23.393	***	0.859		
Pace31←PACE	1.089	0.932	23.754	***	0.868		
Pace32←PACE	1.026	0.928	23.501	***	0.861		

注：*** 代表 $P < 0.001$。

3. 信度和效度分析

从表 5 - 16 可以看出，各测量指标的信度系数均在 0.7 以上，说明单个测量条目的信度很好，5 个指标的单因子组合信度系数 0.96，达到 0.6 以上水平，说明 5 个指标具有较好的建构信度，本量表的信度得到验证，本测量量表信度水平可以接受。

对于本量表的聚合效度，从标准化因素负荷来看，均在 0.80 以上，显示本测量具备一定的聚合能力，同时，从平均变异量提取值 AVE 来看，AVE 为 0.85，大于 0.5 的标准，说明潜因子具有良好的聚敛能力，因此，战略决策速度构念的测量具有一定的聚合效度。

六、直觉测量量表的效度和信度分析

（一）探索性因素分析

本书对直觉的测验量表借鉴了 Wally 和 Baum（1994），Khatri 和 Ng（2000）的测量量表，全部使用了 Khatri 和 Ng（2000）的 3 个测量题项，根据本书对决策过程中直觉使用程度的定义，为了增加本测量的内容效度和考虑到中国情景的特殊性，本书还增加了 2 个题项形成了共 5 个题项的直觉测量量表。利用第一组数据（N = 153）进行探索性因子分析，KMO 和 Bartlett 球体检验结果显示 KMO = 0.901，总体 Bartlett 球形检验卡方值 χ^2 = 1034，df = 10，p < 0.001，5 个题目在 0.001 的水平上显著相关，每个条目的 MSA 均大于 0.85，说明直觉 5 个条目的测量数据可以放在一起进行因子分析。根据探索性因子分析对区分效度的要求，对特征值提取标准为大于 1 以上，采用主成分分析法，因素分析结果提取了特征值为 3.931，对总变异量解释力为 78.623% 的 1 个因子，5 个题项的因子载荷分别为：Inti16 = 0.828，Inti17 = 0.893，Inti18 = 0.907，Inti19 = 0.903，Inti20 = 0.899，5 个条目的 Cronbach's α 内部一致性系数为 0.932，说明本测验量表具有较高的信度，由于 5 个因子的相关系数均在 0.6 以上，且达到 0.001 以上的显著水平，因此可以初步判断本测量具有较好的聚合效度。具体分析结果见表 5 – 17。

表 5 –17   探索性因子分析结果

指标项目	因子 1
战略决策时，依赖单纯主观判断的程度如何	0.83
战略决策时，依赖过去经验的程度如何	0.88
战略决策时，常在信息不足时依靠直觉进行判断	0.89
战略决策时，常依靠感觉对某些事项进行判断	0.89
战略决策时，常依靠经验对某些事项进行判断	0.89
Cronbach's α 信度系数	0.932
特征值	3.931
变异量解释	78.623%

（二）验证性因素分析

1. 模型设定

同样，根据探索性因子分析结果，用直觉程度 5 个测量条目构建一因子的测量模型（见图 5 – 6），模型中 Intuition 代表直觉程度构念，Inti16 ~ Inti20 代表测量的 5 个题项。

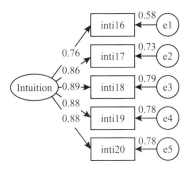

图 5 – 6　直觉程度测量模型

2. 模型拟合与参数估计

运用第二组（N = 153）样本数据的拟合测量模型，拟合指数为：卡方值 $\chi^2 = 9.695$，p = 0.084，df = 5，$\chi^2/df = 1.939 < 3$，卡方检验表明模型拟合度理想，其他常用的模型适配度检验指标：GFI = 0.985、CFI = 0.995、TLI = 0.991 和 NFI = 0.991 均大于 0.9 的阀值，SRMR = 0.0153 和 RMSEA = 0.060 均小于 0.08 的临界值，说明测量模型能很好拟合样本数据。此外，从本标准化残差绝对值和测量误差的标准化变异量估计值来看，均显示模型界定没有问题。

模型运算的参数估计值见表 5 – 18。

3. 信度和效度分析

从表 5 – 18 可以看出，各测量指标的标准化系数均在 0.75 以上，且达到 0.001 以上的统计显著水平，基本表明测量模型内在质量良好。各测量指标的信度系数除条目 16 为 0.584 外，其他均在 0.7 以上，说明单个测量条目的信度很好，5 个指标的单因子组合信度系数 0.932，达到 0.6 以上水平，说明 5 个指标具有较好的建构信度，本量表的信度得到验证，本测量量表信度水平可以接受。

表 5 – 18　　　　　　　　　　　直觉测量模型参数估计

指标←潜变量	非标准系数	标准系数	C. R.	P	R^2	组合信度	AVE
Inti16←Intuiton	1. 000	0. 764		***	0. 584	0. 932	0. 734
Inti17←Intuiton	1. 177	0. 857	14. 939	***	0. 735		
Inti18←Intuiton	1. 173	0. 890	15. 469	***	0. 792		
Inti19←Intuiton	1. 208	0. 885	15. 376	***	0. 783		
Inti20←Intuiton	1. 144	0. 881	15. 214	***	0. 777		

注：*** 代表 $P < 0.001$。

对于本量表的聚合效度，从标准化因素负荷来看，均在 0.75 以上，显示本测量具备一定的聚合能力，同时，从平均变异量提取值 AVE 来看，AVE 为 0.734，大于 0.5 的标准，说明潜因子具有良好的聚敛能力，因此，直觉构念的测量具有一定的聚合效度。

七、企业绩效量表的效度和信度分析

企业绩效的 5 个测量题目主要来自 Parket 和 Eilbiet（1975）、Stanwick 等（1998）、Griffin 等（1997）、Waddock 等（1997）、Rof 等（2001）和 Gupta（2001）的量表。量表的探索性因素分析结果见表 5 – 19，从分析的结果来看，5 个因子的相关系数均在 0.6 以上，且达到 0.001 以上的显著水平，因此可以初步判断本测量具有较好的聚合效度。

表 5 – 19　　　　　　　　　　　探索性因子分析结果

指标项目	因子 1
与竞争对手相比，公司总资产收益率水平	0.82
与竞争对手相比，公司总销售收益率水平	0.81
与竞争对手相比，贵公司年均销售增长率水平	0.82

指标项目	因子 1
与竞争对手相比，贵公司投资回报率水平	0.75
与竞争对手相比，贵企公司利润率水平	0.80
Cronbach's α 信度系数	0.932
特征值	3.731
变异量解释	75.623%

企业绩效的验证性因子分析结果表明因子 1 测量模型拟合样本数据较好：$\chi^2 = 8.00$，$df = 5$，$P = 0.15$，$GFI = 0.99$，$CFI = 0.997$，$TLI = 0.99$，$RMSEA = 0.027$，$SRMR = 0.016$，企业绩效信度为 0.92，$AVE = 0.7$。

八、构念间区分效度的检验

按照 Fornell 和 Larker（1981）的建议，本书直接采用 AVE 比较法来检验本书各研究潜变量是否是不同的概念或可以区别的，因为只有对构念的测量之间具备一定的区分效度，才可以进行构念间关系的分析和探讨，表 5 - 20 汇总了各变量间的相关系数、相关系数平方和平均变异萃取量。从表 5 - 20 可以看出，所有的两两构念间的平均变异萃取量均大于构念间相关系数的平方，说明本书拟分析的构念具有理想的区辨力，研究变量的区分效度基本可以接受，可以进行变量间关系的分析和探讨。

表 5 - 20　　　　　　　各研究构念区分效度检验

研究构念	ISC AVE：0.745	MSC AVE：0.70	Rational AVE：0.751	Intuition AVE：0.734	SDQ AVE：0.677	PACE AVE：0.85
ISC		0.42(0.65)	0.53(0.73)	0.006(0.08)	0.36(0.60)	0.22(0.47)
AVE 平均		0.722	0.748	0.738	0.711	0.800
MSC：$r^2(r)$	0.42(0.65)		0.36(0.60)	0.01(0.1)	0.3(0.55)	0.17(0.41)
AVE	0.722		0.725	0.714	0.688	0.77
Rational：$r^2(r)$	0.53(0.73)	0.36(0.60)		0.02(0.15)	0.45(0.67)	0.29(0.54)
AVE 平均	0.748	0.725		0.742	0.714	0.800

续表

研究构念	ISC AVE: 0.745	MSC AVE: 0.70	Rational AVE: 0.751	Intuition AVE: 0.734	SDQ AVE: 0.677	PACE AVE: 0.85
Intuition：$r^2(r)$	0.006(0.08)	0.01(0.1)	0.02(0.15)		0.006(0.08)	0.13(0.37)
AVE 平均	0.738	0.714	0.742		0.705	0.792
SDQ：$r^2(r)$	0.36(0.60)	0.3(0.55)	0.45(0.67)	0.006(0.08)		0.18(0.42)
AVE 平均	0.711	0.688	0.714	0.705		0.763
PACE：$r^2(r)$	0.22(0.47)	0.17(0.41)	0.29(0.54)	0.13(0.37)	0.18(0.42)	
AVE 平均	0.800	0.77	0.800	0.792	0.763	

第三节 实证分析与结果讨论

一、控制变量的影响分析

在对本书理论假设模型进行验证性分析以前，需要首先对控制变量可能对中介变量及因变量的影响进行分析，以确定是否在结构方程模型中考虑这些控制变量的影响（荣泰生，2005）。本书考虑的控制变量有四个：企业规模、决策团队规模、企业性质、企业所属行业，由于本书对控制变量的测量均采用编码测量，因此都是属于分类自变量，通过方差分析，可以检验控制变量对中介变量和因变量的影响。

考虑到本书对研究变量的测量除控制变量外，其余都是非直接观察的潜在变量，因此，需要对各中介变量和因变量进行赋值，才能进行方差分析，对潜在变量的赋值通常可以通过因子分析结果的因子得分或直接计算各测量条目的平均值（在传统上都是可以接受的，陈晓萍，徐淑英和樊景立，2008），本书采用各潜在变量测量条目的平均值为各中介变量和因变量进行赋值。

（一）企业性质对中介变量和因变量的影响

在本书中，将企业性质按照国有企业（含国有控股）、民营企业、中外合资企业、外商独资企业和其他5大类，在分析中现将样本数据按照企业性质分为 5 组，作为类别变量分别编码为 1、2、3、4、5，采用单因素方差分析方法（One - Way ANOVA）进行分析，判断企业性质对本书的各中介变量和因变量的影响是否存在显著差异，方差齐性分析结果见表 5 - 21。

表 5 - 21　　　　　企业性质对中介变量和因变量影响的方差分析

分析项	方差分析				方差齐性检验	
	Sum of Squares	df	F 值	Sig	Levene	Sig
理性程度	494. 615	257	0. 034	0. 998	1. 04	0. 387
直觉程度	572. 885	257	0. 470	0. 757	0. 652	0. 626
战略决策质量	411. 920	257	0. 744	0. 563	0. 457	0. 767
战略决策速度	585. 328	257	0. 701	0. 592	2. 007	0. 094

注：方差齐性检验的显著水平设定为 0.05，下同。

通常，根据方差齐性检验结果，对方差为齐性的一般用 LSD 方法对均值进行两两比较，对于方差为非齐性的采用 Tamhane 方法对均值进行两两比较。从表 5 - 21 分析结果来看，方差齐性通过检验，表明各组样本来自同一方差总体，可以进行两两组间的均值比较和检验，通过应用 LSD 方法对不同性质企业进行两两比较，比较结果表明表中所有变量组间均值皆无显著差异，说明企业性质对中介变量和因变量的影响不显著，在后续结构方程模型中可以不考虑。

（二）　企业规模对中介变量和因变量的影响

在本书中，将企业规模按照不同的企业在职总人数进行分类，共分为 5 类，第一类是 300 人以下（编码为 1），第二类是 301 ~ 800 人（编码为 2），第三类是 801 ~ 1300 人（分类编码是 3），第四类是 1301 ~ 2000 人（分类编码为 4），第五类是 2000 人以上（分类编码为 5），采用单因素方差分析方法（One - Way ANOVA）进行分析，判断企业规模对本书的各中介变量和因变量的影响是否存在显著差异，方差齐性分析结果见表 5 - 22。

表 5 - 22   企业规模对中介变量和因变量影响的方差分析

分析项	方差分析				方差齐性检验	
	Sum of Squares	df	F 值	Sig	Levene	Sig
理性程度	494. 615	257	0. 454	0. 770	0. 359	0. 838
直觉程度	562. 885	257	0. 783	0. 537	2. 339	0. 056
战略决策质量	411. 920	257	0. 656	0. 623	0. 114	0. 977
战略决策速度	585. 328	257	0. 904	0. 462	1. 821	0. 125

从表 5 - 22 分析结果来看，方差齐性通过检验，可以应用 LSD 方法对不同规模企业进行两两比较，统计分析软件的输出结果表明，2 个中介变量和 2 个因变量的组间均值差异皆不显著，可以认为企业规模对本书的中介变量和因变量无显著影响，在结构方程验证性分析中可以不予考虑。

（三）决策团队规模对中介变量和因变量的影响

在本书中，将企业决策团队规模按照参与企业战略决策人数所在数值范围分为 6 类，第一类指 1 人（分类编码为 1），第二类指 2~3 人（分类编码为 2），第三类指 4~5 人（分类编码为 3），第四类是 6~8 人（分类编码为 4），第五类是 9~10 人（分类编码为 5），第六类是 10 人以上（分类编码为 6），同样，采用单因素方差分析方法（One - Way ANOVA）进行分析，判断决策团队规模对本书的各中介变量和因变量的影响是否存在显著差异，方差齐性分析结果如表 5 - 23 所示。

表 5 - 23   决策团队规模对中介变量和因变量影响的方差分析

分析项	方差分析				方差齐性检验	
	Sum of Squares	df	F 值	Sig	Levene	Sig
理性程度	494. 615	257	0. 052	0. 995	0. 750	0. 559
直觉程度	572. 885	257	1. 110	0. 353	0. 567	0. 687
战略决策质量	411. 920	257	1. 084	0. 365	0. 997	0. 407
战略决策速度	585. 328	257	1. 021	0. 397	2. 292	0. 060

从表 5 - 23 分析结果来看，方差齐性通过检验，用 LSD 方法对不同决

策团队规模企业进行两两比较，统计分析软件的输出结果表明，所有变量的两两组间均值比较无显著差异，说明企业战略决策团队规模在本样本中对本书的中介变量和因变量无显著影响。

（四）企业所属行业对中介变量和因变量的影响

本书所收集样本数据中有 10 个行业，由于总体样本数不是很大，本书将其分为两类，主营业务生产有形实物产品的企业划分为制造业，并编码为 1，其他企业划分为服务业，分类编码为 0，由于样本只有两组，采用独立样本 T 检验来分析企业所属行业性质是否对直觉程度、理性程度、战略决策质量和战略决策速度的影响是否具有显著性差异，分析结果见表 5 - 24，从表 5 - 24 中可以看出，组间均值差异不大，在规定 95% 的置信水平上，检验结果表明在本书收集的样本数据中，企业所属行业对上述研究变量没有显著影响。

表 5 - 24　　所属行业对中介变量和因变量影响的独立样本 T 检验

分析项	独立样本 T 检验							方差齐性检验	
	行业	N	Mean	均值差	df	t 值	Sig	Levene	Sig
理性程度	0	122	4.885	0.177	256	1.023	0.307	2.393	0.123
非齐性	1	136	4.708	0.177	256	1.029	0.305		
直觉程度	0	122	4.203	0.016	256	0.085	0.932	0.221	0.639
非齐性	1	136	4.219	0.016	256	0.085	0.932		
战略决策质量	0	122	4.883	0.142	256	0.899	0.369	0.032	0.859
非齐性	1	136	5.025	0.142	256	0.901	0.368		
战略决策速度	0	122	4.480	0.017	256	0.091	0.928	2.677	0.103
非齐性	1	136	4.463	0.017	256	0.091	0.927		

通过以上分析可以说明，在本书所收集样本数据来看，企业规模、企业战略决策团队规模、企业性质和企业所属行业等分类控制变量对本书理论假设中所提出的中介变量和因变量没有显著影响，因此，在下一步的变量间的关系分析中，将不再考虑。

二、企业家社会资本与决策质量

（一）企业家社会资本维度与战略决策质量假设关系的检验

1. 模型设定与识别

为了初步检验企业家社会资本的制度维度和市场维度与战略决策质量间关系的理论假设 H1a、H1b，建立如图 5 - 7 所示的结构方程模型（编号为 A1）。

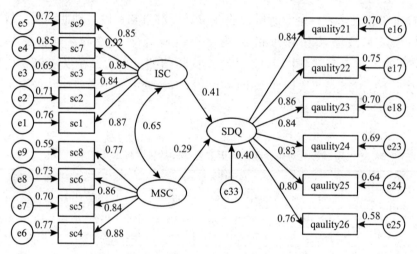

图 5 - 7　SC 维度→SDQ 初阶结构方程模型

从图 5 - 7 可以看出模型中自变量有 2 个：企业家制度性社会资本（ISC）和企业家市场性社会资本（MSC），因变量 1 个：即战略决策质量（SDQ），其他变量主要包括测量指标和所有变量估计误差项。本模型包括 15 个观察变量，18 个外生潜在变量，1 个内生潜在变量，待估自由参数 t = 33，数据点数 = 15 × (15 + 1)/2 = 120，df = 87，根据模型识别 t 法则，t ≤ 120，此模型是过度识别模型，可以进行模型适配度的检验（吴明隆，2009）。

2. 模型拟合与参数估计

本模型运算结果的卡方值 χ^2 = 109.758，p = 0.001，df = 87，χ^2/df = 1.262 < 3，卡方检验似乎表明模型拟合度不很理想，但是由于卡方分布会受样本容量的影响，样本越大，累积的卡方值越大，从而会影响对假设模

型的检验，因此，卡方值一般不作为模型取舍的参考，许多 SEM 使用者舍卡方检验而使用其他拟合指标检验模型拟合优度（邱皓政和林碧芳，2009）、温忠麟、侯泰杰和马什赫伯特（2004）认为一个好的指数应该不受样本容量的影响，惩罚复杂模型，对误设模型敏感，因而他们建议实际操作中使用的指数及临界值是 NNFI（TLI）（临界值为 0.9）、CFI（临界值为 0.9）、Mc（临界值 0.85）、RMSEA（临界值为 0.080），其提出并推荐的卡方规则提出了新的标准（即样本容量 N < 500 时，显著性水平选择 0.0005，N > 500 时，选择 0.0001），按照该标准，本模型卡方检验仍然拒绝原假设。本书综合考虑各学者的建议和现有文献使用 SEM 进行实证研究的通常做法，选择了 χ^2/df、GFI、TLI、CFI、NFI、SRMR 和 RMSEA 共七个指标作为本书的检验指数，从表 5 – 24 可以看出，本模型的各模型拟合优度指标（$\chi^2/df = 1.262$、GFI = 0.947、CFI = 0.992、TLI = 0.991、NFI = 0.965、SRMR = 0.0223 和 RMSEA = 0.032）均符合表中参考临界值范围，表明假设理论模型与观察数据拟合状况良好，虽然不同学者对不同拟合指标的临界值有不同的看法，但即便按照某些要求比较苛刻的条件，上述指标也基本能达到，因此，基本可以认为模型拟合达到理想可以接受。

此外，从本模型的标准化残差协方差矩阵来看，不存在大于 2.58 的数值，绝大多数标准化残差绝对值小于 0.6，说明本模型内在质量较好。模型模拟运算的参数估计值参见汇总表 5 – 25。

表 5 – 25　　　　　　　　　　参数估计汇总表（标准化）

路径	模型 A1	模型 A2	模型 A3	模型 A4	模型 A5	模型 A6	模型 A7
SDQ←ISC	0.408 ***					0.142 +	
SDQ←MSC	0.286 ***					0.180 *	
SDQ←SC		0.709 ***					0.445 ***
Rational←ISC			0.578 ***			0.577 ***	
Rational←MSC			0.227 ***			0.228 ***	
Rational←SC				0.819 ***			0.825 ***
SDQ←Rational					0.675 ***	0.463 ***	0.308 **
多元相关	0.401	0.503	0.556	0.671	0.455	0.496	0.518
系数平方	（SDQ）	（SDQ）	（Rational）	（Rational）	（SDQ）	（SDQ）	（SDQ）

注：*** 代表 P < 0.001，** 代表 P < 0.01，* 代表 P < 0.05，+ 代表 P < 0.1。

3. 假设检验结果

从结构方程模型运算输出结果来看，ISC→SDQ 路径的非标准化系数为 0.353，标准化系数为 0.408，t 值 =5.253，表明该路径系数在 P<0.001 的水平上是显著的，因此本书关于企业家制度性社会资本对战略决策质量有积极影响（正相关）的理论假设得到初步的支持，MSC→SDQ 路径的非标准化系数为 0.256，标准化系数为 0.286，t 值 =3.681，该路径系数达到 P<0.001 的统计显著水平，因此企业家市场性社会资本对战略决策质量有积极影响的理论假设也得到初步支持，由于该模型未考虑理性程度的影响，因而不排除战略决策质量受其影响可能造成的"虚假相关"，所以本模型的数据拟合结果仅仅初步支持本书提出的理论假设 H1a 和 H1b。SDQ 的多元相关系数为 0.401，表明"战略决策质量"变量 40.1% 的变异量可以由企业家社会资本的制度性维度和市场性维度来解释。

此外，从表 5 - 25 中还可以看出，ISC 与 MSC 间的标准化相关系数为 0.65，t 值 =7.762，达到 P<0.001 的统计显著水平，说明企业家社会资本的两个维度仍然存在较强的相关性，2 个初阶维度之上可能还存在高阶因素，有必要构建高阶模型来进一步进行分析。

(二) 企业家社会资本与决策质量假设关系检验

1. 模型设定与识别

如上文所言，从样本数据拟合结果来看，企业家社会资本的 2 个维度由于存在显著的相关性，因此，企业家社会资本有可能是其 2 个维度的共同影响因素，企业家制度性社会资本和市场性社会资本可以构成更高一级的构念，为了检验本书的理论假设 H1：企业家社会资本对战略决策质量有积极影响，本书构建了继续在企业家社会资本 2 个维度上增加一个公共因子建立二阶结构方程模型，建立如图 5 - 8 所示的结构方程模型（编号为 A2），可以看出，本模型包括 15 个观察变量，1 个外生潜在变量，3 个内生潜在变量，待估自由参数 t = 33，数据点数 = 15 × (15 + 1)/2 = 120，df = 87，根据模型识别 t 法则，t≤120，表明模型可以识别，可以运用本书所收集的 258 个有效样本数据对上述模型进行拟合运算。

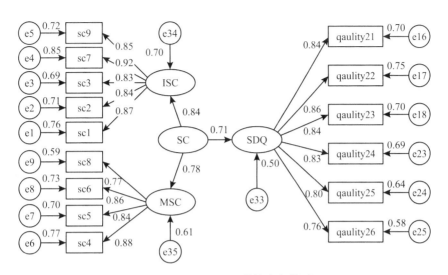

图 5 - 8 SC - SDQ 结构方程模型

2. 模型拟合与参数估计

与初阶模型结果类似，本模型运算结果的卡方值 $\chi^2 = 109.758$，p = 0.001，df = 87，$\chi^2/df = 1.262 < 3$，表明模型具有理想的拟合度，各主要的拟合指数 GFI = 0.947、CFI = 0.992、TLI = 0.991、NFI = 0.965 均大于 0.9 的临界值，SRMR = 0.0223 和 RMSEA = 0.032 均小于 0.08 的临界值，表明假设理论模型与观察数据拟合状况良好，同时，从标准化残差协方差矩阵来看，不存在大于 2.58 的数值，绝大多数标准化残差绝对值小于 0.5，说明本模型内在质量较好。模型运行的参数估计结果参见汇总表 5 - 25。

3. 理论假设检验结果

从结构方程运算输出结果来看，SC→SDQ 路径的非标准化系数为 0.815，标准化系数为 0.709，t 值 = 8.417，表明该路径系数在 P < 0.001 的水平上是显著的，因此本书关于企业家社会资本对战略决策质量有积极影响（正相关）的理论假设 H1 得到初步的支持，SC→ISC 路径的非标准化系数为 1.113，标准化系数为 0.839，t 值 = 8.794，该路径系数达到 P < 0.001 的统计显著水平，SC→MSC 路径的非标准化系数为 1.000，标准化系数为 0.779，t 值 = 8.500，该路径系数达到 P < 0.001 的统计显著水平，表明企

业家制度性社会资本和市场性社会资本可以在一定程度上由企业家社会资本来替代。此外，SDQ 的多元相关系数为 0.503，表明"战略决策质量"变量 50.3% 的变异量可以由企业家社会资本构念进行解释，ISC 和 MSC 的复相关系数分别为 0.704 和 0.607，表明企业家社会资本构念提取了 ISC70.4% 的变异量，提取了 MSC60.7% 的变异量。

（三）企业家社会资本维度与理性程度假设关系检验

1. 模型设定与识别

为了检验企业家社会资本制度维度与市场维度对理性程度的影响，建立如图 5-9 所示的结构方程模型（编号为 A3），ISC、MSC 分别代表企业家社会资本的制度和市场维度，作为自变量，Rational 代表理性程度，作为因变量，本模型包括 15 个观察变量，1 个外生潜在变量，3 个内生潜在变量，待估自由参数 t = 33，数据点数 = $15 \times (15+1)/2 = 120$，df = 87，根据模型识别 t 法则，t ≤ 120，表明模型可以识别。

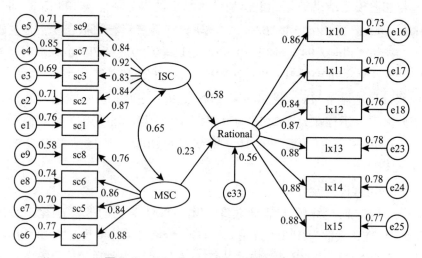

图 5-9　SC-Rational 初阶结构方程模型

2. 模型拟合与参数估计

本模型运算结果的卡方值 $\chi^2 = 81.778$，p = 0.638，df = 87，$\chi^2/df = 0.94 < 3$，模型获得卡方检验通过，结合各主要的拟合指数 GFI = 0.959、

CFI = 0.999、TLI = 0.999 和 NFI = 0.977 均大于 0.9 的临界值，SRMR = 0.0245 和 RMSEA = 0.000 均小于 0.08 的临界值，表明假设理论模型与观察数据拟合状况良好，从标准化残差协方差矩阵来看，不存在大于 2.58 的数值，绝大多数标准化残差绝对值小于 0.5，说明本模型内在质量较好。

3. 假设检验结果分析

从结构方程输出结果来看，ISC → Rational 路径的非标准化系数为 0.529，标准化系数为 0.578，t 值 = 8.20，表明该路径系数在 P < 0.001 的水平上是显著的，因此本书关于企业家制度性社会资本对理性程度有积极影响（正相关）的理论假设 H2a 得到初步的支持，MSC → Rational 路径的非标准化系数为 0.215，标准化系数为 0.227，t 值 = 43.375，该路径系数达到 P < 0.001 的统计显著水平，因此企业家市场性社会资本对理性有积极影响的理论假设 H2b 也得到初步支持，SDQ 的多元相关系数为 0.556，表明"理性程度"变量 55.6% 的变异量可以由企业家社会资本的制度性维度和市场性维度来解释。

（四）企业家社会资本与理性程度假设关系检验

1. 模型设定与识别

为了检验理论假设 H2：即企业家社会资本对理性程度正相关，本书构建如图 5 - 10 所示的结构方程模型（编号为 A4），本模型包括 15 个观察变量，1 个外生潜在变量，3 个内生潜在变量，待估自由参数 t = 33，数据点数 = 15 × (15 + 1)/2 = 120，df = 87，根据模型识别 t 法则，t ≤ 120，表明模型可以识别。

2. 模型拟合与参数估计

本模型运算结果的卡方值 $\chi^2 = 81.778$，p = 0.638，df = 87，$X^2/df = 0.94 < 3$，模型获得卡方检验通过，结合各主要的拟合指数 GFI = 0.959、CFI = 0.999、TLI = 0.999 和 NFI = 0.977 均大于 0.9 的临界值，SRMR = 0.0245 和 RMSEA = 0.000 均小于 0.08 的临界值，表明假设理论模型与观察数据拟合状况良好，从标准化残差协方差矩阵来看，不存在大于 2.58 的数值，绝大多数标准化残差绝对值小于 0.5，说明本模型内在质量较好。

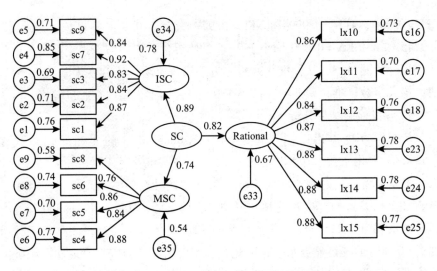

图 5 – 10　SC – Rational 高阶结构方程模型

3. 理论假设检验

从结构方程模型运算结果输出来看，SC→Rational 路径的非标准化系数为 1.052，标准化系数为 0.819，t 值 = 9.727，表明该路径系数在 P < 0.001 的水平上是显著的，因此本书关于企业家社会资本对理性程度有积极影响（正相关）的理论假设 H2 得到初步的支持，SC→ISC 路径的非标准化系数为 1.244，标准化系数为 0.886，t 值 = 9.821，该路径系数达到 P < 0.001 的统计显著水平，SC→MSC 路径的非标准化系数为 1，标准化系数为 0.737，t 值 = 9.370，该路径系数达到 P < 0.001 的统计显著水平，表明企业家制度性社会资本和市场性社会资本可以在一定程度上由企业家社会资本来替代。此外，Rational 的多元相关系数为 0.671，表明"理性程度"变量 67.1% 的变异量可以由企业家社会资本构念进行解释。

（五）理性程度与决策质量假设关系检验

1. 模型设定与识别

为了初步检验理性程度与战略决策质量间的关系假设 H3：即理性程度对战略决策质量有积极影响（正相关），建立如图 5 – 11 所示的结构方程模型（编号为 A5），本模型包括 12 个观察变量，1 个外生潜在变量，1 个内生潜在变量，待估自由参数 t = 25，数据点数 = 12 × (12 + 1)/2 = 78，df = 53，根据模型识别 t 法则，t ≤ 120，表明模型可以识别。

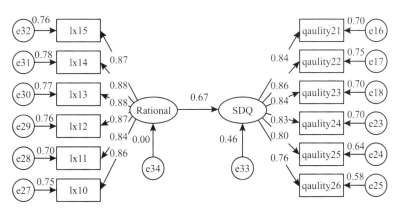

图 5 – 11 RationalSDQ 结构方程模型

2. 模型拟合与参数估计

模型运算结果的卡方值 χ^2 = 90.984，p = 0.001，df = 53，χ^2/df = 1.717 < 3，根据温忠麟、侯泰杰和马什赫伯特（2004）提出的卡方检验规则，表明模型适配度理想，同时，结合其他模型拟合度来看，各主要的拟合指数 GFI = 0.945、CFI = 0.986、TLI = 0.982 和 NFI = 0.966 均大于 0.9 的临界值，SRMR = 0.0324 和 RMSEA = 0.05 均小于 0.08 的临界值，表明假设理论模型与观察数据拟合状况良好。参数估计值见汇总表 5 – 25。

3. 理论假设检验结果

从结构方程模型输出结果来看，Rational→SDQ 路径的非标准化系数为 0.630，标准化系数为 0.675，t 值 = 10.832，表明该路径系数在 P < 0.001 的水平上是显著的，因此本书关于理性程度对战略决策质量有积极影响（正相关）的理论假设 H3 得到初步的支持，此外，SDQ 的多元相关系数为 0.455，表明"战略决策质量"变量 45.5% 的变异量可以由理性程度进行解释。

（六）理性程度在企业家社会资本维度与战略决策质量关系间的中介作用

变量的中介作用通常指该变量在其他两个变量间关系中起到连接作用，

即自变量通过影响中介变量对因变量产生影响，可以分为两类：一类是完全中介，另一类是部分中介，完全中介指控制中介变量后，自变量与因变量间关系完全消失，部分中介则指控制中介变量后，自变量与因变量间关系明显减弱（陈晓萍，徐淑英和樊景立，2008），传统检验中介作用的方法最常用的就是 Baron 和 Kenny（1986）所建议的方法，即第一步检验自变量与因变量间相关关系是否显著，第二步检验自变量是否显著影响中介变量，第三步控制中介变量后看自变量与因变量间的关系是否发生显著变化，如果二者间关系完全消失，则说明存在部分中介作用，若二者关系显著减弱，则表明存在部分中介作用，MacKinnon 等（2002）的研究则认为 Baron 和 Kenny（1986）方法的统计功效不高，建议直接检验自变量→中介变量和中介变量→因变量关系，然后直接检验 2 个关系系数的乘积项是否为 0，若乘积项不是 0. 则证明中介作用存在。综合考虑各位学者的建议，本书已在前文分别检验了企业家社会资本→战略决策质量、企业家社会资本→理性程度、理性程度→战略决策质量 3 个假设关系，结果表明这 3 个关系的相关系数显著不为 0，按照 MacKinnon 等（2002）的观点，似乎已能说明理性程度在企业家社会资本和战略决策质量间起到了中介作用，然而，上文的检验未能把 3 个变量放在一个模型中来加以综合考虑，不能说明如果把 3 个变量放在一个模型中，哪种组合关系能够更好地拟合观测数据。因此，本书在下面将 3 个变量放在一个模型中，分别检验理性程度在企业家社会资本的初高阶构念与战略决策质量的关系。

1. 模型设定与识别

为了检验本书关于理性程度在企业家社会资本维度与战略决策质量关系间起部分中介作用的理论假设 H4a、H4b，建立如图 5 - 12 所示结构方程模型（编号为 A6），图中符号代表的变量与上文相同。从图 5 - 12 中可以看出，本模型包括 21 个观察变量，2 个外生潜在变量，2 个内生潜在变量，待估自由参数 $t = 48$，数据点数 $= 21 \times (21 + 1)/2 = 231$，$df = 183$，根据模型识别 t 法则，$t \leqslant 231$，表明模型可以识别，运用本书所收集的 258 个有效样本数据对上述模型进行拟合运算，运算结果见表 5 - 25。

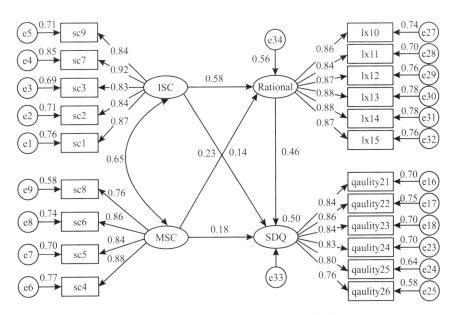

图 5 - 12　SC 维度 - Rational - SDQ 模型

2. 模型拟合与参数估计

模型运算结果的卡方值 $\chi^2 = 228.191$，p = 0.013，df = 183，$\chi^2/df =$ 1.247 < 3，表明本理论假设模型能够拟合数据，结合其他模型拟合度指标值来看，各主要的拟合指数 GFI = 0.923、CFI = 0.990、TLI = 0.989 和 NFI = 0.950 均大于 0.9 的临界值，SRMR = 0.0291 和 RMSEA = 0.031 均小于 0.08 的临界值，表明假设理论模型与观察数据拟合状况良好，变量误差和模拟残差分析表明模型内在质量及界定可以接受。

3. 理论假设检验

从结构方程输出结果来看，ISC → Rational 路径的非标准化系数为 0.530，标准化系数为 0.577，t 值 = 8.200，表明该路径系数在 P < 0.001 的水平上是显著的，MSC → Rational 路径的非标准化系数为 0.217，标准化系数为 0.228，t 值 = 3.391，该路径系数达到 P < 0.001 的统计显著水平，ISC → SDQ 路径的非标准化系数为 0.122，标准化系数为 0.142，t 值 = 1.672，P 值 = 0.095，表明该路径系数在 0.1 的水平上才显著，在 0.05 水平上不显著，MSC → SDQ 路径的非标准化系数为 0.161，标准化系数为

0.180，t 值 = 2.455，P 值 = 0.014 该路径系数达到 P < 0.05 的统计显著水平，Rational→SDQ 路径的非标准化系数为 0.435，标准化系数为 0.463，t 值 = 5.622，该路径系数达到 P < 0.001 的统计显著水平。非常值得关注的是，在不考虑理性中介作用时，MSC、ISC 对 SDQ 的路径系数为 0.29、0.41 且在 P < 0.001 的水平上是显著的，但是加入 Rational 变量后，不仅路径系数发生显著改变，且该路径系数的显著性也发生了改变，按照 Baron 和 Kenny（1986）、温忠麟等（2004）关于中介效应检验步骤的建议，可以认为理性程度在企业家制度性社会资本、市场性社会资本与战略决策质量关系间都起到了部分中介作用。

4. 直接效应和间接效应

为了进一步分析企业家社会资本维度、理性程度与战略决策质量间的关系，了解企业家社会资本各维度对战略决策质量的影响及影响机理，表 5 - 26 中还报告了各变量间的影响效应，从表中可以看出，ISC 影响 SDQ 的总效应为 0.409，其中直接影响效应为 0.142，间接效应为 0.267，实证结果表明企业家制度性社会资本主要通过理性程度对战略决策质量产生积极影响，影响的间接效应比直接效应更大，MSC 影响 SDQ 的总效应为 0.286，其中直接效应为 0.180，间接效应为 0.106，实证结果表明企业家市场性社会资本不仅通过理性程度对战略决策质量产生积极影响，而且还会直接对战略决策质量产生积极影响，其中直接效应比间接效应更大，此外，ISC 影响 Rational 的总效应和直接效应都是 0.577，MSC 对 Rational 的总效应和直接效应都是 0.228，Rational 对 SDQ 的总效应和直接效应都是 0.463。从 SDQ 的多元相关系数平方来看，SDQ 变量变异总量的 49.6% 可以由企业家社会资本维度、理性程度变异量得到解释，Rational 变异量的 55.6% 可以由企业家社会资本的 2 个维度变量得到解释。

表 5 - 26　　　　SC 维度 - Rational - SDQ 间效应分析（标准化）

分析项		ISC	MSC	Rational
总效应	SDQ	0.409	0.286	0.463
	Rational	0.577	0.228	0.000

续表

分析项		ISC	MSC	Rational
直接效应	SDQ	0.142	0.180	0.463
	Rational	0.577	0.106	0.000
间接效应	SDQ	0.267	0.106	0.000
	Rational	0.000	0.000	0.000
多元相关系数平方	SDQ	0.496		
	Rational	0.556		

通过上述分析可以看出，本书所提出的两个理论假设（即H4a：理性程度在企业家制度性社会资本与战略决策质量关系中具有中介作用，H4b：理性程度在企业家市场性社会资本与战略决策质量关系中具有中介作用）得到样本数据的支持。

5. 结构方程模型比较分析

结构方程模型在检验变量间关系时具有许多相较传统回归分析的优势，例如，允许测量指标存在误差并可以估计，允许同一测量指标归属于不同因子，因此，结构方程模型的分析结果可能更可信，然而，结构方程也有自身的不足，容易被误用，因为即使处理相同的样本数据，也可能存在多种模型能够较好拟合数据，因此，本书认为结构方程的主要应用应该体现在验证理论模型而非探索发展理论模型，任何理论假设模型的提出最好有坚实的理论基础和严密的逻辑推理。为了进一步看清理性程度在企业家社会资本与战略决策质量间关系的中介作用，将上述模型（即SC维度→Rational→SDQ 和 SC 维度→SDQ 模型）编号为1，并将其与另外四个模型（即模型2：SC维度→SDQ 模型；模型3：SC 维度→Rational→SDQ 模型；模型4：SC 维度→SDQ 和 Rational→SDQ 模型；模型5：Rational→SDQ 模型）进行比较分析，观察路径系数变化和 SDQ 被解释变异量的变化，分析结果见表5－27。

表 5 – 27　　　　　　　　SC 维度 – Rational – SDQ 模型的比较

估计参数值	模型 1	模型 2	模型 3	模型 4	模型 5
ISC→SDQ 非标准化系数	0.122 (1.672)	0.353 (5.253)		0.138 (2.007)	
ISC→SDQ 标准化系数	0.142	0.408		0.178	
MSC→SDQ 非标准化系数	0.161 (2.455)	0.256 (3.681)		0.167 (2.571)	
MSC→SDQ 标准化系数	0.180	0.286		0.208	
SDQ 被解释变异量 R²	0.496	0.401	0.470	0.378	0.455

注：括号中数字为路径系数 t 值。

从表 5 – 27 可以看出在各模型均能对样本数据进行较好拟合情况下，部分中介作用模型对因变量 SDQ 的解释能力最强，相较 SC2 个维度直接影响 SDQ 模型，加入理性中介变量后，路径系数的大小和 t 值均发生显著变化，模型解释能力提高，但是和完全中介作用模型相比，部分中介作用模型的解释能力更强，和模型 4 不考虑中介作用模型相比，路径系数虽然变化不大，但是模型解释能力变弱，模型 5 不考虑 SC 的影响，对因变量的解释能力也比模型 1 弱，因此综合起来看，本书认为部分中介作用模型（SC 维度→Rational→SDQ 和 SC 维度→SDQ 模型）最佳，并因此更进一步验证了本书的理论假设。

（七）理性程度在企业家社会资本维度与战略决策质量关系间的中介作用

1. 模型设定与识别

上文的实证分析支持了理性程度在企业家社会资本两个维度与战略决策质量关系间的中介作用，但是不能由此推断企业家社会资本作为一个整体构念时，理性程度的中介作用就一定显著存在，这是因为：根据本书的定义，企业家社会资本是一个潜因子型的多维构念，企业家社会资本作为其两个维度背后的共同因子，只能部分解释其两个维度变量的变异，不排除理性程度中介作用主要存在于未解释变异与战略决策质量关系中间。所以，本书进一步建立见图 5 – 13 所示的结构方程模型（编号为 A7），检验本书的假设 H4。从图 5 – 13 可以看出，本模型包括 21 个观察变量，1 个外生潜在变量，3 个内生潜在变量，待估自由参数 t = 47，数据点数 = 21 × (21 + 1)/2 = 231，自由度 df = 184，根据模型识别 t 法则，t ≤ 231，表明模型可以识别，运用本书所收集的 258 个有效样本数据对上述模型进行拟合运算，运算结果参数值参见汇总表 5 - 25。

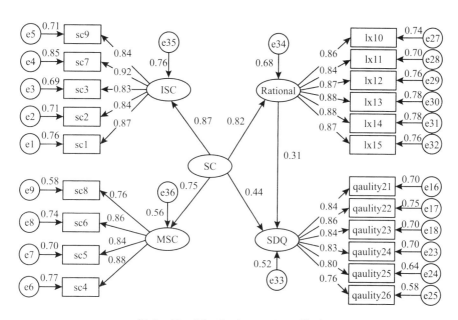

图 5 - 13   SC - Rational - SDQ 模型

2. 模型拟合与参数估计

模型运算结果的卡方值 χ^2 = 229.789，p = 0.012，df = 184，χ^2/df = 1.249 < 3，暂时不能对模型拟合是否理想下结论，结合其他模型拟合度指标值来看，各主要的拟合指数 GFI = 0.922、CFI = 0.990、TLI = 0.989 和 NFI = 0.953 均大于 0.9 的临界值，SRMR = 0.0305 和 RMSEA = 0.031 均小于 0.08 的临界值，表明假设理论模型与观察数据拟合状况良好。参数估计值参见汇总表 5 - 25。

3. 理论假设检验

从数据拟合输出结果来看，SC→Rational 路径的非标准化系数为 1.05，标准化系数为 0.825，t 值 = 9.818，表明该路径系数在 P < 0.001 的水平上

是显著的，表明 SC 与 Rational 显著正相关，本书提出的理论假设 H 得到支持；SC→ISC 路径的非标准化系数为 1.206，标准化系数为 0.82，t 值 = 10.181，该路径系数达到 P < 0.001 的统计显著水平；SC→MSC 路径的非标准化系数为 1.000，标准化系数为 0.749，t 值 = 8.150，P < 0.001，表明该路径系数达到 0.001 的显著水平，Rational→SDQ 路径的非标准化系数为 0.289，标准化系数为 0.309，t 值 = 2.433，该路径系数达到 P < 0.05 的统计显著水平，表明 Rational 与 SDQ 显著正相关；SC→SDQ 路径的非标准化系数为 0.530，标准化系数为 0.444，t 值 = 3.236，该路径系数达到 P < 0.001 的统计显著水平，表明与 SDQ 显著正相关，按照 MacKinnon 等（2002）的观点，上述检验可以表明理性程度变量在企业家社会资本与战略决策质量间具有显著的中介作用（0.31 × 0.82 = 0.25，P < 0.05），结合上文 SC→SDQ 模型的分析结果来看，模型中加入理性程度变量后，SC→SDQ 的标准化路径系数从 0.71 降到 0.444，t 值从 8.467 降到 3.236，t 值变化达到 0.001 的显著水平，参照 Baron 和 Kenny（1986）的建议，可以确认理性程度在企业家社会资本与战略决策质量关系间存在显著的中介作用，因此假设 H4 基本上得到样本数据的验证和支持。

4. 直接效应与间接效应

为了进一步分析企业家社会资本、理性程度与战略决策质量间的关系，了解企业家社会资本对战略决策质量的影响及影响机理，表 5 – 28 还报告了各变量间的影响效应，从表 5 – 28 中可以看出，SC 影响 Rational 的总效应和直接效应都是 0.825，SC 影响 SDQ 的总效应为 0.698，其中直接影响效应为 0.444，间接效应为 0.254，实证结果进一步表明理性程度在企业家社会资本与战略决策质量关系间存在中介作用，企业家社会资本对战略决策质量影响的直接效应比间接效应更大，Rational 对 SDQ 的总效应和直接效应都是 0.308。从 SDQ 的多元相关系数平方来看，SDQ 变量变异总量的 51.8% 可以由企业家社会资本、理性程度变异量得到解释，Rational 变异量的 68% 可以由企业家社会资本变量得到解释。

表 5 – 28　　　　　　　　　　SC – Rational – SDQ 间效应分析

分析项		SC	Rational
总效应	SDQ	0.698	0.308
	Rational	0.825	0.000
直接效应	SDQ	0.444	0.308
	Rational	0.825	0.000
间接效应	SDQ	0.254	0.000
	Rational	0.000	0.000
复相关系数	SDQ	0.518	
	Rational	0.680	

5. 模型比较分析

为了进一步看清理性程度在企业家社会资本与战略决策质量间关系的中介作用，将上述模型（即 SC→Rational→SDQ 和 SC→SDQ 模型）编号为1，并将其与另外四个模型（即模型 2：SC→SDQ 模型；模型 3：SC→Rational→SDQ 模型；模型 4：SC→SDQ 和 Rational→SDQ 模型；模型 5：Rational→SDQ 模型）进行比较分析，观察路径系数变化和 SDQ 被解释变异量的变化，分析结果见表 5 – 29。

表 5 – 29　　　　　　　　SC 维度 – Rational – SDQ 模型的比较

估计参数值	模型 1	模型 2	模型 3	模型 4	模型 5
SC→SDQ 非标准化系数	0.530.122 (3.236)	0.815 (8.467)		0.138 (2.007)	
SC→SDQ 标准化系数	0.444	0.709		0.178	
SDQ 被解释变异量 R^2	0.518	0.503	0.470	0.411	0.455

注：括号中数字为路径系数 t 值。

从表 5 – 29 可以看出在各模型均能对样本数据进行较好拟合情况下，部分中介作用模型对因变量 SDQ 的解释能力最强，相较 SC 直接影响 SDQ 模型，加入理性中介变量后，路径系数的人小和 t 值均发生显著变化，模型解释能力提高，但是和完全中介作用模型相比，部分中介作用模型的解释能力更强，和模型 4 不考虑中介作用模型相比，路径系数虽然变化不大，但是模型解释能力变弱，模型 5 不考虑 SC 的影响，对因变量的解释能力也

比模型 1 弱，因此综合起来看，部分中介作用模型（SC→Rational→SDQ 和
SC→SDQ 模型）最佳，因此，即使企业家社会资本作为一个整体构念，理
性程度所起的仍然是部分中介作用。

（八）模型参数估计汇总

为了便于从整体上了解和分析企业家社会资本及其维度、理性程度与
战略决策质量间的关系，将上文所设定的 7 个假设理论模型的检验结果进
行汇总，汇总结果见表 5 - 25 所示。

（九）实证结果小结

通过本节建立验证性结构方程模型对有关企业家社会资本、理性程度
与战略决策质量间关系的相关理论假设进行检验，检验结果见表 5 - 30。

表 5 - 30　　　　　　　　假设理论关系的检验结果小结

变量间关系	标准化路径系数	T 值	结果
企业家社会资本→战略决策质量	0.709 ***	8.417	支持
制度性社会资本→战略决策质量	0.408 ***	5.253	支持
市场性社会资本→战略决策质量	0.286 ***	3.681	支持
企业家社会资本→理性程度	0.819 ***	9.727	支持
制度性社会资本→理性程度	0.578 ***	8.200	支持
市场性社会资本→理性程度	0.227 ***	3.375	支持
理性程度→战略决策质量	0.675 ***	10.832	支持
理性程度在 SC - SDQ 间具有中介作用	0.44 ***、0.82 ***、0.31 ***		支持
理性程度在 ISC - SDQ 间具有中介作用	0.14 *、0.58 ***、0.46 ***		支持
理性程度在 MSC - SDQ 间具有中介作用	0.18 **、0.23 **、0.46 ***		支持

注：*** 表示 P < 0.001，** 表示 P < 0.05，* 表示 P < 0.1。

本书对路径系数的显著性水平设定为 0.05，0.05 以上的显著水平被认
为是支持，0.1 以上未达到 0.05 被认为是弱显著，部分支持假设，低于
0.1 则认为不显著，认为假设关系不成立，按此标准，相关假设检验结果见
表 5 - 30，下文分别对检验结果进行简要解释：

H1：企业家社会资本对战略决策质量有积极影响。

结构方程模型分析结果表明，企业家社会资本影响战略决策质量的路径系数为 0.709，达到 0.001 以上的显著水平，假设 H1 得到样本数据的支持，说明企业家社会资本对战略决策质量具有积极影响的理论假设未被经验数据拒绝。

H1a：企业家制度性社会资本对战略决策质量有积极影响。

结构方程模型分析结果表明，企业家制度性社会资本影响战略决策质量的路径系数为 0.408，达到 0.001 以上的显著水平，假设 H1a 得到样本数据的支持，说明企业家制度性社会资本对战略决策质量具有积极影响的理论假设未被经验数据拒绝。

H1b：企业家市场性社会资本对战略决策质量有积极影响。

结构方程模型分析结果表明，企业家市场性社会资本影响战略决策质量的路径系数为 0.286，达到 0.001 以上的显著水平，假设 H1b 得到样本数据的支持，说明企业家市场性社会资本对战略决策质量具有积极影响的理论假设未被经验数据拒绝。

H2：企业家社会资本对理性程度有积极影响。

结构方程模型分析结果表明，企业家社会资本影响理性程度的路径系数为 0.819，达到 0.001 以上的显著水平，假设 H2 得到样本数据的支持，说明企业家社会资本对理性程度具有积极影响的理论假设未被经验数据拒绝。

H2a：企业家制度性社会资本对理性程度有积极影响。

结构方程模型分析结果表明，企业家制度性社会资本影响理性程度的路径系数为 0.227，达到 0.001 以上的显著水平，假设 H2a 得到样本数据的支持，说明企业家制度性社会资本对理性程度具有积极影响的理论假设未被经验数据拒绝。

H2b：企业家市场性社会资本对理性程度有积极影响。

结构方程模型分析结果表明，企业家市场性社会资本影响理性程度的路径系数为 0.578，达到 0.001 以上的显著水平，假设 H2b 得到样本数据的支持，说明企业家市场性社会资本对理性程度具有积极影响的理论假设未被经验数据拒绝。

H3：理性程度对战略决策质量有积极影响。

结构方程模型分析结果表明，理性程度对战略决策质量产生影响的路径系数为 0.675，达到 0.001 以上的显著水平，假设 H3 得到样本数据的支持，说明理性程度对战略决策质量具有积极影响的理论假设未被经验数据拒绝。

H4：理性程度在企业家社会资本与战略决策质量关系间具有中介作用。

结构方程模型分析结果表明，模型中加入理性程度变量后，企业家社会资本影响战略决策质量的路径系数减少了 0.269，T 值变化显著（5.231），达到 0.001 以上的显著水平，假设 H4 得到样本数据的支持，说明理性程度在企业家社会资本与战略决策质量关系间具有中介作用的理论假设未被经验数据拒绝。

H4a：理性程度在企业家制度性社会资本与战略决策质量关系间具有中介作用。

结构方程模型分析结果表明，模型中加入理性程度变量后，企业家制度性社会资本影响战略决策质量的路径系数减少了 0.252，T 值变化显著（3.563），达到 0.001 以上的显著水平，假设 H4a 得到样本数据的支持，说明理性程度在企业家制度性社会资本与战略决策质量关系间具有中介作用的理论假设未被经验数据拒绝。

H4b：理性程度在企业家市场性社会资本与战略决策质量关系间具有中介作用。

结构方程模型分析结果表明，模型中加入理性程度变量后，企业家市场性社会资本影响战略决策质量的路径系数减少了 0.106，T 值变化显著（1.535），在 0.1 的弱显著水平，假设 H4b 得到样本数据的部分支持，说明理性程度在企业家市场性社会资本与战略决策质量关系间具有中介作用的理论假设未被经验数据完全拒绝。

三、企业家社会资本与战略决策速度

（一）企业家社会资本维度、直觉程度与战略决策速度间关系检验

1. 模型设定与识别

为了检验本书提出的关于企业家社会资本维度、直觉程度与战略决

策质量三个变量间的关系假设，根据第三章提出的相关理论假设 H5a、
H5b、H6a、H6b、H7、H8a、H8b，建立如图 5 – 14 所示的结构方程模
型，图中 ISC 代表企业家制度性社会资本，MSC 代表市场性社会资本，
Intuition 代表直觉程度，PACE 代表战略决策速度，其他符号分别是测量
指标项和误差项，图 5 – 14 中数据是模型拟合运算结果对各待估参数的
估计值。

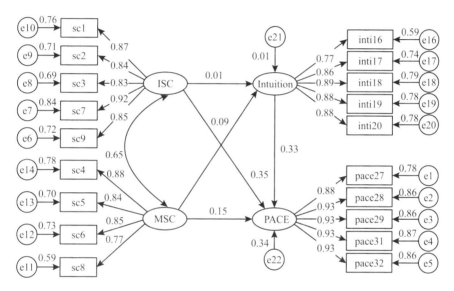

图 5 – 14　SC—Intuition—PACE 初阶模型

从图 5 – 14 中可以看出，本模型包括 19 个观察变量，2 个外生潜在变量，
2 个内生潜在变量，待估自由参数 t = 44，数据点数 = 19 × (19 + 1) ÷ 2 = 190，
df = 146，根据模型识别 t 法则，t ≤ 190，表明模型可以识别。

2. 模型拟合与参数估计

模型运算结果的卡方值 χ^2 = 161.048，p = 0.187，df = 146，χ^2/df =
1.103 < 3，表明模型的适配度通过卡方检验，模型适配度基本理想，同时
结合其他模型拟合度指标值来看，各主要的拟合指数 GFI = 0.939、CFI =
0.997、TLI = 0.996 和 NFI = 0.966 均大于 0.9 的临界值，SRMR = 0.0266 和
RMSEA = 0.020 均小于 0.08 的临界值，表明假设的理论模型与观察数据拟

合状况良好。此外，从结构方程模型输出的标准化残差协方差矩阵来看，不存在大于2.58的数值，绝大多数标准化残差绝对值小于0.5，说明本模型内在质量较好。

通常，在结构方程的理论模型能够对样本数据进行较好拟合的情况下，才可以对模型估计的各参数值及其理论意义进行分析和探讨，上面的分析表明，本理论模型能够拟合数据，可以进行各参数估计值的分析。此外，运用本书所收集的258个有效样本数据对上述模型进行拟合运算的结果见汇总表5–31。

表 5–31   初阶模型参数估计汇总

变量名	路径	变量名	非标准化系数	标准化系数	C. R.	P	变量名	R^2
模型 B1：SC 维度 – Intuition – PACE	Intuition	<—	MSC	0.096	0.095	1.007	0.314	PACE	0.345
	Intuition	<—	ISC	0.013	0.014	0.152	0.879		
	PACE	<—	ISC	0.353	0.347	4.483	***		
	PACE	<—	Intuition	0.371	0.330	5.703	***		
	PACE	<—	MSC	0.167	0.146	1.888	0.059		
模型 B2：SC 维度→Intuition	Intuition	<—	ISC	0.013	0.083	0.156	0.876		
	Intuition	<—	MSC	0.096	0.095	1.007	0.313		
模型 B3：SC 维度→PACE	PACE	<—	ISC	0.357	0.352	4.261	***	0.000	0.237
	PACE	<—	MSC	0.203	0.177	2.145	0.032		
模型 B4：Intuition→PACE	PACE	<—	Intuition	0.418	0.372	5.698	***		0.138
模型 B5：SC 维 + Intuition→PACE	PACE	<—	Intuition	0.336			***		0.328
	PACE	<—	ISC	0.353	0.352	4.487	***		
	PACE	<—	MSC	0.169	0.150	1.914	0.056		

3. 理论假设检验

从表5–31的参数估计结果来看，参个潜在变量到各测量指标的载荷系数均在0.5~0.95的可接受范围，所有因素负荷均达到P < 0.001的统计显著水平，进一步证实了本书对各研究构念的测量是有效的，因此可以对各路径系数进行分析。

从表5–25中还可以看出，MSC→Intuition 路径的非标准化系数 =

0.096, 标准化系数 = 0.095, t 值 = 1.007, P = 0.314, 说明企业家市场性社会资本对直觉程度的影响在统计上不显著,假设 H6b 关于企业家市场性社会资本对直觉程度有积极影响的理论假设未获得样本数据的支持,ISC→Intuition 路径的非标准化系数为 0.013, 标准化系数为 0.014, t 值 = 0.152, P = 0.879, 表明企业家制度性社会资本对直觉程度的影响不显著,样本数据不支持关于企业家制度性社会资本对直觉程度有积极影响的理论假设 H6a。

ISC→PACE 路径的非标准化系数为 0.353, 标准化系数为 0.347, t 值 = 4.483, 该路径系数达到 P < 0.001 的统计显著水平,表明企业家制度性社会资本对战略决策速度的影响显著,关于企业家制度性社会资本对战略决策速度有积极影响的理论假设 H5a 获得了样本数据的支持,MSC→PACE 路径的非标准化系数为 0.167, 标准化系数为 0.146, t 值 = 1.888, P = 0.059, 未达到通常统计检验要求的 0.05 的显著水平,但是在 0.1 的水平上该路径系数还是显著的,因此,关于企业家市场性社会资本对战略决策速度有正向影响的理论假设 H5b 未完全获得样本数据的支持。Intuition→PACE 路径的非标准化系数为 0.371, 标准化系数为 0.330, t 值 = 5.703, 该路径系数达到 P < 0.001 的统计显著水平,因此,本书关于直觉程度对战略决策速度有正向影响的理论假设 H7 得到样本数据的支持。但是,由于 ISC 和 MSC 对 Intuition 的影响未获得样本数据的支持,因此,按照传统中介效应检验方法来看,本书关于直觉程度在企业家市场性社会资本、制度性社会资本与战略决策速度间具有中介作用的理论假设 H8a、H8b 未获得支持,但是按照 MacKinnon 等(1998, 2002)的观点,传统检验中介效应的方法统计功效不高,所以为了进一步确认直觉程度的中介效应是否存在,根据 Sobel M. E.(1988)、温忠麟(2004)的建议,本书进一步采用 Sobel 检验方法进行检验(H$_0$: ab = 0),该检验的统计量的简化计算公式如下[1]:

$$Z = ab \Big/ \sqrt{a^2 s_a^2 + b^2 s_b^2} \tag{5.3}$$

上式中 Z 是检验统计量,a、b 是估计的路径系数,S$_a$、S$_b$ 是 a、b

---

[1] 该公式引自温忠麟,张雷,侯杰泰,刘红云. 中介效应检验程序及其应用 [J]. 心理学报,2004, 36(5): 614 - 620.

标准误。

按照此计算公式，计算出以上两个中介路径中介效应检验的统计量值
为 $Z_1 = 0.215 (P > 0.1)$，$Z_2 = 1.345 (P < 0.1)$，若按照 1.96 的临界值，两
个路径中介效应都不显著，若按照 MacKinnon 等人使用 0.96 的临界值，则
直觉程度在企业家市场性社会资本与战略决策速度间存在中介效应，但是
新的临界值在 a = 0 或 b = 0 仅有一个成立的情况下犯第一类错误的概率较
大（温忠麟，2004），因此为谨慎起见，本书仅接受理论假设 H8b 得到部
分支持的结论。

为了进一步分析企业家社会资本、直觉程度与战略决策速度间的关系，
表 5 - 32 还报告了各变量间的影响效应，从表 5 - 32 中可以看出，ISC 影响
Intuition 的总效应和直接效应都是 0.014，MSC 影响 Intuition 的总效应和直
接效应为 0.095，表明企业家社会资本的 2 个维度对直觉程度的影响很微
弱，ISC 影响 PACE 的总效应为 0.352，其中直接影响效应为 0.347，间
接效应为 0.005，MSC 影响 PACE 的总效应为 0.178，其中直接影响效
应为 0.146，间接效应为 0.031，进一步说明企业家社会资本的两个维
度影响战略决策速度未通过直觉的中介作用，Intuition 影响 PACE 总效
应和直接效应都是 0.330，结合表 5 - 26 的多元相关系数平方值来看，
本结构方程模型可以解释战略决策速度变异量的 34.5%，其中企业家
社会资本 2 个维度大约解释了 25% 的变异量，直觉程度解释了大约
9.5% 的变异量。

表 5 - 32   SC 维度 - Intuition - PACE 间效应分析

分析项		ISC	MSC	Intuition
总效应	PACE	0.352	0.178	0.330
	Intuition	0.014	0.095	0.000
直接效应	PACE	0.347	0.146	0.330
	Intuition	0.014	0.095	0.000
间接效应	PACE	0.005	0.031	0.000
	Intuition	0.000	0.000	0.000

注：表中数字为标准化运算结果。

(二) 其他模型的比较分析

由于上述模型是直接根据本书提出的理论假设构建的,因而不能排除其他模型也能较好地拟合本样本数据,同时,从上文结构方程模型结果来看,直觉程度在企业家社会资本维度与战略决策速度间关系具有中介作用的理论假设未获得样本数据的支持,因此,有必要进一步对其他的可能假设模型进行比较分析,以此判别上述理论假设模型的合理性。根据本书提出的关于企业家社会资本维度、直觉程度和战略决策速度间关系的相关理论假设,参照上文第三部分设立的模型类型,又建立了 B2 ~ B5 的 4 个模型,所有模型的参数估计值见表 5 - 31。

从结构方程模型输出的 5 个模型的拟合优度指标来看,每个模型均能拟合数据,并无显著差异,因此,无法从模型适配度来对模型优劣进行判断,因此,本书结合战略决策速度变异量在各种模型中被解释的比例来分析,从表 5 - 31 来看,各路径系数差异不大,比较的 4 个模型与基本理论假设模型基本一致,并进一步验证了企业家社会资本 2 个维度、直觉程度与战略决策速度正相关的理论假设,企业家社会资本维度与直觉程度相关性较弱,直觉程度的中介作用不能得到验证和支持,企业家社会资本和直觉程度共同解释战略决策速度的解释能力更强。

(三) 企业家社会资本、直觉程度与战略决策速度间关系检验

1. 模型设定与识别

为了检验本书所提出的关于企业家社会资本 (作为一个整体构念) 与直觉程度、战略决策速度间关系的理论假设 H5、H6、H7、H8,建立如图 5 - 15 所示的结构方程模型,图中 SC 代表企业家社会资本,Intuition 代表直觉程度,PACE 代表战略决策速度,其他符号分别是测量指标项和误差项,图中数据是模型拟合运算结果对各待估参数的估计值。

从图 5 - 15 中可以看出,本模型包括 19 个观察变量,2 个外生潜在变量,2 个内生潜在变量,待估自由参数 $t = 43$,数据点数 $= 19 \times (19 + 1) \div 2 = 190$,$df = 147$,根据模型识别 t 法则,$t \leqslant 190$,表明模型可以识别。

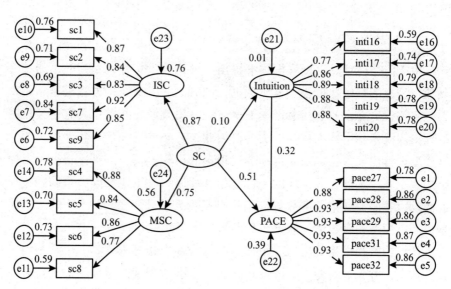

图 5 – 15　SC—Intuition—PACE 高阶模型

2. 模型拟合与参数估计

模型运算结果的卡方值 $\chi^2 = 161.543$，p = 0.195，df = 147，$\chi^2/df = 1.099 < 3$，表明模型的适配度通过卡方检验，模型适配度基本理想，同时结合其他模型拟合度指标值来看，各主要的拟合指数 GFI = 0.939、CFI = 0.997、TLI = 0.996 和 IFI = 0.997 均大于 0.9 的临界值，SRMR = 0.0279 和 RMSEA = 0.020 均小于 0.08 的临界值，表明假设的理论模型与观察数据拟合状况良好。模型估计的参数值见汇总表 5 – 33。

表 5 – 33　　　　　　　　　二阶模型参数估计汇总

	变量名	路径	变量名	非标准化系数	标准化系数	C. R.	P	变量名	R²
模型 1：SC – Intuition – PACE	Intuition	←——	SC	0.139	0.102	1.390	0.165	PACE	0.391
	PACE	←——	SC	0.772	0.505	6.611	***		
	PACE	←——	Intuition	0.360	0.320	5.470	***		
模型 2：SC→ Intuition	Intuition	←——	SC	0.118	0.110	1.149	0.251		

变量名	路径	变量名	非标准化系数	标准化系数	C. R.	P	变量名	R^2
模型 B3：SC→PACE	PACE	<---	SC	0.818	0.539	6.621	***	0.000	0.292
模型 B4：Intuition→PACE	PACE	<---	Intuition	0.418	0.372	5.698	***		0.138
模型 5：SC + Intuition→PACE	PACE	<---	Intuition	0.372	0.336	5.735	***		0.374
	PACE	<---	SC	0.777	0.551	6.641	***		

注：*** 表示 $P < 0.001$。

3. 理论假设检验

从表 5-33 和图 5-15 来看，参个潜在变量到各测量指标的载荷系数均在 0.5～0.95 的可接受范围，所有因素负荷均达到 $P < 0.001$ 的统计显著水平，进一步证实了本书对各研究构念的测量是有效的，因此可以对各路径系数进行分析。

从表 5-33 中可以看出，SC→Intuition 路径的非标准化系数 = 0.139，标准化系数 = 0.102，t 值 = 1.390，P = 0.165，说明企业家社会资本对直觉程度的影响在统计上不显著，假设 H 关于企业家社会资本对直觉程度有积极影响的理论假设未获得样本数据的支持，SC→PACE 路径的非标准化系数为 0.772，标准化系数为 0.505，t 值 = 6.661，该路径系数达到 $P < 0.001$ 的统计显著水平，表明企业家社会资本对战略决策速度的影响显著，关于企业家社会资本对战略决策速度有积极影响的理论假设 H 获得了样本数据的支持，Intuition→PACE 路径的非标准化系数为 0.360，标准化系数为 0.320，t 值 = 5.470，该路径系数达到 $P < 0.001$ 的统计显著水平，因此，本书关于直觉程度对战略决策速度有正向影响的理论假设 H7 得到样本数据的支持。

从高阶模型的数据拟合和检验结果来看，与初阶模型的检验结果类似，企业家社会资本、直觉程度均对战略决策速度有积极影响，企业家社会资本对直觉程度的影响未获得样本数据的支持，为了进一步检验直觉程度的中介作用，计算 Sobel 检验的统计量 $Z_3 = 0.858$（$P > 0.1$），进一步表明直觉程度的中介作用在本书中不显著。

从表 5 - 34 中可以看出，SC 影响 Intuition 的总效应和直接效应都是 0.102，表明企业家社会资本对直觉程度的影响很微弱，SC 影响 PACE 的总效应为 0.538，其中直接影响效应为 0.505，间接效应为 0.033，进一步表明企业家社会资本影响战略决策速度未通过直觉的中介作用，Intuition 影响 PACE 总效应和直接效应都是 0.320，与初阶模型的结果基本一致，结合表 5 - 33 的多元相关系数平方值来看，本结构方程模型可以解释战略决策速度变异量的 39.1%，其中企业家社会资本大约解释了 29% 的变异量，直觉程度解释了大约 10.1% 的变异量。

表 5 - 34　　　　　　　SC - Intuition - PACE 间效应分析（标准化）

分析项		SC	Intuition
总效应	PACE	0.538	0.320
	Intuition	0.102	0.000
直接效应	PACE	0.505	0.320
	Intuition	0.102	0.000
间接效应	PACE	0.033	0.000
	Intuition	0.000	0.000

（四）模型比较分析

根据本书提出的关于企业家社会资本、直觉程度和战略决策速度间关系的相关理论假设 H5、H6、H7、H8，分别建立如表 5 - 33 所示的其他四个比较模型，从结构方程模型输出的五个模型的拟合优度指标来看，每个模型均能拟合数据，结合战略决策速度变异量在各种模型中被解释的比例来分析，从表 5 - 35 来看，各路径系数差异不大，比较的 4 个模型与基本理论假设模型基本一致，并进一步验证了企业家社会资本、直觉程度与战略决策速度正相关的理论假设，企业家社会资本对直觉程度的影响在本样本数据中不显著，直觉程度的中介作用不能得到验证和支持。企业家社会资本和直觉程度共同解释战略决策速度的解释能力更强。

表 5 –35　　　　　　企业家社会资本与战略决策速度关系的检验结果

变量间关系	标准化路径系数	t 值	结果
企业家社会资本→战略决策速度	0.505 ***	6.611	支持
制度性社会资本→战略决策速度	0.330 ***	5.703	支持
市场性社会资本→战略决策速度	0.146 +	1.888	部分支持
企业家社会资本→直觉程度	0.102	1.390	不支持
制度性社会资本→直觉程度	0.015	0.152	不支持
市场性社会资本→直觉程度	0.095	1.007	不支持
直觉程度→战略决策速度	0.320 ***	5.470	支持
直觉程度在 SC – PACE 间的中介作用	0.102、0.32 ***	Sobel 检验不显著	不支持
直觉程度在 ISC – PACE 间的中介作用	0.014、0.46 ***	Sobel 检验不显著	不支持
直觉程度在 MSC – PACE 间的中介作用	0.095、0.46 ***	Sobel 检验 $p < 0.1$	部分支持

注：*** 表示 $P < 0.001$，+ 表示 $P < 0.1$。

（五）理论假设检验结果小结

通过本节对企业家社会资本、直觉程度和战略决策速度间关系的验证性结构方程模型检验和模型比较分析，分析结果总结见表 5 – 35。从表 5 – 35 中可以看出，按照本书规定的显著性水平标准，本书关于企业家社会资本与战略决策速度正相关的理论假设 H5、直觉程度与战略决策速度正相关的理论假设 H7、企业家制度性社会资本与战略决策速度正相关的理论假设 H5a 在 0.05 以上的显著水平得到经验数据的支持，关于企业家市场性社会资本与战略决策速度正相关的理论假设 H5b 仅在 0.1 水平上得到部分支持，其他理论假设 H6、H6a、H6b、H8、H8a 和 H8b 未得到经验数据的支持。

四、企业家社会资本、战略决策质量与企业绩效间关系

根据因子分析结果，我们用所有变量测量指标的平均值为各测量变量赋值，并进行了描述统计和相关分析，分析结果见表 5 – 36。表中 ISC 代表

企业家制度性社会资本，MSC 代表企业家市场性社会资本，SDQ 代表战略
决策质量，performance 代表企业绩效。

表5－36   变量均值、标准差与皮尔逊相关系数

变量	均值	标准差	1	2	3
1：ISC	4.83	1.46			
2：MSC	4.98	1.38	0.59**		
3：SDQ	5.01	1.23	0.53**	0.51**	
4：performance	4.71	1.32	0.46**	0.44**	0.51**

注：** 表示 P<0.01，双尾检验（N=306）。

从表5－36可以看出：企业家制度性社会资本与战略决策质量显著正
相关（r=0.53，p<0.01），企业家市场性社会资本与战略决策质量显著正
相关（r=0.51，p<0.01），企业家制度性社会资本与企业绩效显著正相关
（r=0.461，p<0.01），企业家市场性社会资本与企业绩效显著正相关（r=
0.44，p<0.01），战略决策质量与企业绩效显著正相关（r=0.51，p<
0.01），因此，假设 H10、H9a、H9b 初步得到样本数据支持。

为了进一步检验假设 H12a 和 H12b，首先根据假设的理论模型建立设
定结构方程模型，同时建立了4个与之具有嵌套关系的竞争模型，模型运
算结果见表5－37。

表5－37   结构方程模型比较

结构方程模型	χ^2	df	$\Delta\chi^2$	GFI	TLI	CFI	RMSEA	R^2(per)
1 部分中介作用：ISC 和 MSC→perSC 和 MSC→sdq→per	199	164		0.94	0.991	0.993	0.027	0.37
2 完全中介作用：SC 和 MSC→sdq→per	222	166	23	0.93	0.987	0.988	0.033	0.31
3 无中介作用：ISC 和 MSC→sdqISC 和 MSC→per	226	165	27	0.93	0.985	0.987	0.035	0.29
4 无中介作用：SC 和 MSC→sdq 和 sdq→per	326	166	127***	0.91	0.962	0.967	0.065	0.27
5 无中介作用：ISC 和 MSC→per	356	167	157***	0.90	0.955	0.961	0.075	0.28

注：*** 表示 P<0.001，** P<0.05，* P<0.1；ISC=制度性社会资本，MSC=市场性社会
资本，sdq=战略决策质量，per=企业绩效。

从表 5 – 37 可以看出，模型 1 是部分中介作用模型，模型 2 是完全中介作用模型，模型 3、模型 4、模型 5 则是完全不考虑战略决策质量中介作用的模型，我们以卡方值大小作为主要参考对象来看模型与样本数据的拟合情况，模型 1 的卡方值最小，说明模型 1 与样本数据的拟合情况最好，结合因变量企业绩效的被解释变异量来看，模型 1 对企业绩效的解释能力也是最强的，达到了 37%，因此，我们接受部分中介作用模型，各路径估计参数如图 5 – 16 所示。

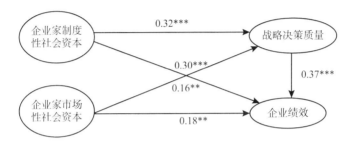

图 5 – 16　战略决策质量中介作用的结构方程模型

注：*** 表示 P < 0.001，** 表示 P < 0.05。

在企业家社会资本与企业绩效关系模型中加入战略决策质量中介变量后，两个路径系数方向没有发生变化，但是大小发生显著变化，路径系数分别从 0.31 和 0.28 降低到 0.16 和 0.18，t 值分别从 4.1 和 3.7 降低到 2.33 和 2.37，结合中介作用结构方程各路径参数估计值和其显著性来看，按照传统中介效应的检验方法和多数学者的观点（例如，根据温忠麟（2004）关于中介效应检验步骤的建议），可以认为战略决策速度的部分中介效应显著存在。

在根据本书理论假设建立的中介作用结构方程模型中，企业家制度性社会资本影响企业绩效的总效应为 0.308，其中直接效应为 0.16，通过战略决策质量的间接效应为 0.148，；企业家市场性社会资本影响企业绩效的总效应为 0.28，其中直接效应为 0.18，通过战略决策速度的间接效应为 0.10，因此，本书所提出的理论假设 H12a 和 H12b 得到样本数据支持和验证，但是战略决策质量的中介作用在企业家社会资本两个维度与企业绩效间关系的表现明显不同，战略决策质量在企业家制度性社会资本—企业绩

效关系间的中介作用更大，一个可能的解释是企业家制度性社会资本更有
助于提供更稀缺、更具战略性的环境信息（通常会涉及决策的方向和成
败），因此会更多地通过影响战略决策质量而对企业绩效产生影响，而企业
家市场性社会资本则可能更有助于提供日常的经营性环境信息和其他资源，
因而会更多地直接对企业绩效产生影响。

此外，从结构方程模型的验证性检验结果来看，企业家制度性和市场
性社会资本对企业战略决策质量和企业绩效均存在显著的积极影响，路径
系数分别为 0.32（P < 0.001）、0.16（P < 0.1）、0.30（P < 0.05）、0.18
（P < 0.01），进一步验证了本书的理论假设 H2a、H2b、H3a 和 H3b，企业
战略决策质量对企业绩效也存在显著的积极影响，路径系数为 0.37（P <
0.001），因此理论假设 H10 进一步得到结构方程模型的验证。

五、企业家社会资本、战略决策速度与企业绩效间关系

根据因子分析结果，我们用所有变量测量指标的平均值为各测量变量
赋值，并进行了描述统计和相关分析，分析结果见表 5 - 38。从表中可以看
出：企业家制度性社会资本与战略决策。

表 5 - 38 变量均值、标准差与皮尔逊相关系数

变量	均值	标准差	1	2	3
1：ISC	4.823	1.468			
2：MSC	5.000	1.385	0.609**		
3：pace	4.585	1.525	0.453**	0.397**	
4：perfor	4.713	1.320	0.461**	0.451**	0.583**

注：** 表示 P < 0.01，双尾检验。

速度显著正相关（r = 0.453，p < 0.01），企业家市场性社会资本与战
略决策速度显著正相关（r = 0.397，p < 0.01），企业家制度性社会资本与
企业绩效显著正相关（r = 0.461，p < 0.01），企业家市场性社会资本与企
业绩效显著正相关（r = 0.451，p < 0.01），战略决策速度与企业绩效显著
正相关（r = 0.583，p < 0.01），因此，假设 H11、H5、H5a、H5b 初步得

到样本数据支持。

为了进一步检验假设 H3b 和 H3c，首先根据假设的理论模型建立设定结构方程模型，同时建立了 4 个与之具有嵌套关系的竞争模型，模型运算结果见表 5 – 39。

表 5 – 39　　　　　　　　　　结构方程模型比较

结构方程模型	χ^2	df	$\Delta\chi^2$	GFI	TLI	CFI	RMSEA	R^2 （per）
1 部分中介作用：ISC 和 MSC→perSC 和 MSC→pace→per	158	146		0.95	0.99	0.99	0.017	0.45
2 完全中介作用：SC 和 MSC→pace→per	268	148	110 *	0.93	0.96	0.96	0.051	0.37
3 无中介作用：ISC 和 MSC→paceISC 和 MSC→per	278	147	120 **	0.89	0.97	0.97	0.081	0.30
4 无中介作用：SC 和 MSC→pace 和 pace→per	285	148	130 ***	0.89	0.96	0.96	0.081	0.36
5 无中介作用：ISC 和 MSC→per	389	149	231 ***	0.83	0.87	0.87	0.109	0.29

注：*** 表示 $P < 0.001$，** 表示 $P < 0.05$，* 表示 $P < 0.1$；ISC = 制度性社会资本，MSC = 市场性社会资本，pace = 战略决策速度，per = 企业绩效。

从表 5 – 39 可以看出，模型 1 是部分中介作用模型，模型 2 是完全中介作用模型，模型 3、模型 4、模型 5 则是完全不考虑战略决策速度中介作用的模型，从模型与样本数据的拟合情况（以卡方值大小为主要参考对象）来看，模型 1 与样本数据的拟合情况最好，结合企业绩效的被解释变异量来看，模型 1 对企业绩效的解释能力最强，因此，我们接受部分中介作用模型，各路径估计参数如图 5 – 17 所示。

在企业家社会资本与企业绩效关系模型中加入战略决策速度中介变量后，两个路径系数方向没有发生变化，但是大小发生显著变化，路径系数分别从 0.30 和 0.29 降低到 0.13 和 0.20，t 值分别从 3.7 和 3.8 降低到 1.9 和 2.7，结合中介作用结构方程各路径参数估计值和其显著性来看，按照传统中介效应的检验方法和多数学者的观点（例如，根据温忠麟（2004）关于中介效应检验步骤的建议），可以认为战略决策速度的部分中介效应显著存在。

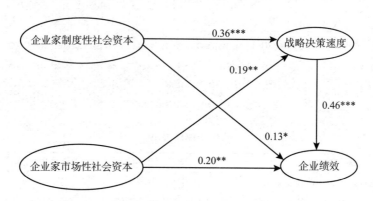

图 5 – 17 战略决策速度中介作用的结构方程模型

注：*** 表示 P < 0.001，** 表示 P < 0.05，* 表示 P < 0.1。

在根据本书理论假设建立的中介作用结构方程模型中，企业家制度性社会资本影响企业绩效的总效应为 0.30，其中直接效应为 0.13，通过战略决策速度的间接效应为 0.17，间接效应明显比直接效应大；企业家市场性社会资本影响企业绩效的总效应为 0.29，其中直接效应为 0.20，通过战略决策速度的间接效应为 0.09，直接效应更大，因此该检验结果表明：企业家制度性社会资本影响企业绩效的路径主要通过影响战略决策速度的间接效应为主，直接效应为辅；企业家市场性社会资本影响企业绩效的路径以直接效应（或其他路径）为主，间接效应为辅。因此，本书所提出的理论假设 H13a 和 H3b 得到样本数据支持和验证，但是战略决策速度的中介作用在企业家社会资本两个维度与企业绩效间关系的表现明显不同，战略决策速度在企业家制度性社会资本—企业绩效关系间的中介作用更大，一个可能的解释是企业家制度性社会资本更有助于提供更稀缺、更具战略性的环境信息（通常会涉及决策的方向和成败），因此会更多地通过影响战略决策速度而对企业绩效产生影响，而企业家市场性社会资本则可能更有助于提供日常的经营性环境信息和其他资源，因而会更多地直接对企业绩效产生影响。

此外，从结构方程模型的验证性检验结果来看，企业家制度性和市场性社会资本对企业战略决策速度和企业绩效均存在显著的积极影响，路径系数分别为 0.36（P < 0.001）、0.13（P < 0.1）、0.19（P < 0.05）、0.2

（P<0.01），进一步验证了本书的理论假设 H5a、H5b、H13a 和 H13b，企业战略决策速度对企业绩效也存在显著的积极影响，路径系数为 0.46（P<0.001），因此理论假设 H11 进一步得到验证，并与西方文献的研究结论一致。

六、整体模型检验

由于在本节中所建立的结构方程模型主要是针对理论假设的验证性检验，因此作为本书的两个因变量战略决策质量和战略决策速度是被分开来考虑的，为了充分发挥结构方程模型可以同时处理多个自变量、多个因变量和其他变量的优势，同时也为了进一步检验前面结果的稳健性，本书将所有的自变量、因变量和中介变量放入同一个模型中，首先按照理论假设构建变量间的关系路径，然后通过其他模型的比较分析，结果发现，本书所提的理论假设模型对数据的拟合是最佳的，模型运算结果和前文的运算结果是一致的。

（一）初阶整体模型检验

按照本节的理论模型设定和模拟结果，本书进一步考虑所有自变量、中介变量和因变量，整合本节第三、第四部分的初阶模型建立整体初阶整体模型，模型运算结果的卡方值 $\chi^2 = 511.826$，p = 0.002，df = 423，$\chi^2/df = 1.210 < 3$，表明模型的适配度通过卡方检验，模型适配度基本理想，同时结合其他模型拟合度指标值来看，各主要的拟合指数 GFI = 0.888、CFI = 0.988、TLI = 0.987 和 NFI = 0.935 除去 GFI 以外均大于 0.9 的临界值，SRMR = 0.052 和 RMSEA = 0.029 均小于 0.08 的临界值，表明假设的理论模型与观察数据拟合状况基本良好，但是不如前文模型分开时的适配度，说明前文分开建模是合理的。为了检验是否存在其他可能的模型能够更好地拟合数据，本书也对无中介作用模型及通过改变模型中的路径进行了比较分析，结果发现，假设的初阶理论模型对样本数据的拟合相比较而言是最理想的，因此，从模型运算结果来看，各路径系数大小及其显著性与前文运算结果基本一致，因篇幅关系，在此不再详细报告。

（二）高阶整体模型检验

同样，根据研究的理论假设建立高阶整体模型，模型运算结果的卡方值 $\chi^2 = 497.606$，p = 0.009，df = 426，$\chi^2/df = 1.168 < 3$，表明模型的适配度通过卡方检验，模型适配度基本理想，同时结合其他模型拟合度指标值来看，各主要的拟合指数 GFI = 0.890、CFI = 0.990、TLI = 0.989 和 NFI = 0.937 均大于 0.9 的临界值，SRMR = 0.036 和 RMSEA = 0.026 均小于 0.08 的临界值，表明假设的理论模型与观察数据拟合状况良好，同时，本书也尝试理性完全中介及其他比较模型的运算，结果模型适配度均不如本模型理想。从模型运算结果及相关路径系数大小及显著性来看，所得结果与前文所得结果基本一致，在此不再详细报告。

七、假设检验结果的进一步讨论

（一）假设检验结果总结

通过对本书所涉及研究变量的操作化测量、调查问卷设计、企业访谈和问卷调查数据收集，运用方差分析、探索性和验证性因子分析、结构方程模型等统计分析方法，对本书提出的系列理论假设和理论模型进行了验证性分析，在本书提出的 28 个理论假设中，其中有 6 个假设：H6、H6a、H6b、H8、H8a、H8b 未得到经验数据的支持，其他理论假设均得到样本数据的支持或部分支持，假设检验的结果见表 5 - 40。

表 5 - 40 假设检验结果总结

编号	假设内容	验证结果
H1	企业家社会资本对战略决策质量有积极影响	支持
H1a	企业家制度性社会资本对战略决策质量有积极影响	支持
H1b	企业家市场性社会资本对战略决策质量有积极影响	支持
H2	企业家社会资本对理性程度有积极影响	支持
H2a	企业家制度性社会资本对理性程度有积极影响	支持

编号	假设内容	验证结果
H2b	企业家市场性社会资本对理性程度有积极影响	支持
H3	理性程度对战略决策质量有积极影响	支持
H4	理性程度在企业家社会资本与战略决策质量关系间具有中介作用	支持
H4a	理性程度在企业家制度性社会资本与战略决策质量关系间具有中介作用	支持
H4b	理性程度在企业家市场性社会资本与战略决策质量关系间具有中介作用	支持
H5	企业家社会资本对战略决策速度有积极影响	支持
H5a	企业家制度性社会资本对战略决策速度有积极影响	支持
H5b	企业家市场性社会资本对战略决策速度有积极影响	部分支持
H6	企业家社会资本对直觉程度有积极影响	不支持
H6a	企业家制度性社会资本对直觉程度有积极影响	不支持
H6b	企业家市场性社会资本对直觉程度有积极影响	不支持
H7	直觉程度对战略决策速度有积极影响	支持
H8	直觉程度在企业家社会资本与战略决策速度关系间具有中介作用	不支持
H8a	直觉程度在企业家制度性社会资本与战略决策速度关系间具有中介作用	不支持
H8b	直觉程度在企业家市场性社会资本与战略决策速度关系间具有中介作用	部分支持
H9a	企业家制度性社会资本对企业绩效有积极影响	支持
H9b	企业家市场性社会资本对企业绩效有积极影响	支持
H10	企业战略决策质量对企业绩效具有积极影响	支持
H11	企业战略决策速度与企业绩效有积极影响	支持
H12a	战略决策质量在企业家制度性社会资本与企业绩效关系间具有中介作用	支持
H12b	战略决策质量在企业家市场性社会资本与企业绩效关系间具有中介作用	支持
H13a	战略决策速度在企业家制度性社会资本与企业绩效关系间具有中介作用	支持
H13b	战略决策速度在企业家市场性社会资本与企业绩效关系间具有中介作用	支持

（二）企业家社会资本与战略决策质量间关系的讨论

通过前文第三节对企业家社会资本、理性程度与战略决策质量间假设理论关系的样本数据检验和多模型对比分析，深入分析了企业家社会资本、理性程度和战略决策质量三者之间的关系，从表 5 - 40 中可以看出，相关理论假设基本上得到了样本数据的支持，企业家社会资本作为企业家获取战略性环境信息及其他战略性资源的重要来源，使企业家社会资本差异会导致不同企业家在进行战略决策过程中依赖的信息、知识和其他资源基础方面产生重要差异，从而会进一步导致战略决策的结果——战略决策质量产生重要差异，因此，从理论分析的角度来看，企业家社会资本会对战略决策质量产生积极影响是一个比较明显的道理，然而，战略决策质量是一个会同时受到诸多其他因素影响的变量，例如，环境的动态性和复杂性、组织特性、决策过程、决策团队认知能力甚至决策本身特性等因素都会对战略决策质量产生重要影响，在此种情况下，本书的样本数据分析结果却表明：在 SC - SDQ 结构方程模型中，企业家社会资本能够解释战略决策质量总变异的近 40%，在 SC - SDQ 模型中能够解释近50%，在 SC - Rational - SDQ 模型中能够解释 51.8% 的变异，这样的结果值得深思。

事实上，在数据分析之前，本书预计二者之间可能相关，但是解释能力不会很强，因为战略决策质量还会受到其他较多因素的影响，受主客观条件的限制，本书不可能全面考虑其他各种因素的影响，要从众多影响因素中析出一个因素的影响并不容易，本书样本数据的检验结果似乎表明：企业家社会资本是解释战略决策质量的一个非常重要而有力的变量，然而，问题并非如此简单，也许是样本的特殊性造成的（当然需要后续研究的进一步检验），但可能更重要的原因是本书对战略决策质量的测量的特殊性（问卷要求填表人回忆近三年企业家起决定性作用的某项战略决策），通常情况下，战略决策质量在很多时候是团队决策的结果，企业家在其中的贡献、作用和影响大小，决定了企业家社会资本对战略决策质量的影响大小，因此，如果初步下结论说企业家社会资本是解释战略决策质量的重要变量的话，那么该结论宜限定在企业家起主导和决定性作用的战略决策。

此外，研究结果表明企业家社会资本对战略决策质量的影响仅部分通过了理性程度的中介，说明企业家影响战略决策质量还有其他途径，由于本书对理性程度的操作化定义及测量主要是从信息的角度进行的，而企业家社会资本的作用不仅仅局限在信息、资源获取，因此，企业家社会资本的影响仅部分通过理性程度中介就不足为怪了。

事实上，企业家社会资本还可能影响企业家对环境的认知能力，从而会影响到企业家在战略决策过程中对环境信息的判断、推理和分析的能力，提高企业家做出正确选择的概率，并最终对战略决策质量产生重要影响。

（三）企业家社会资本与战略决策速度间关系的讨论。

1. 对部分理论假设未得到实证支持的解释

通过上文对企业家社会资本、直觉程度和战略决策速度间关系的实证检验，在本书提出的 10 个相关理论假设中，仅有 3 个理论假设得到实证结果的支持，2 个得到部分支持，5 个理论假设未得到支持。

首先，来看 H6（即企业家社会资本对直觉程度有积极影响），结构方程模型分析的 SC→Intuition 标准化路径系数 = 0.102，t = 1.390，P = 0.165，该结果说明如果仅从样本本身来看，企业家社会资本对直觉程度存在积极影响，这与理论假设是一致的，如果根据抽样理论来推断总体并接受 0.05 以上的显著性水平，则还不能得出对总体来说二者间仍然存在正相关关系的结论，然而，这并不意味着对研究总体而言二者间关系就一定不存在，也就是说该假设虽然未得到支持，但是也不能得到否定，除非根据样本数据得出的路径系数方向与理论假设相反或路径系数非常小。

其次，来看 H6a 和 H6b，ISC→Intuition 路径的标准化系数 = 0.014，t = 0.152，P = 0.879，MSC→Intuition 路径的标准化系数 = 0.095，t = 1.007，P = 0.314，该结果同样表明若仅从样本本身来看，企业家社会资本的两个维度存在对直觉程度的积极影响，只是这种影响比较微弱，不足以据此推断研究总体一定存在这种关系，但是也不能据此推断研究总体一定不存在这种关系。

最后，来看 H8、H8a 和 H8b（即关于直觉程度的中介作用假设），在企业家社会资本及其维度与战略决策速度间的关系模型中加入直觉程度后，SC→PACE 路径系数变化值 = 0.034，Δt = 0.01，ISC→PACE 路径系数变化

值 = 0.05，$\Delta t = 0.02$，MSC→PACE 路径系数变化值 = 0.031，$\Delta t = 0.257$，因此，如果仅从样本本身来看，直觉程度在企业家社会资本及其维度与战略决策速度关系间仍然存在微弱中介作用，但是这种中介作用在统计上并不显著。

本书认为，出现这种结果的原因可能主要在于企业家社会资本及其维度对直觉程度的影响相对较弱，直觉程度可能还会受到其他因素的影响，其他因素对直觉程度的影响可能会一定程度掩盖企业家社会资本的影响。正如 Khatri 和 Ng（2000）所言：直觉不是偏见，不是情绪化，不是非理性，不是第六感，而是快速的、复杂和潜意识的。它并不随时发生，不是主观上想出现就出现的，但是却是较多决策过程中的某一部分，企业家社会资本可能对直觉产生积极影响的关键在于企业家社会资本会影响企业家对环境的认知以及决策相关经验、信息、知识的积累，社会资本更高的企业家可能累计了更多与战略决策相关的知识或经验，从而促使社会资本更高的企业家具备发生直觉行为的更好基础，但是企业家是否在战略决策过程中真实发生直觉行为，还会受到决策时的情景和决策者本身的认知偏好、认知习惯、个性特征等其他因素的影响。通常，在战略决策过程中，企业家会针对系列决策相关子问题作出判断，这一系列判断是基于正式的分析、逻辑推理还是基于情绪化、偏见或直觉，不仅会受到企业家社会资本的影响，而且会受到决策时的情境、企业家认知偏好、认知习惯甚至决策时的心情的影响，因此，其他因素对直觉程度的影响可能削弱了企业家社会资本的影响，从而使得在本书中企业家社会资本与直觉程度的关系不显著。

2. 对得到支持的实证检验结果的讨论

本书关于企业家社会资本与战略决策速度正相关、直觉程度与战略决策速度正相关的理论假设 H5、H5a、H5b 和 H7 却得到样本数据的支持，企业家社会资本可以解释战略决策速度 29% 的变异，直觉程度可以解释战略决策速度 10% 左右的变异（进一步在中国情景下验证了 Wally 和 Baum，1994 年关于战略决策过程中直觉行为与决策速度正相关的研究结论），说明企业家社会资本对企业战略决策速度的确有显著的积极影响，但是，正如理论分析部分所言，企业家社会资本影响战略决策主要是因为缩短了决策所需信息的收集时间，加速了企业家在战略决策过程中的认知过程和信息处理速度，企业家社会资本影响战略决策速度可能会通过其他变量的中介作用，要探明内在的影响机制，还需要未来的研究努力。

比较企业家社会资本对战略决策质量和战略决策速度的影响，如果仅仅从因变量被解释变异的大小来看，似乎表明企业家社会资本对战略决策质量的解释能力更强，然而，因变量被解释变异大小可能会受到样本抽样方式、样本大小以及变量定义和测量方式的不同而发生变化，因此，只能谨慎地说企业社会资本对战略决策质量和速度都具有显著的积极影响。

（四）企业家社会资本与企业绩效间关系的讨论

通过前文第三节对企业家社会资本与企业绩效间假设理论关系的样本数据检验和多模型对比分析，深入分析了企业家社会资本与企业绩效间的关系，企业家社会资本对企业绩效有积极影响的理论假设基本上得到了样本数据的支持，企业家社会资本作为企业家获取战略性环境信息及其他战略性资源的重要来源，使企业家社会资本差异会导致不同企业家在进行战略决策过程中依赖的信息、知识和其他资源基础方面产生重要差异，从而会进一步导致企业战略决策的结果、经营结果产生重要差异，因此，从理论分析的角度来看，企业家社会资本会对企业绩效产生积极影响是一个比较明显的道理，然而，企业绩效是一个会同时受到诸多其他因素影响的变量，例如，环境的动态性、支持性、复杂性、企业战略执行情况、市场竞争程度等因素都会对企业绩效产生重要影响，在此种情况下，本书的样本数据分析结果却表明：企业家市场性社会资本对企业绩效的总效应大于 0.3，其中直接效应大于 0.2，间接效应大于 0.1。本书的研究结果再一次验证了众多国内外研究发现创业者社会资本或社会网络对企业绩效有显著正面影响的结论。

本 章 小 结

本章主要通过样本数据对理论假设模型进行了验证性检验，主要工作有：第一，从企业性质、企业规模等方面对样本分布的情况进行了分析。第二，通过描述统计分析了解了所有测量指标的均值、标准差、偏度和峰度，以了解样本数据是否基本满足正态分布和可以用来进行变量间关系的探讨，通过因子分析初步了解的本样本数据的共同方法变异是否严重。第三，在对样本数据质量进行初步判断可以接受的情况下，对企业家社会资本、理性程度、直觉程度、战略决策质量和战略决策速度等研究变量的测量量表进行了探索性因子分析和验证性因子分析，检验和分析了所有测量量表的效度和信度，以确保本书对所有研究变量的测量结果是可以接受的。第四，通过方差分析和独立样本 T 检验等方式分析了控制变量可能对本书的中介变量和因变量的影响，结果表明在本样本数据中，四个分类控制变量对各研究变量的影响不显著。第五，应用结构方程模型对本书所提出的所有理论假设进行了验证性检验，分析结果表明：企业家社会资本及其维度对战略决策质量具有显著的积极影响，企业家社会资本及其维度对理性程度具有显著的积极影响，理性程度对战略决策质量具有显著的积极影响并在企业家社会资本与战略决策质量关系间具有显著的中介作用，企业家社会资本对战略决策速度有显著的积极影响，直觉程度也对战略决策速度具有显著的积极影响。关于企业家社会资本与直觉程度正相关以及直觉程度在企业家社会资本与战略决策速度间具有中介作用的假设未得到实证分析的支持。此外，本章的研究还表明企业战略决策速度和决策质量均对企业绩效有积极影响，企业家社会资本对企业绩效的积极影响也是显著的，企业战略决策速度和战略决策质量在企业家社会资本与企业绩效关系间具有部分中介作用。

第六章　研究结论、不足与未来方向

社会资本的概念及其相关理论能被引入到战略管理研究领域，主要原因在于社会资本确实能够对许多战略管理现象进行更好的解释，能够弥补现有理论局限或空白，本章是全书的总结，首先对本书的主要结论、贡献和关键发现进行总结，然后根据本书实证研究的结论分析，提出部分企业战略管理实践建议，最后，对本书的不足及未来研究方向进行了分析。

第一节　研究结论与贡献

一、研究结论

作为一项理论研究，本书的主要目的在于试图以社会资本的视角来解释企业家对战略决策的影响，试图探明企业家起主导作用的企业战略决策的质量和速度差异是否是由于企业家社会资本差异造成的，为达此目的，本书重点研究了以下几个问题：第一，在中国特定的情景下，企业家社会资本对战略决策质量究竟有何影响？第二，企业家社会资本对战略决策过程的"理性程度"有何影响？第三，决策过程理性程度是否充当了企业家社会资本影响战略决策质量的中介？第四，企业家社会资本是否对战略决策速度也有重要影响？有什么样的影响？第五，企业家社会资本是否会对决策过程中直觉的使用程度产生影响？影响是什么？第六，直觉程度是否充当了企业家社会资本影响战略决策速度的中介？

针对上述问题，本书通过文献回顾、理论演绎与逻辑推理，提出了系列相关理论假设并利用 258 家的企业问卷调查数据对相关理论假设进行了实证检验，并得出了以下几个主要的结论：

（一）企业家社会资本对战略决策质量具有显著的积极影响

较多的实证研究均支持企业家社会资本对企业绩效有积极影响（Peng & Luo，2000；Li & Zhang，2007；Acquaah，2007；贺远琼等，2007；耿新，2008；邓学军，2009；孙俊华和陈传明，2009），由于企业战略决策质量的好坏无疑要对企业绩效产生巨大影响，这其中一个很自然的逻辑就是企业家社会资本也可能对战略决策质量产生积极影响，如前文理论分析部分所言，企业家社会资本可以降低战略决策时面临的信息缺口、提高决策依赖信息的质量以及提高企业家对环境的认知能力，从而降低战略决策的不确定性，增加企业家对环境因素及其相互关系进行正确判断的概率，提高战略决策质量，本书的实证分析结果支持这一理论假设，首先，以企业家社会资本作为一个整体构念的高阶结构方程模型分析结果表明，企业家社会资本对战略决策质量具有显著的积极影响（路径系数 = 0.709，P < 0.001），其次，以企业家社会资本的 2 个维度作为自变量的结构方程分析结果也表明，企业家制度性社会资本和市场性社会资本均对战略决策质量具有显著的积极影响（路径系数 = 0.408，P < 0.001；路径系数 = 0.286，P < 0.001），高阶模型可以解释战略决策质量总变异量的 50.3%，初阶模型可以解释战略决策质量总变异量的 40.1%。因此，本书的结果与企业家社会资本—企业绩效关系的相关研究结论在逻辑上也是一致的，虽然对企业家社会资本与决策质量的操作化界定和测量与汪丽（2006）的研究有所不同，但与其研究结果也是一致的。

（二）企业家社会资本对决策过程理性表现程度具有显著的积极影响

按照有限理性决策理论（Simon，1947）的观点，决策者是介于完全理性与非理性之间的"有限理性"人，企业家作为企业战略决策的主导者和领导者，虽然其主观上是想要理性和做出更好的决策的，但是受客观条件的约束，只能做到"有限理性"，企业家社会资本差异可能会导致企业家在战略决策时依赖的信息基础、知识基础和资源基础具有重要差异，从而在决策过程中表现出不同的"理性程度"，社会资本越高的企业家越有可能表现出更高的理性，本书的实证分析结果表明，在企业家社会资本维度层面的分析和企业家社会资本作为一个整体构念的分析均支持二者显著正相关的理论假设，企业家制度性社会资本对理性程度的正向影响路径系数为 0.578，P < 0.001，企业家市场性社会资本对理性程度的正向影响路径系数 0.227，P < 0.001，2 个维度合起来可以解释理性程度 55.6% 的变异量，在高阶模型中，企业家社会资本影响理性程度的路径系数为 0.819，P < 0.001，可以解释理性程度 67.1% 的变异量。

（三）理性程度是企业家社会资本影响战略决策质量的重要中介变量

从企业家社会资本与战略决策质量间关系理论演绎分析中可知，企业家社会资本之所以会对战略决策质量产生积极影响，重要的原因就在于企业家社会资本可以使企业家掌握或重新获取更多、更好的环境信息，可以使企业家有更多的战略选择，而本书对理性程度的界定是从决策者使用信息的数量、质量和多样性以及考虑备择方案的数量等方面来衡量的，因此，理性程度可能会是企业家社会资本影响战略决策质量的重要中介，本书以258家企业样本数据的实证分析支持了这一理论假设，实证结果表明，企业家制度性社会资本影响战略决策质量总效应中的65.3%是通过理性程度的中介来实现的，在企业家社会资本与战略决策质量关系模型中加入理性程度变量后，企业家社会资本制度性维度影响决策质量的路径系数从0.408下降到0.122，t值从5.253下降到1.672，企业家市场性社会资本影响战略决策质量的路径系数从0.286下降到0.180，t值从3.681下降到2.455，企业家市场性社会资本影响战略决策质量的间接效应则占总效应中的37.1%，从整体上来看，高阶结构方程模型的分析结果显示企业家社会资本影响战略决策质量的间接效应占总效应36.3%，企业家社会资本影响战略决策质量的路径系数从0.709下降到0.444，t值从8.417下降到3.236，从上面数据变化情况可以看出，多数情况下t值改变都是显著的，说明理性程度加入模型后，对二者间的关系方向没有改变，但是对关系强度的改变显著，因此，可以基本判断：理性程度是企业家社会资本影响战略决策质量的重要中介变量。此外，本书也进一步验证了 Dean 和 Sharfman（1996）、Elbanna 等（2007）和 Forbes（2007）等学者关于使用信息的理性对战略决策质量有积极影响的观点，理性程度对战略决策质量影响的路径系数为0.463，t值为5.622，P<0.001。

至于理性程度为什么仅在企业家社会资本与战略决策质量间充当了部分中介的作用，一个可能的解释就是还有其他重要变量充当了企业家社会资本影响战略决策质量的中介，战略决策质量不仅取决于决策者决策过程中所使用信息的数量、质量，还取决于决策者对环境的认知能力和对信息的分析、判断能力，企业家社会资本可能还会通过影响企业家对战略环境的认知能力而对战略决策质量产生影响。

（四）企业家社会资本对战略决策速度具有显著的积极影响

现有文献对战略决策速度影响因素的研究主要包括分析环境因素（如环境动态性和敌对性）、组织因素（如组织集权化和正式化）、个体因素（如认知能力、风险容忍度和行动倾向）、决策过程因素（如冲突和政治行为）等因素对战略决策速度的影响，其中对个体因素的影响很少涉及到决策者社会关系网络或社会交往活动及从中获取信息、资源的能力可能给战略决策速度带来的影响，事实上，如理论分析部分所言，决策者的社会资本可能对战略决策速度产生较大影响，企业家社会资本可以缩短战略决策过程中信息收集时间，可以加快企业家在战略决策过程中的认知过程和减少决策活动时间，可以促进企业家更快地建立决策信心，从而可能对战略决策速度产生积极影响，本书所用样本数据的结构方程模型分析结果支持这一理论假设，在初阶结构方程模型中，企业家制度性社会资本对战略决策速度的正向影响路径系数为 0.357，P < 0.001，企业家市场性社会资本对战略决策速度的正向影响路径系数 0.203，P = 0.032，2 个维度合起来可以解释战略决策速度 23.7% 的变异量，在高阶模型中，企业家社会资本影响战略决策速度的路径系数为 0.505，P < 0.001，可以解释战略决策速度 29.2% 的变异量。

在本书理论假设部分所言，决策过程中的直觉行为并不是随时发生的，企业家在战略决策过程中是否经常发生直觉行为，主要是受到其战略认知结构中存储的关于内外环境现状、变化趋势信息、知识存量和结构的影响，企业家社会资本越高，则企业家对战略决策所需的有关政策、制度、市场、技术及其他环境方面的信息和知识的掌握数量越多、质量越高、多样性越强，认知结构中存储的有关外部环境信息、知识和经验丰富，因而对环境的认知能力越强，对企业发展的外部环境现状和发展认识越深刻，在企业需要时所能动员的资源数量越多、质量越高，在战略决策过程中信心越强，在决策过程的某些阶段越有可能更多使用直觉决策模式，因此，本书提出了企业家社会资本及其维度与直觉程度正相关的理论假设，但是该理论假设未得到实证研究结果的支持，在初阶结构方程模型中，企业家制度性社会资本对直觉程度的正向影响路径系数为 0.014，P = 0.879，企业家市场性社会资本对直觉程度的正向影响路径系数为 0.095，P = 0.314，在高阶模型中，企业家社会资本影响直觉程度的路径系数为 0.139，P = 0.165。原因可能是：直觉程度可能更多地会受到诸如个体性格特征、思维或决策习惯等其他因素的影响，企业家社会资本虽然提供了发生直觉行为的更好条件，但在战略决策过程中是否发生直觉行为，还会受到其他许多因素的影响，企业家社会资本对直觉的影响可能是微弱的，不容易被本书的实证研究分离出来。

（五）决策过程中直觉程度与战略决策速度显著正相关

现有部分研究表明，战略决策过程中直觉使用程度越高，越可能加快决策进程，提高战略决策速度（Wally & Baum，1994），由于直觉使用简化了决策过程，省略了一些正式的程序或常规步骤，因此，决策过程中更多地使用直觉可能和更快的决策相联系，本书的实证结果进一步验证和支持了（Wally & Baum，1994）的结论，在直觉程度与战略决策速度的验证性结构方程模型中，直觉程度对战略决策速度的正向影响路径系数为 0.418，t 值 = 5.698，P < 0.001，直觉程度可以解释战略决策速度 13.8% 的变异量。

（六）企业家社会资本差异是解释企业战略决策质量和决策速度差异的重要因素

通过本书对系列理论假设的实证检验和分析得知，企业家社会资本与企业战略决策质量和速度显著正相关，企业家社会资本对战略决策质量变异量的解释力可以达到50%，对战略决策速度的解释可以达到近29%，因此，在中国特定的转轨经济背景下，企业家社会资本仍然是影响企业战略决策质量和决策速度的重要因素，企业家社会资本是战略决策质量和决策速度影响因素研究中不可忽略的重要因素，在战略决策质量或战略决策速度影响因素的研究中，考虑企业家或决策者社会资本可以增加理论的解释能力，本书的结果基本上可以回答本书第一章提出的问题，即企业家社会资本差异是导致企业战略决策质量差异和战略决策速度的重要因素。

（七）企业家社会资本对企业绩效有显著的积极影响

资源基础观认为企业掌握的核心资源是企业获取竞争优势的来源，社会资本能够为企业提供资源获取通道已被大量的研究证实，例如，耿新（2008）认为企业家社会资本因可以使企业获取到资金和技术支持、税收优惠、生产许可等方面的好处，可以使企业获得权力庇护并避免麻烦和某些"合法伤害"，从而可能对企业绩效产生有利影响；Child（1994）认为由于政府控制着部分重要的战略性资源并具有项目审批和资源分配权力，因此中国企业管理者倾向于与政府官员维持较强的交往和接触；Nee（1992）的研究发现，中国管理者与政府官员的关系网络与企业绩效正相关；Xin 和Pear（1996）的研究表明关系对企业绩效有积极影响；Peng 和 Luo（2000）的研究发现中国管理者与政府官员的关系与企业绩效正相关；Li 和 Zhang（2007）的研究表明高管人员与政府官员的关系与新创企业绩效正相关。企业家市场性社会资本则可能会使企业在获取及时的原材料供应、优惠的付款方式、技术支持、忠诚的客户、预付货款、竞争对手的理解和配合等方面得到好处，可以增加经济交易过程中交易双方的信任、减少机会主义行为，降低交易成本（Williamson，1985），所有这些影响都有可能导致企业产生更好的绩效，许多实证研究也证实企业家或管理者与供应商、客户、竞争对手及其他企业高管人员的良好私人关系对企业绩效有积极影响（Peng & Luo，2000；Acquaah，2007；耿新，2008）。

本书的研究在此证实了企业家具有市场性和制度性社会资本对企业绩效的显著作用。本书的实证检验结果表明：企业家制度性社会资本影响企业绩效的总效应为 0.30，其中直接效应为 0.13，通过战略决策速度的间接效应为 0.17，间接效应明显比直接效应大；企业家市场性社会资本影响企业绩效的总效应为 0.29，其中直接效应为 0.20。

（八）企业战略决策质量和速度对企业绩效有显著的积极影响

学界普遍认同企业战略决策对企业经营和企业绩效具有重要影响，在研究企业战略过程中的两个重要构念—企业战略决策质量和决策速度长期得到战略学者的重点关注，部分基于西方企业样本的研究检验了企业战略决策质量和决策速度对企业的积极影响，本书基于中国企业样本的研究进一步检验了这些研究结论对中国情景的适用性，实证检验结果表明：企业战略决策质量对企业绩效也存在显著的积极影响，路径系数为 0.37（P < 0.001），企业战略决策速度对企业绩效也存在显著的积极影响，路径系数为 0.46（P < 0.001）。这样的研究结果进一步检验了现有战略过程研究关于企业战略决策对企业绩效有重要影响的结论。

（九）企业战略决策速度和质量在社会资本—绩效关系间具有部分中介作用

在根据本书社会资本、决策质量与绩效关系模型中，企业家制度性社会资本影响企业绩效的总效应为 0.308，其中直接效应为 0.16，通过战略决策质量的间接效应为 0.148；企业家市场性社会资本影响企业绩效的总效应为 0.28，其中直接效应为 0.18，通过战略决策速度的间接效应为 0.10，因此，本书关于决策质量在企业家制度和市场性社会资本—企业绩效关系间具有部分中介作用的理论假设得到样本数据支持和验证，但是战略决策质量的中介作用在企业家社会资本两个维度与企业绩效间关系的表现明显不同，战略决策质量在企业家制度性社会资本—企业绩效关系间的中介作用更大，一个可能的解释是企业家制度性社会资本更有助于提供更稀缺、更具战略性的环境信息（通常会涉及决策的方向和成败），因此会更多地通过影响战略决策质量而对企业绩效产生影响，而企业家市场性社会资本则可能更有助于提供日常的经营性环境信息和其他资源，因而会更多地直接对企业绩效产生影响。

从结构方程模型的验证性检验结果来看，企业家制度性和市场性社会资本对企业战略决策质量和企业绩效均存在显著的积极影响，路径系数分别为 0.32（P < 0.001）、0.16（P < 0.1）、0.30（P < 0.05）、0.18（P < 0.01），进一步验证了本书的理论假设 H2a、H2b、H3a 和 H3b，企业战略决策质量对企业绩效也存在显著的积极影响，路径系数为 0.37（P < 0.001），与现有研究结论一致。

在根据本书社会资本、决策速度与绩效关系模型中，企业家制度性社会资本影响企业绩效的总效应为 0.30，其中直接效应为 0.13，通过战略决策速度的间接效应为0.17，间接效应明显比直接效应大；企业家市场性社会资本影响企业绩效的总效应为0.29，其中直接效应为0.20，通过战略决策速度的间接效应为0.09，直接效应更大，因此该检验结果表明：企业家制度性社会资本影响企业绩效的路径主要通过影响战略决策速度的间接效应为主，直接效应为辅；企业家市场性社会资本影响企业绩效的路径以直接效应（或其他路径）为主，间接效应为辅。因此，本书关于企业战略决策速度在企业家制度和市场性社会资本—企业绩效关系间具有部分中介作用的理论假设得到样本数据支持和验证，但是战略决策速度的中介作用在企业家社会资本两个维度与企业绩效间关系的表现也是不同的，战略决策速度在企业家制度性社会资本—企业绩效关系间的中介作用更大，一个可能的解释是企业家制度性社会资本更有助于提供更稀缺、更具战略性的环境信息（通常会涉及决策的方向和成败），因此会更多地通过影响战略决策速度而对企业绩效产生影响，而企业家市场性社会资本则可能更有助于提供日常的经营性环境信息和其他资源，因而会更多地直接对企业绩效产生影响。

此外，从结构方程模型的验证性检验结果来看，企业家制度性和市场性社会资本对企业战略决策速度和企业绩效均存在显著的积极影响，路径系数分别为0.36（P < 0.001）、0.13（P < 0.1）、0.19（P < 0.05）、0.2（P < 0.01），进一步验证了本书的理论假设H5a、H5b、H13a和H13b，企业战略决策速度对企业绩效也存在显著的积极影响，路径系数为0.46（P < 0.001），与西方文献的研究结论一致。

二、理论贡献和创新

本书的主要贡献和创新在于转变了企业家与战略决策关系的研究视角，基于中国转型经济的特定背景，从社会资本的视角分析了企业家对战略决策质量和战略决策速度的影响，具体体现在以下几个方面：

（一）为现有相关研究提供了新的研究视角

首先，本书为企业家与战略决策关系研究主题提供了一个新的研究视角，现有关于企业家与战略决策关系的理论研究主要涉及企业家人口特征、性格特征和认知特征等要素对战略决策过程或结果的影响，关注的焦点在于与企业家人力资本或心理资本相关的研究变量对战略决策的影响，带有浓厚的"原子主义"色彩，与现有研究相比，本书则将社会资本的概念引入到企业家与战略决策的关系研究，将企业家建立、维护社会关系网络并从中获取有价值信息、知识等资源的能力纳入到企业家与战略决策关系研究的框架中，在一定程度上拓宽了研究视野，促进了企业家与战略决策关系的研究向纵深发展。

其次，本书还为分析企业战略决策质量差异和速度差异提供了新的观察视角，现有文献在分析企业战略决策质量差异和速度差异产生原因时，主要关注环境、组织模式、决策模式等因素的影响，很少注意到企业家社会资本可能给战略决策质量和速度带来的重要影响，本书正好可以填补这一理论研究空白。

最后，现有关于企业家社会资本的相关理论研究，偏重于直接研究企业家社会资本对企业绩效的影响，忽略了企业家社会资本影响企业绩效内在机制的研究，现有关于企业家与战略决策关系的研究则忽略了企业家社会资本的影响，相关理论研究出现一定的脱节和空白，本书在一定程度上增加了相关理论的联系，填补了部分理论研究空白。

（二）相关研究变量的界定与测量

结合中国文化背景和转型经济的制度特征，本书将企业家社会资本界定为企业家建立、维护社会关系网络并从中获取有价值信息、知识的能力，在小样本预调研和问卷调查的基础上，通过探索性因素分析发现，企业家建立或维护与政府、行业主管部门和工商、税务等制度性关系的能力与企业家建立或维护与客户、供应商、竞争对手以及其他企业等市场性关系的能力具有明显的区别，可以用两个维度来衡量和操作化企业家社会资本，因此，在后期研究中，对调查问卷进行了修改，直接从企业家社会资本的制度维度和市场维度对其进行测量。

此外，对决策过程理性程度的界定与测量，鉴于现有研究过于宽泛的界定和测量，本书主要从信息的角度对其进行了重新界定，并对现有测量量表进行了一定程度的修改。

(三) 理论价值

首先，本书为企业战略决策速度和战略决策质量差异产生原因提供了一个新的理论解释，现有西方文献研究认为，企业战略决策质量主要由企业家或决策团队特征与决策过程中的相互作用方式决定，企业家或决策团队人口特征、性格特征和认知特征对战略决策质量有重要影响，但是，相关研究忽略了企业家嵌入的社会关系网络和社会情境，不能解释为什么在企业家人口和性格特征类似或差异不大的情况下，不同企业家仍然在战略决策时在决策质量方面表现出较大差异，虽然相关研究提到企业家认知特征对战略决策质量产生重要影响，却较少提到企业家认知特征或认知能力产生差异的根源，因此，相关研究结论用在中国特殊的文化和转型经济背景下，不能全面解释不同企业战略决策质量产生重要差异的原因，本书关于企业家社会资本对战略决策质量关系研究的结论表明，企业家社会资本对战略决策质量具有显著的积极影响，企业家社会资本差异是一个不可忽略的导致企业战略决策质量差异的重要因素，可以使得现有关于企业战略决策质量影响因素的理论研究更全面、更具体，促进对企业家战略决策质量影响因素更全面和更深入的认识和理解。

本书关于决策过程理性程度在企业家社会资本与战略决策质量间具有中介作用的研究结论，进一步说明了企业家社会资本影响战略决策质量的方式和路径，可以增加现有理论的解释能力，促进更好地理解企业家及其社会资本影响企业战略决策质量的内在机制，是对现有研究的进一步深化和逻辑延伸。

现有西方文献的研究结论表明，环境因素、组织因素、决策过程特征以及决策者个体特征等因素都会对战略决策速度产生重要影响，然而，相关研究结论不能很好地解释为什么在相同或类似环境条件下，具有类似组织特征、决策模式和决策者个体特征的企业仍然会在战略决策速度方面产生重要差异，本书的结论表明，企业家社会资本对企业战略决策速度具有显著的积极影响，企业家社会资本差异会导致企业战略决策速度差异，因此，企业家社会资本是影响企业战略决策速度的一个不可忽略重要因素，在理解和解释企业战略决策速度影响因素及企业家对战略决策速度的影响时，不仅要考虑企业家个体特征差异，而且要考虑企业家建立或维护社会关系网络并从中获取信息及其他资源的能力可能给战略决策速度带来的重要影响。

其次，本书还在一定程度上填补了有关企业家与战略决策关系研究的部分空白，现有文献主要关注了企业家人口特征、性格特征和认知特征等个体因素对企业战略决策的影响，很少关注企业家社会资本的影响。

综上所述，本书的结论丰富、完善了现有相关研究的理论体系，可以促进对企业战略决策质量差异和企业战略决策速度差异产生原因的更好理解，一定程度地深化和拓展了现有相关理论研究，是对战略决策过程理论、高阶理论的重要补充，一定程度上提高了现有理论的解释能力。

三、实践贡献和启示

许多企业高管人员或参与企业战略决策人员有时候会陷入一种认识误区：即提高企业战略决策质量和提高企业战略决策速度是一对矛盾，诸如搜索更多决策所需信息、增加决策团队规模或认知多样性等能够提高战略决策质量的措施往往会降低企业战略决策速度，而诸如简化决策流程、提高决策集权化程度、在决策过程中使用直觉等可以提高战略决策速度的措施则会降低企业战略决策质量；事实上，快速的战略决策并非一定意味着低质量，国外许多学者的研究已经发现许多进行快速战略决策的企业实际上使用了更多的信息、作出了更高质量的战略决策，例如，Bourgeois 和 Eisenbardt（1988）、Eisenbardt（1989）的研究，本书结果发现企业家社会资本对企业战略决策质量和速度均有积极影响，说明存在一些因素能够企业战略决策质量和速度产生相同的影响，企业在战略决策实践中应注重识别、发现和利用那些能够同时对企业战略决策质量和速度具有积极影响的因素，从本书的理论分析来看，由于企业家是企业战略决策的最终"裁定者"和"决定者"，所有相关影响因素要对战略决策结果（如质量和速度）产生影响，最终必须通过企业家的"认知结构"来实现，企业战略决策的质量和速度实际上最终是由企业家对决策相关内容和信息的"认知结构"

决定的，而企业家对各类内外环境信息或其他刺激因素的认知则主要取决于企业家战略认知结构中"信息""知识""经验"的累积（即存量与结构），企业家社会资本则是形成和决定企业家战略认知结构的重要和关键因素，因此，在实践中尤其要关注和重视企业家社会资本的培育和构建，从企业进行战略决策所需要的关键战略信息特征、来源以及获取途径和获取成本，综合分析自身现有社会资本结构及现状，识别和发现自身社会关系网络中那些关系是冗余的，可以适当减少对冗余关系的投入，识别和探究自身关系网络中还欠缺哪类资源尤其是战略性信息资源的获取途径，尤其针对性地构建和发展那些能够给企业战略决策带来先行和优质信息的关系，对这类关系的建立、维护和发展投入更多的时间、精力及其他资源，综合平衡强关系和弱关系的维持规模、类型结构，以保证企业获取战略信息的通道顺畅、时间及时和信息的准确性有保障，削减提供重复信息的关系节点，充分计算企业在社会网络中投入成本、承担义务和企业获取利益的比例关系，以期能够促使企业在动态、复杂和多变的环境下作出又快又好的战略决策。此外，企业家应该充分认识自身的知识结构和认知结构，理解并清楚自身认知局限，一方面，可以通过学习、培训和向专家请教，不断改进和完善自身认知和知识结构，战略决策积累经验和总结失败决策教训，另一方面，企业家还可以通过不断地改进企业战略决策流程、参与人员结构、决策模式，提高企业决策团队的信息收集、处理、分析和判断能力，不仅要重视从自身社会关系网络中去获取超前的、稀缺的和战略性的信息，而且要重视从其他企业高层管理人员及企业员工的社会关系网络中提取有价值的战略性信息，这样，可以在一定程度上弥补自身社会资本的不足和局限。

基于现有西方文献的研究结论，企业家意欲提高企业战略决策过程中的质量和速度，似乎应该重点关注企业内部组织模式、决策模式的构建和选择，虽然诸如选择合理的组织集权化程度、正式化程度、在战略决策过程中增加决策团队成员的认知多样性或建立正反两方辩论的决策流程，在一定程度上可以提高企业战略决策质量，增加组织的集权化和非正式化程度、更多使用直觉或即时信息等措施对提高非程序化战略决策的速度具有积极作用，然而，受我国传统"面子"思想的影响，我国企业战略决策时增加认知多样性或建立反方常因引发关系冲突而对决策质量和速度均产生不利影响，仅仅关注企业内部组织模式、决策流程和决策方法的改进，虽然对提高企业战略决策质量和速度具有一定的作用，但是这种作用是有限的。企业家要在动态、激励竞争和复杂的环境中做出更快更好的战略决策，以适应不断变化的环境或对可能的环境变化作出积极反应，就不仅仅要关注企业内部，更重要的是要关注企业外部，企业家通过不断建立、维护和调整外部社会关系网络并从中获取战略决策所需信息及其他资源，对同时提高企业战略决策质量和速度均有重要的积极作用。

因此，本书结论可以为实践带来进一步的启示：首先，企业家要不断提高企业战略决策质量和速度，就要不断提高自身的社会资本—即不断提高建立、维护和调整外部社会关系网络并从中获取战略决策所需信息及其他资源的能力。其次，企业家在构建或维护自身的社会关系网络时，不能仅仅从获取有形资源或其他现实利益的目的出发来决定自己社会关系网络的构建和维护，更重要的是还应该从企业战略决策对各类战略性信息的需要出发来决策自己社会关系网络的构建和维护，尤其要关注能够提供战略性"制度信息"和"市场信息"关系网络的构建，例如，有的关系网络或节点虽然不能为企业提供现实利益或有形资源，但是却可以提供重要的信息或知识，企业家不能忽视建立或维护与这些网络或节点的关系。最后，在实践中，企业家应对自身的"咨询网"（主要提高专家意见）、"信息网"（主要提供战略性信息）进行有效的管理和整合，使其能在战略决策需要时为企业家提供更多、更好、更快的信息或知识，促进企业战略决策质量和决策速度的不断提高。

第二节　研究不足与未来方向

一、研究不足

尽管本书得出了一些较有意义的结论，但是由于受一些客观条件的限制，在本书中仍然存在一些局限和不足，需要在未来的研究中进一步完善和深化，主要表现在以下几个方面：

（一）研究要素的局限

由于社会资本、战略决策等研究相关构念涉及多个庞大的理论体系，本书所涉及的部分内生变量（如战略决策质量、战略决策速度、理性程度等）会受到众多的其他因素的影响，本书的理论框架虽然在充分的文献研究和反复讨论下确定，并控制了企业性质、所属行业、企业规模、决策团队规模等主要因素可能对战略决策质量和速度带来的影响，但是受客观条件的制约未能全面考虑其他因素的影响。

此外，企业家社会资本影响战略决策质量和速度的路径可能存在多条，但本书主要考虑了战略决策过程研究中比较成熟的 2 个构念，这对本书的结论会有部分限制作用，同时，中介作用的检验要求自变量与因变量间存在严格的因果关系，而一般情况下，除非采取实验研究方法，横向数据甚至包括纵向数据的调查法很难证明因果关系，因此，这也会对本书的结论产生一定的限制作用。

（二）研究范围的局限

企业家社会资本一般包括外部社会资本和内部社会资本，其中企业家建立或维护企业外部社会关系网络并从中获取资源的能力是企业家最重要的社会资本，对企业家的战略决策质量和速度影响最大，但是，企业家建立或维护企业内部关系网络并从中获取资源的能力可能也会对企业家的战略决策产生重要影响。本书主要关注了企业家外部社会资本可能对企业家战略决策的影响，未研究企业家内部社会资本可能给战略决策带来的影响，这在一定程度上体现了本书的不足。

同时，企业家社会资本影响战略决策结果可能不仅仅限于战略决策质量和战略决策速度，还有可能对战略决策满意度、战略决策承诺产生影响，本书未关注企业家社会资本可能对后面两个战略决策结果变量的影响，还需要在未来的研究加以考虑。

二、未来方向

针对本书的局限，可能存在以下几个方面值得完善和深入研究的方向：

（一）可以考虑纵向研究设计

本书主要采取的是横截面数据的实证分析方法，由于企业家社会资本的形成和积累是一个较长的时间过程，企业家社会资本影响企业战略决策可能会存在一定的时间滞后效应，因此采用纵向数据的实证研究设计可能使本书更完善，特别是对中介作用的验证，一般要求自变量和因变量之间存在显著的因果关系，而横截面数据很难验证因果关系，采用横向与纵向相结合的方法，可能会使研究结论更有说服力。

（二）对企业家社会资本影响战略决策的内在机制做进一步的深入研究

本书的实证检验虽然支持理性程度在企业家社会资本与战略决策质量间具有中介作用，但是，企业家社会资本影响战略决策质量的内在机制仍未完全探明，后续研究可以进一步探索其他重要因素的中介作用，以探明企业家社会资本影响战略决策质量的主要路径。此外，本书的实证检验不支持直觉在企业家社会资本与战略决策速度关系间的中介作用，后续研究可以继续检验该理论假设是否确实不成立，或者另辟捷径，探索企业家社会资本影响战略决策速度的其他路径，例如，可以研究企业家社会资本是否可以通过影响战略决策过程中的冲突或政治行为而对战略决策速度产生影响。

由于企业家、社会资本、战略决策等方面的理论和实证研究是一个涵盖广泛且非常复杂的问题，本书虽然力图将研究的问题聚焦、深入，但是由于受笔者能力和条件的限制，仍然存在许多需要改进和完善的地方，希望本书能够为将来的类似研究提供一些有价值的铺垫和参考。

（三）全面考虑企业家社会资本对战略决策的影响

未来研究可以综合或比较分析企业外部社会资本及企业家内部社会资

本可能给战略决策质量和速度的影响，同时综合考虑企业家社会资本可能对战略决策承诺或满意度产生的影响。

此外，在分析企业家社会资本影响战略决策的内在机制时，可以综合考虑理性、直觉、冲突和政治行为等战略决策过程变量所发挥的作用，全面揭示企业家社会资本影响战略决策的内在机制。

附录

调查问卷

尊敬的女士、先生：您好！

　　非常感谢您参与我们的调查，本问卷是南京大学管理学院进行的一项研究，旨在调查企业家社会资本情况对企业战略决策的影响。根据《中华人民共和国统计法》，有关您个人和企业的信息我们会严格保密（完全匿人名和公司名称），不会用于任何商业目的，否则，我们愿意承担由此引发的全部责任，请您放心回答，如果您对本书的结论感兴趣，请在问卷后面注明您的 E－mail 地址，我们一定会将相关研究结论邮寄给您。

　　本问卷主要为单项选择和少部分填空，答案没有对错，若某个问题未能完全符合您的实际情况，请选择最接近您实际情况的答案，请您在选择项后打"√"。诚请能花费您宝贵的几分钟时间，您的回答对我们的研究结论十分重要，再次真诚感谢您的热情帮助，谢谢！

一、填表人及企业基本情况

1. 您的性别是：男（　　　）女（　　　）　　　2. 您的年龄：（　　　）岁

3. 您在企业工作年限：（　　　）年　　　4. 您任现职年限：（　　　）年

5. 您的最高学历是（　　　）　　　6. 您的专业是：（　　　）

7. 您在企业中的职位是：（　　　），不在下列的敬请填写。董事长/总经理（　　　）、生产副总（　　　）、营销副总（　　　）、财务副总（　　　）、总工程师（　　　）、总经济师（　　　）、信息主管（　　　）、部门经理（　　　）

8. 您以前从事过的工作性质是：财务（　　　）、营销（　　　）、技术管理（　　　）、生产管理（　　　）、行政（　　　）、其他（　　　）

9. 贵公司成立年限大约是：（　　　）年

10. 贵公司的主要产品或服务是：（　　　），所属行业是：（　　　）

11. 贵公司的企业性质是：（　　　）其他烦请填写

12. 国有企业（　　　）、集体企业（　　　）、民营企业（　　　）、中外合资企业（　　　）、外商独资企业（　　　）

13. 贵公司员工总人数大约是：（　　　）人，烦请尽量填写，若不能记清楚，请选择：
300 人以下（　　　）301～800 人（　　　）801～1300 人（　　　）1301～2000 人（　　　）2001 人以上（　　　）

14. 贵公司近三年的平均总资产大约是：（　　　）元，烦请尽量填写，可选择：
4000 万元以下（　　　）4000 万～2 亿元（　　　）2 亿～4 亿元（　　　）4 亿～10 亿元（　　　）10 亿元以上（　　　）

15. 贵公司近三年的平均销售额大约是：（　　　）元，烦请尽量填写，可选择：
3000 万元以下（　　　）3000 万～1 亿元（　　　）1 亿～3 亿元（　　　）3 亿～5 亿元（　　　）5 亿元以上（　　　）

16. 贵公司近三年的平均利润总额大约是：（　　　）元，烦请尽量填写，可选择：
300 万元以下（　　　）300 万～1000 万元（　　　）1000 万～3000 万元（　　　）3000 万～5000 万元（　　　）5000 万元以上（　　　）

17. 贵公司近三年的平均资产收益率大约是多少？（　　　）敬请尽量填写
1%以下（　　　）1%～3%（　　　）3%～5%（　　　）5%～10%（　　　）10%～20%（　　　）20%以上（　　　）

18. 贵公司近三年的平均销售增长率大约是多少？（　　　）敬请尽量填写
5%以下（　　　）5%～10%（　　　）10%～15%（　　　）15%～20%（　　　）20%～30%（　　　）30%以上（　　　）

二、企业家社会资本

请根据贵公司总经理或董事长（选一人即可，按事实上的企业"掌舵人"选择）近三年社会交往活动的实际情况，按照下述内容与之相符合的程度进行选择和评分，并在最接近的选项上打√：

（1＝非常不符合，2＝不符合，3＝基本符合，4＝符合，5＝非常符合）

1. 与各级政府部门官员或其他人员有良好的私人关系，能从中获得有用的信息、建议或其他帮助。　　　　　　　　　　　　　　　　1 2 3 4 5

2. 与本行业主管部门官员或其他人员有良好的私人关系，能从中获得有用的信息、建议或其他帮助。　　　　　　　　　　　　　　1 2 3 4 5

3. 与工商、税务等行政职能部门官员有良好的私人关系，能从中获得有用的信息、建议或其他帮助。　　　　　　　　　　　　　　1 2 3 4 5

4. 与供应商高层经理或其他人员具有较好的私人关系，能从中获得有用的信息、建议或其他帮助。 1 2 3 4 5

5. 与客户或经销商高层经理具有较好的私人关系，能从中获得有用的信息、建议或其他帮助。 1 2 3 4 5

6. 与竞争对手高层经理人员具有较好的私人关系，能够相互理解并共享一些信息和知识。 1 2 3 4 5

7. 与金融机构高管或其他人员具有良好的私人关系，必要时能获取企业所需资金或其他有用信息。 1 2 3 4 5

8. 与其他行业的企业高管人员具有良好的私人关系，能从中获得有用的信息、建议或其他帮助。 1 2 3 4 5

9. 与大学或科研结构的专家具有良好的私人关系，能从中获得有用的信息、建议或其他帮助。 1 2 3 4 5

10. 经常与较多的公司高层管理人员私下沟通，能获得对方信任并从中获得有用信息或知识。 1 2 3 4 5

11. 经常与较多的公司中层管理人员进行私下交流与沟通，因此而获得有用信息或知识。 1 2 3 4 5

12. 经常与较多的公司基层管理人员或其他员工进行私下沟通，因此而获得有用信息或知识。 1 2 3 4 5

三、战略决策

请您回忆贵公司近三年曾做出过的一项您印象深刻并且比较重大的战略决策，并根据这些决策与下述内容相一致的情况选择，并在最接近的选项上打√：1 = 非常不符合，2 = 不符合，3 = 基本符合，4 = 符合，5 = 非常符合。

13. 该项决策大约花费了多少天时间？

2（天） 5（天） 10（天） 20（天） 30（天） 60（天） 90（天）
120（天） 150（天） 180（天）

14. 该项决策充分考虑了公司外部环境现状和可能变化。 1 2 3 4 5

15. 该项决策与公司战略及其他决策是相适应的。 1 2 3 4 5

16. 该项决策反映了公司目前的财务状况和其他资源及能力状况。 1 2 3 4 5

17. 该项决策促进了公司目标实现和公司业绩提高。 1 2 3 4 5

18. 该项决策实施效果很好，促进了公司发展。 1 2 3 4 5

19. 总的来看，该项决策质量很好。 1 2 3 4 5

20. 该项决策对公司总的经营效果做出了贡献。 1 2 3 4 5

21. 多数参与决策的人员真正希望该项决策能获得成功。 1 2 3 4 5

22. 多数参与决策的人员愿意尽最大努力以促进该项决策获得成功。　1　2　3　4　5

23. 多数参与决策人员自豪地告诉他人自己参与了该项决策。　1　2　3　4　5

24. 环境变化会使多数决策参与成员减少对该项决策的支持 [R]。　1　2　3　4　5

25. 决策成员常向他人谈论该项决策对公司的好处。　1　2　3　4　5

26. 该项决策没有得到决策成员的足够支持 [R]。　1　2　3　4　5

27. 多数参与决策的人员支持该项决策。　1　2　3　4　5

28. 该项决策制定后，决策参与成员对决策很满意。　1　2　3　4　5

29. 该项决策制定后，决策团队成员间气氛很好。　1　2　3　4　5

30. 该项决策制定后，决策团队成员间彼此很尊敬。　1　2　3　4　5

31. 该项决策制定后，决策团队成员间彼此很反感 [R]。　1　2　3　4　5

32. 在该项决策过程中，基本收集或掌握了决策所需要的信息。　1　2　3　4　5

33. 在该项决策过程中，对掌握的各类信息进行了详细的分析。　1　2　3　4　5

34. 在该项决策过程中，掌握的相关信息质量较高。　1　2　3　4　5

35. 在该项决策过程中，提出了很多可能的行动方案。　1　2　3　4　5

36. 在该项决策过程中，采用了多种标准对各备择方案进行评价。　1　2　3　4　5

37. 在该项决策过程中，使用了定量的数据分析方法进行信息分析。　1　2　3　4　5

38. 在该项决策过程中，大约考虑了多少种可选方案？

1 种（　）　2 种（　）　3 种（　）　4 种（　）　5 种（　）　6 种及以上（　）

39. 在该项决策过程中，非常相信自己的眼光和经验，有时依靠感觉或过去经验进行某些事项的判断。

40. 在该项决策过程中，很多时候在信息不足情况下，也会依靠直觉进行决策。

　　　　　　　　　　　　　　　　　　　　　　　1　2　3　4　5

41. 在该项决策过程中，依赖单纯主观判断的程度如何？

　　　　　　　　1 = 很少，2 = 较少，3 = 有点，4 = 较多，5 = 很多

42. 在该项决策过程中，依赖过去经验的程度如何？

　　　　　　　　1 = 很少，2 = 较少，3 = 有点，4 = 较多，5 = 很多

43. 在该项决策过程中，常依靠感觉对某些事项进行判断。　1　2　3　4　5

44. 在该项决策过程中，成员间发生摩擦程度如何？

　　　　　　　　1 = 完全没有　2 = 很少　3 = 有点　4 = 明显　　5 = 很激烈

45. 在该项决策过程中，成员间因性格差异而产生矛盾和不愉快的程度如何？

　　　　　　　　1 = 没有　2 = 很少　3 = 有点　4 = 明显　5 = 很明显

46. 在该项决策过程中，成员间因情感原因而发生关系紧张程度如何？

　　　　　　　　1 = 没有　2 = 很少　3 = 有点　4 = 明显　5 = 很明显

47. 在该项决策过程中, 因对决策问题的看法不同而产生的争论程度如何?

    1 = 没有　2 = 很少　3 = 有点　4 = 明显　5 = 很明显

48. 该项决策过程中, 发生因观点不同而争论的频繁程度如何?

    1 = 没有　2 = 很少　3 = 有点　4 = 明显　5 = 很明显

49. 在该项决策过程中, 需通过的决策内容方面存在的意见分歧程度如何?

    1 = 没有　2 = 很少　3 = 有点　4 = 较多　5 = 很多

50. 在该项决策过程中, 成员关心自己目标还是关心公司目标? [R]

    1 = 很关心自己, 2 = 关心自己, 3 = 都关心, 4 = 关心公司, 5 = 很关心公司

51. 在该项决策过程中, 成员在多大程度上相互公开自己的偏好和利益? [R]

    1 = 很不公开, 2 = 不公开, 3 = 基本公开, 4 = 公开, 5 = 很公开

52. 在该项决策中, 决策结果在多大程度上受决策成员权力和影响的干涉?

    1 = 很少, 2 = 较少, 3 = 有点, 4 = 较多, 5 = 很多。

53. 在该项决策中, 决策结果在多大程度上受成员间谈判和交易的影响?

    1 = 很少, 2 = 较少 4 = 有点, 5 = 较多, 6 = 很多。

54. 在该项决策中, 决策成员目标和利益不一致的程度如何?

    1 = 很一致, 2 = 一致 3 = 有点不一致, 4 = 不一致, 5 = 很不一致。

55. 贵公司通常能比竞争对手更早发现某些机会。　　　　　　1　2　3　4　5

56. 贵公司通常能比竞争对手更早或更快做出重要决策。　　　1　2　3　4　5

57. 当贵公司发现机会时, 行动比竞争对手快。　　　　　　　1　2　3　4　5

58. 针对竞争对手的行动, 贵公司能够快速反应。　　　　　　1　2　3　4　5

59. 贵公司对重大问题的反应速度比竞争对手快。　　　　　　1　2　3　4　5

60. 假设贵公司所在行业出现了一个新的市场机会, 该市场需求潜力巨大, 但是需要贵公司开发新的产品或服务才能满足该市场需要。据估计, 开发新产品或服务的投资会占到贵公司年销售收入的90%, 首期投资量将会占到总投资的80%, 投资失败将会使公司陷入经营困境或破产, 但是该产品或服务一旦被竞争对手抢先开发成功, 贵公司现有产品或服务市场将会大规模流失, 公司生存将会很困难, 此时任何对新产品或服务的仿制成本不会低于开发成本, 且仿制会承担巨大法律风险, 购买技术费用将会远超过开发费用。在此情况下, 请估计: 贵公司做出开发新产品或服务的决策大概需要多少天?

2 (天)　　5 (天)　　10 (天)　　20 (天)　　30 (天)　　60 (天)　　90 (天)
120 (天)　　150 (天)　　180 (天)

四、企业内外环境

请您根据贵公司主营业务产品或服务所在行业的实际情况, 以及贵公司经营和制定

战略决策的实际情况，与下述内容相符合的情况进行选择。1 = 非常不符合，2 = 不符合，3 = 基本符合，4 = 符合，5 = 非常符合。

1. 贵公司必须经常改变产品或经营方式以便能跟上竞争对手的变化。　1　2　3　4　5

2. 贵公司的产品或服务更新速度较快，产品或服务会很快过时。　　1　2　3　4　5

3. 贵公司竞争对手的行动十分容易预测［R］。　　　　　　　　　　1　2　3　4　5

4. 在贵公司行业中，消费者或客户的喜好很容易预测［R］。　　　　1　2　3　4　5

5. 在贵公司行业中，与产品或服务相关的技术变化很快。　　　　　1　2　3　4　5

6. 很少有外部因素能威胁到贵公司的生存和良好运行。　　　　　　1　2　3　4　5

7. 贵公司行业市场的投资资本很多。　　　　　　　　　　　　　　1　2　3　4　5

8. 经济发展项目为贵公司商业领域提供了充足的支持。　　　　　　1　2　3　4　5

9. 贵公司行业市场充满了盈利机会。　　　　　　　　　　　　　　1　2　3　4　5

10. 贵公司在一个充满威胁和危机的商业环境下经营［R］。　　　　1　2　3　4　5

11. 贵公司一线员工（或代表）也参与战略决策过程［R］。　　　　1　2　3　4　5

12. 贵公司在作重要战略决策时，会尽力达成一致意见［R］。　　　1　2　3　4　5

13. 虽然在决策时知道该怎么做，但还是会去收集更多的信息，因您必须向他人证明决策的正确性［R］。　　　　　　　　　　　　　　　　　　1　2　3　4　5

14. 贵公司战略规划主要由高层管理团队讨论决定。　　　　　　　1　2　3　4　5

15. 贵公司的重要战略决策主要由总经理或董事长决定，其他人员对决策的影响力度不大。　　　　　　　　　　　　　　　　　　　　　　　　　1　2　3　4　5

16. 通常情况下，贵公司参与重要的、战略性决策的人数大约是多少人？（　　　）［R］。

1人（　　）2～3人（　　）3～5人（　　）　5～7人（　　）7～10人（　　）　10人以上（　　）

17. 贵公司实行正式的计划管理模式。　　　　　　　　　　　　　1　2　3　4　5

18. 贵公司很重视长期（5年以上）目标和战略的制定。　　　　　1　2　3　4　5

19. 贵公司在做出重要决策前会竭尽全力制订出所有的、详细的可能选择方案。

　　　　　　　　　　　　　　　　　　　　　　　　　　　　　1　2　3　4　5

20. 贵公司拥有详细、明确的组织结构图表。　　　　　　　　　　1　2　3　4　5

21. 贵公司使用详细的计划营销公司产品或服务。　　　　　　　　1　2　3　4　5

五、企业绩效

请你根据贵公司经营情况与主要竞争对手相比较的实际情况，与下述内容相符合的情况进行选择。　　　　　　　　　　1 = 很差，2 = 较差，3 = 一般，4 = 较好，5 = 很好。

1: 与竞争对手相比，公司总资产收益率水平。　　　　　　　　　1　2　3　4　5

2：与竞争对手相比，公司总销售收益率水平。　　　　　1　2　3　4　5

3：与竞争对手相比，贵公司年均销售增长率水平。　　　1　2　3　4　5

4：与竞争对手相比，贵公司投资回报率水平。　　　　　1　2　3　4　5

5：与竞争对手相比，贵企公司利润率水平。　　　　　　1　2　3　4　5

您的 E‑mail 地址：

参考文献

[1] Acquaah M. . Managerial Social Capital, Strategic Orientation, and Organizational Performance in an Emerging Economy [J]. Strategic Management Journal, 2007 (28): 1235 –1255.

[2] Adler Paul, Kwon Seok – Woo. Social capital: prospects for a new concept [J]. Academy of Management Review, 2002 (27): 23.

[3] Agor W. H. . Intuition in Organisations: Leading and Managing Productively [M]. London: Sage, 1989b.

[4] Agor W. H. . Intuition and strategic planning: how organisation can make productive decisions [J]. The Futurist, 1989a, 23: 20 –23.

[5] Aldrich H , Zimmer C. Entrepreneurship through social networks [M] In S. D. & R. Smilor (Eds.), 1986.

[6] Amason A. C. . Distinguishing the effects of functional and dysfunctional conflict on strategic decision making: resolving a paradox for top management teams [J]. Academy of Management Journal, 1996, 39: 123 –148.

[7] Anderson C. R. , Paine F. T. . Managerial Perception and Strategic Behavior [J]. Academy of Manegement Journal, 1975 (18): 811 –823.

[8] Anderson P. . Decision making by objection and the Cuban niissile crisis [J]. Administrative Science Quarterly, 1983, 28: 201 –222.

[9] Ansoff H. I. . Corporate Strategy [M]. New York, N. Y. Mcgraw – Hill Book Co, 1965.

[10] Atuahene-Gima, H. Li. Strategic decision comprehensiveness and new product development outcomes in new technology ventures [J]. Academy of Man-

agement Journal, 2004（4）: 583 -597.

[11] Bakker R. M. , Shepherd D. . Pull the plug or take the plunge: multiple op-portunities and the speed of venturing decisions in the Australian mining industry [J]. Academy of Management Journal, 2015: 1165.

[12] Baron R. M. , Kenny D. A. . The Moderator - mediator Variable Distinction in Social Psychological Research: Conceptual, Strategic, and Statistical Considera-tions [J]. Journal of Personality and Social Psychology, 1986, 51: 1173 -1182.

[13] Baum, Wally. Strategic decidion speed and firm performance [J]. Strate-gic Management Journal, 2003, 24: 1107 -1129.

[14] Bavelas, Alex. Communication Patterns in Task Oriented Groups [M]. in Daniel Lerner and Harold Lass - well（Eds. ）, The Policy Sciences, Stanford Univer-sity Press, Stanford, CA, 1951.

[15] Boisot M. . Information space: A iramework for learning in organizations, institutions and culture [M]. London: Routledge, 1995.

[16] Bourdieu, Pierre. The Forms of Capital. in Handbook of Theory and Rsearch for the Sociology Education [M]. edited by J. G. Richhardson. Westport, CT: Greenwood Press, 1986.

[17] Bourgeois L. J. , Eisenbardt K. . Strategic decision processes in high ve-locity environments: Four cases in tbe microcomputer industry [J]. Management Sci-ence, 1988, 34: 816 -835.

[18] Bourgeois L. J. . Strategy and environment: a conceptual integration [J]. Academy of Management Review, 1980, 5: 25 -39.

[19] Bourgeois, Eisenhardt. Strategic Decision Processes in Silicon Valley: The Anatomy of a "Living Dead" [J]. California Management, 1987（30）: 143 -159.

[20] Bull I. , Willard C. E. . Towards a theory of entrepreneurship [J]. Journal of Business Venturing, 1993, 8: 183 -195.

[21] Burke L. A. , Miller M. K. . Taking the mystery out of intuitive decision mak-ing. Academy of Management Executive, 1999, 13: 91 -99.

[22] Burt R. S. . A note on social capital and network content [J]. Social Net-works, 1997b, 19: 355 -373.

[23] Burt R. S. . Structural Holes: the social structure of competition [M]. Cam-bridgeMA: HBS Press, 1992.

[24] Burt R. S. . The contingent value of social capital [J]. Administrative Sci-

ence Quarterly, 1997a, 42: 339 –365.

[25] Butler R. . Decision making [M]. In Sorge, A. (ed.), Organisation. London: Thomson Learning, 2002: 224 –251.

[26] Carmeli A. , Schaubroeck J. . Top management team behavioral integration, decision quality, and organizational decline [J]. The Leadership Quarterly, 2006, 17 (5): 441 –453.

[27] Carmeli A. , Tishler A. , Edmondson A. C. . CEO relational leadership and strategic decision quality in top management teams: The role of team trust and learning from failure [J]. Strategic Organization, 2012, 10 (1): 31 –54.

[28] Casson. The entrepreneur: an economic theory [M]. Oxford: Martin Robertson, 1982.

[29] Child J. . Management in China During the Age of Reform [M]. Cambridge University Press, 1994.

[30] Coleman J. S. Foundations of social theory [M]. Cambridge, MA: Harvard University Press, 1990.

[31] Coleman, James. Social Capital in the Creation of Human Capital [J]. American Journal of Sociological, 1988, 94: 95 –121.

[32] Collins, Clark. Strategic human resource practices, top management team social neworks and firm performance: the role of human resource practices in creating organizational competitive advantege [J]. AMJ, 2003, 46: 740 –751.

[33] Corbett K. M. Hmieleski. How corporate entrepreneurs think: Cognition, context, and entrepreneurial scripts [J]. *Academy of Management Best Conference Paper, New York: Lally School of Management & Technology, Rensselaer Polytechnic Institute, Texas Christian University*, 2005 (1).

[34] Cosier R. A. , Aplin J. C. . A critical view of dialectical inquiry as a tool in strategic planning. Strategic Management foumal. 1980b, 1: 343 –356.

[35] Cosier R. A. , Rechner P. L. . Inquiry method effects on performance in a simulated business environment. Organizational Bebavior and Haman Decision Processes, 1985, 36: 79 –95.

[36] Cosier R. A. , Ruble T. A. , Aplin J. C. . An evaluation of the effectiveness of dialectical inquiry systems [J]. Management Science, 1978b, 24: 1483 –1490.

[37] Cosier R. A. . Dialectical inquiry in strategic planning: A case of premature acceptance? Academy of Management Review, 1981, 6: 643 –648.

217

［38］Cosier R. A. . Inquiry method, goal difficulty, and context effects on per-
fonnance ［J］. Decision Sciences, 1980a, 11: 1 −16.

［39］Cosier R. A. . The effects of three potential aids for making strategic deci-
sions on prediction accuracy ［J］. Organizational Behavior and Human Performance,
1978a, 22: 295 −306.

［40］Das T. K. , Teng B. S. . Cognitive biases and strategic decision processes
［J］. Journal of Management Studies, 1999, 36: 757 −778.

［41］Dean J. , Sharfman M. . Procedural Rationality in the strategic decision
making process. Journal of Management Studies, 1993, 30: 587 −610.

［42］Dean J. W. , Sharfman M. P. . Does decision process matter? A study of strate-
gic decision-making effectiveness ［J］. Academy of management journal, 1996, 39 （2）:
368 −392.

［43］Donaldson G. , Lorsch J. . Decision making at the top ［M］. New York:
Basic Books, 1983.

［44］Dooley, Fryexll. Attaining Decision Quality and Commitment from Dissent:
The Moderating Effects of Loyalty and Competence in Strategic Decision − Making
Teams ［J］. Academy of Management Journal, 1999 （42）: 389 −402.

［45］Eisenbardt. Making fast strategic decisions in high-velocity environments
［J］. Academy of Management Journal, 1989, 32 （3）: 543 −576.

［46］Eisenhardt K. M. , Zbaracki M. . Strategic decision −making ［J］. Strategic
Management Journal, 1992, 13: 17 −37.

［47］Elbanna S. , Di Benedetto C. A. , Gherib J. . Do environment and intuition
matter in the relationship between decision politics and success? ［J］. Journal of Man-
agement & Organization, 2015, 21 （1）: 60 −81.

［48］Elbanna, John Child. Influences on Strategic Decision Effectivenss: Devel-
opment and Test of an Integrative Model ［J］. Strategic Management Journal
Strat. Mgmt. J. , 2007, 28: 431 −453.

［49］Elbanna. Strategic decision making: Process perspectives ［J］. Interna-
tional Journal of Management Reviews, 2006 （8）: 4.

［50］Elfring, Hulsink. Network in entreprenreurship: the case of high-technology
firms ［J］. small business economics, 2003, 21 （4）: 409 −429.

［51］Forbes D. P. , Milliken F. J. . Cognition and corporate governance: Under-
standing boards of directors as strategic decision −making groups ［J］. Academy of

Management Review, 1999, 24 (3): 489 −505.

[52] Forbes D. P.. Managerial determinants of decision speed in new ventures [J]. Strategic Management Journal, 2005, 26 (4): 355 −366.

[53] Forbes. Reconsidering the Strategic Implications of Decision Comprehensiveness [J]. Academy of Management Review, 2007, 32 (2): 361 −376.

[54] Forbes. The Effects of Strategic Decision Making on Entrepreneurial Self − Efficacy Entrepreneurship [J]. Theory and Practice, 2005, 9.

[55] Fornell, D. F. Larcker. Evaluating structural equation models with unobservable variables and measurement error [J]. *Journal of marketing research*, 1981: 39 −50.

[56] Fredrickson J., Mitcbell T.. Strategic decision processes: Comprehensiveness and performance in an industry with an unstable environment [J]. Academy of Management Journal, 1984, 27: 399 −423.

[57] Fredrickson J. W.. Effects of decision motive and organizational performance level on strategic decision processes [J]. Academy of Management Journal, 1985, 28: 821 −843.

[58] Fredrickson J. W.. The comprehensiveness of strategic decision processes: extension, observation, future decisions [J]. Academy of Management Journal, 1984, 27: 445 −466.

[59] Fredrickson, Iaquinto. Inertia and creeping Rationality in strategic decision prooooooo [J]. Academy of Management Journal, 1989, 32 (4): 516 −542.

[60] Fukuyama F.. Trust: The Social Virtues and The Creation of Prosperity [M]. New York: Free Press, 1995.

[61] Goll I., Rasheed A.. Rational decision making and firm performance: The moderating role of environment [J]. Strategic Management Journal, 1997, 18: 583 −590.

[62] Granovetter, Mark. The Strength of Weak Ties [J]. A Merican Journal of Sociology, 1973 (78): 1360 −1380.

[63] Grant R. M.. Strategic planning in a turbulent environment: evidence from the oil majors [J]. Strategic Management Journal, 2003, 24: 491 −517.

[64] Gulati R., Nohria N., Zaheer A.. Strategic Networks [J]. Strategic Management Journal, 2000, 21: 203 −215.

[65] Hambrick D. C., Mason P. A.. Upper Echelons: The Organization as a

Reflection of. its Top Managers [J]. Academy of Management Review, 1984 (9):
193 –206.

[66] Hansen M. T.. The search-transfer problem: The role of weak ties in sha-
ring knowledge across organization subunits [J]. Administrative Science Quarterly,
1999, 44: 82 –111.

[67] Harrison F.. The management decision making process [M]. MA: Hough-
ton Mifflin Company, 1995: 39.

[68] Hitt M. , B. Tyler. Strategic decision models: Integrating different perspec-
tives [J]. Strategic Management Journal, 1991, 12 (5): 327 –351.

[69] Hodgkinson G. P. , Bown N. J. , Maule A. J. , Glaister K. W. , Pearman
A. D.. Breaking the frame: an analysis of strategic cognition and decision making un-
der uncertainty [J]. Strategic Management Journal, 1999, 20 (10): 977 –985.

[70] Hodgkinson G. P. , Maule A. J.. The individual in the strategy process: in-
sights from behavioural decision research and cognitive mapping [J]. In Mapping Stra-
tegic Knowledge, Huff AS, Jenkins M (eds). Sage: London, 2002: 196 –219.

[71] Isenberg D. J.. Thinking and managing: a verbal protocol analysis of man-
agerial problem solving [J]. Academy of Management Journal, 1986, 29: 775 –789.

[72] Isenberg. How senior managers thinks? [J]. Harvard Business Review,
1984, 12: 81 –90.

[73] Janssen O. , E. Van De Vliert, C. Veenstra. How task and person conflict
shape the role of positive interdependence in management teams [J]. Journal of
Management, 1999, 25 (2): 117 –141.

[74] Jehn K. A.. A multimetbod examination of the benefits and detriments of in-
tragroup contiict [J]. Af/minufrarii'e Science Quarterly, 1995, 40: 256 –282.

[75] Jehn K. A.. A qualitative analysis of conflict types and dimensions in organ-
izational groups [J]. Administrative Science Quarterly, 1997, 42 (3): 530 –557.

[76] Judge W. Q. , Miller A.. Antecedents and outcomes of decision speed in
different environmental context [J]. Academy of Management Journal, 1991, 34
(2): 449 –463.

[77] Khatri N. , Ng H. A.. The role of intuition in strategic decision making [J].
Human relations, 2000, 53 (1): 57 –86.

[78] Kickul, et al.. Intuition Versus Analysis? Testing Differential Models of Cog-
nitive Style on Entrepreneurial Self – Efficacy and the New Venture Creation Process

[J]. Entrepreneurship: Theory & Practice, 2009 (33): 439 –453.

[79] Kim H., Hoskisson R. E., Wan W. P.. Power Dependence, Diversification Strategy, and Performance in Keiretsu Member Firms [J]. Strategic Management Journal, 2004, 25: 613 –636.

[80] Knight. Risk, Uncentainty and Profit [M]. Ed. G. J. Stigler Chicago, 1921.

[81] Korsgaard M. A., Schweiger D. M., Sapienza H. J.. Building commitment, attachment, and trust in strategic decision –making teams: The role of procedural justice [J]. Academy of Management journal, 1995, 38 (1): 60 –84.

[82] Kownatzki M., Walter J., Floyd S. W., et al.. Corporate control and the speed of strategic business unit decision making [J]. Academy of Management Journal, 2013, 56 (5): 1295 –1324.

[83] Krackhardt D.. The strength of strong ties [J]. In N. Nohria & R. G, Eccles (Eds.), Networks and organizations: Structure, form and action: 1992, 216 –239.

[84] Landry. Does social capital determine innovation? To what entent? [J]. Tehnological Forecasting and Social Change, 2002 (69): 681 –701.

[85] Leavitt, Harold J.. Some Effects of Certain Communication Patterns in Group Performance [J]. J. Abnor –mal and Social Psychology, 1951, 46.

[86] Lin, N. Social Capital: A theory of social structure and action [J]. Oxford: Cambridge University Press Lewin, A. Y. and C. U. Stephens (1994). 'CEO Attributes as Determinants of Organization Design: An Integrated Model', Organization Studies, 2001, 15 (2): 183 –212.

[87] Luo Y. Industrial dynamics and managerial networking in an emerging market: the case of China [J]. Strategic Management Journal 2003, 24 (13): 1315 –1327.

[88] Lux, Sean. Entrepreneur Social Competence and Capital: the Social Networks of Politicakky Skilled Entrepreneurs [J]. Acdemy of management proceedings, 2005: Q1 –Q6.

[89] MacKinnon, et al.. A comparison of method to test mediation and other intervening variable effexts [J]. Psychological Methods, 2002 (7): 83 –104.

[90] March J., Olsen J.. Amhiguity and choice in organizations [M]. Bergen, Norway: Universitets forlaget.

[91] Mason R. O., Mitroff I.. Challenging strategic planning assumptions [M]. New York: Wiley –Interscience, 1981.

[92] Mason R. O.. A dialectical approach to strategic planning [J]. Afonage-

ment Science, .1969, 15: B403 - B414.

[93] Michie, Dooley, Fryxell. Top management team heterogeneity, consensus, and collaboration: a moderated mediation model of decision quality [J]. Academy of Management Proceedings, 2002.

[94] Miller C. , Burke L. , Glick W. . Cognitive diversity among upper-ecbelon executives: Implications for strategic decision processes [J]. Strategic Management Joumal, 1998, 19: 39 -58.

[95] Miller C. C. , Ireland R. D. . Intuition in strategic decision making: friend or foe in the fast-paced 21st century [J]. Academy of Management Executive, 2005, 19: 19 -30.

[96] Miller D. , Friesen P. H. . Strategy making and environment: the third link [J]. Strategic Management Journal, 1983, 4: 221 -235.

[97] Miner J. B. . A psychological typology of successful entrepreneurs [M]. XLondon: Quorum Books, 1997.

[98] Mintzberg H. , Raisinghani D. , Theoret A. . Tbe structure of "unstructured" decision processes [J]. Administrative Science Quarterly, 1976: 246 -275.

[99] Mintzberg H. . The Rise and Fall of Strategic Planning [M]. New York: Prentice -Hall, 1994.

[100] Mintzberg H. . Strategy making in tbree modes [J]. California Management Review, 1973, 16: 44 -53.

[101] Mitchell R. , Smith B. , Seawright K. , Morse E. . Cross - cultural cognitions and the venture creation decision [J]. Academy of Management Journal, 2000, 43 (5): 974 -994.

[102] Mueller, Mone, Barker. Strateglc Decision Making and Performance: Decision Processes and Environmental Effects [J]. Academy of Management Proceedings, 2000, N2.

[103] M. Handzic. Does More Information Lead to Better Informing? [J]. Proceedings of Informing Science, 2001: 251 -256.

[104] Nahapiet J. , Ghoshal S. . Social capital, intellectual capital, and the organizational advantage [J]. Academy of Management Review, 1998, 23: 242 -266.

[105] Nee V. . Organizational dynamics of market transition: Hybrid forms, property rigbts, and mixed economy in Cbina. [J]. Administrative Science Quarterly, 1992, 37: 1 -27.

[106] Neisser U. . Cognitive Psychology [M]. New York: Appleton-Century-Crafts, 1967.

[107] Nutt P. . Models for decision-making in organizations and some contextual variables wbicb stipulate optimal use [J]. Academy of Management Review, 1976, 1: 147 –158.

[108] Olson P. D. . Entrepreneurship: Process and abilities [J]. *American Journal of Small Business*, 1985, 10 (1): 25 –31.

[109] Orr J. . Sharing knowledge, celebrating identity: Community memory in a service culture. In D [J]. Middleton & D. Edwards (Eds.), Collective remembering, 1990: 169 – 189.

[110] Papadakis V. , Lioukas S. , Chambers D. . Strategic decision-making processes: The role of management and context [J]. Strategic Management Journal, 1998b, 19: 115 –147.

[111] Papadakis V. M. , Kaloghirou Y. , Itarelli M. . Strategic decision making: from crisis to opportunity [J]. Business Strategy Review, 1999, 10: 29 –37.

[112] Papadakis V. M. . Strategic investment decision processes and organizational performance: an empirical examination [J]. British Journal of Management, 1998a, 9: 115 –132.

[113] Papadakis P. . Barwise. How Much do CEOs and Top Managers Matter in Strategic Decision –Making [J]. British Journal of Management, 2002 (13): 83 –95.

[114] Papadakis V. M. , Barwise P. . What can we tell managers about making strategic decisions? In Papadakis, V. M. amd Barwise, P. (eds), Strategic Decisions. London: Kluwer, 1997: 267 –287.

[115] Parikh J. I. . Intuition: The New Frontier of Management [M]. Oxford: Blackwell Business, 1994.

[116] Peng M. W. , Luo Y. D. . Managerial Ties and Firm Performance in a Transition Economy: The Nature of a Micro – Macro Link [J]. Academy of Management Journal, 2000, 43 (3): 486 –501.

[117] Pondy. The union of rationality and intuiion in management action. Introduction: common themes in executive thought and action [J]. In Srivastava and associatees (EDs), the executive mind, 1983: 81.

[118] Porter M. . Competitive strategy [M]. New York: Free Press, 1980.

[119] Portes, Alejandro. Social capital: Its origins and applications in modern

sociology [J]. in Annual Review of Sociology, 1998 (24).

[120] Prietula M. J. , Simon H. A. . The experts in your midst [J]. Harvard Business Review, 1989, 67: 120 –124.

[121] Putnam, Robert D. . Bowling alone: America's declining social capital [J]. in Journal of Democracy, 1995, 6.

[122] Putnam, Robert. The Prosperous Community: Social Capital and Public Life [J]. The American Prospect, 1993: 35 –42.

[123] Quinn J. B. Strategies for Change: Logical Incrementalism [M]. Irwin: Homewood, 1980.

[124] Rajagopalan N. , Rasheed A. M. A. , Datta D. K. . Strategic decision processes: Critical review and future directions [J]. Journal of management, 1993, 19 (2): 349 –384.

[125] Ray, Myers. Practical intuition. in Agor (ED) [J]. Intuition in organization, Sage Publications, 1990: 247 –262.

[126] Richard R. Cantillon. Essaisur la nature du commerce en general [M]. Ed. H. Higgs, London: Macmillan, 1931.

[127] Rowan. Listen for those warning bells. in Agor (ED). Intuition in organization, Sage Publications: Newbury Park, California, 1990: 197 –207.

[128] Rumelt R. P. Theory, strategy, and entrepreneurship. In D. J. Teece (Ed,) [J]. The competitive challenge: Strategies for industrial innovation and renewal, 1987: 137 –158.

[129] R. K. Mitchell, L. Busenitz, T. Lant, P. P. McDougall, E. A. Morse, B. J. Smith. Toward a Theory of Entrepreneurial Cognition: Rethinking the People Side of Entrepreneurship Research [J]. Entrepreneurship: Theory and Practice, 2002, 27 (2): 93 –105.

[130] R. Ronstadt. The Corridor Principle [J]. *Journal of Business Venturing*, 1988, 3 (1): 31 –40.

[131] Sadler –Smith E. , Shefy E. . The intuitive executive: understanding and applying 'gut feel' in decision-making [J]. Academy of Management Executive, 2004, 18: 76 –91.

[132] Sadler – Smith E. Badger B. . Cognitive style, learning, and innovation [J]. *Technology Analysis and Strategic Management*, 1998, 10 (2): 247 –265.

[133] Say J. B. . A treatise on political economy or the production distribution

and consumption of weath [M]. New York, Augustus M. Kelley, 1964.

[134] Schweiger D. M. , Finger P. A. . The comparative effectiveness of dialectical inquiry and devil's advocacy: The impact of task biases on previous research findings [J]. Strategic Management faamal, 1984, 5: 335 -350.

[135] Schweiger D. M. . Sandberg W. R, Ragan J. W. . Group approaches for improving strategic decision making: A comparative analysis of dialectical inquiry, devil's advocacy, and consensus [J]. Academy of Management Journal, 1986, 29: 51 -71.

[136] Schweiger, et al. . Experiential effects of dialectical inquiry, devil's advocacy, and consensus approaches to strategic decision making [J]. Academy of Management Joumal, 1989, 3 (4): 745 -772.

[137] Schwenk, C. R. The Essence of Strategic Decision Making [M]. Lexington, MA: Lexington Books, 1988.

[138] Seebo. The value of experience and intuition [J]. Financial Management, 1993, 22 (1): 27.

[139] Shepherd N. G. , Rudd J. M. . The Influence of Context on the Strategic Decision – Making Process: A Review of the Literature [J]. International Journal of Management Reviews, 2014, 16 (3): 340 -364.

[140] Simon H. A. . Rationality as process and product of thought [J]. Journal of the American Economic Association, 1978, 68: 1 -16.

[141] Simon H. A. . The new science of manaqement decision [M]. New York: Harper & Row, 1960.

[142] Simon. Making management decisions: The role of intuition and emotion [J]. Academy of Management Executive, 1987, 2: 57 -64.

[143] Snyman J. H. , Drew D. V. . Complex strategic decision processes and firm performance in a hypercompetitive industry [J]. Journal of American Academy of Business, 2003, 2: 293 -298.

[144] Sobel M. E. . Direct and indirect effects in linear structural equation models [J]. In: J S Long (Ed.) Common problems/proper solutions. Beverly Hills, CA: Sage, 1988: 46 -64.

[145] Stalk G. . Time – The next source of competitive advantage [J]. Harvard Business fleview, 1988, 66 (4): 41 -51.

[146] Talaulicar T. , Grundei J. , Werder A. . Strategic decision making in start-

ups: the effect of top management team organization and processes on speed and comprehensiveness [J]. Journal of Business Venturing, 2005, 20 (4): 519 -541.

[147] Tilles, S. How to evaluate corporate strategy [J]. Harvard Business Review, 1963, 41 (4): 111 -121.

[148] Tony Simons, Lisa Hope Pelled, Ken A. Smith. Making Use of Difference: Diversity, Debate, and Decision Comprehensiveness in Top Management Teams [J]. Academy of Management Journal, 1999 (42): 662 -673.

[149] Tsai W., Ghoshal S.. Social cap ital and value creation: the role of intrafirm networks [J]. Academy of Management Journal, 1998 (41): 464 -478.

[150] Vaughan E. E.. Varieties of intuitive experience [J]. In W. H. Agor (ED), Intuition in Organzation, Sage Publications: Newbury Park, Canifornia, 1990: 40 -61.

[151] Vaughan F. E.. Varieties of intuitive experience. In Agor, W. H. (ed.) [J]. Intuition in Organisations: Leading and Managing Productively. London: Sage, 1989: 40 -61.

[152] Vroom V., Vetton P.. Leadership and decision making. Pittsburgh [M]. Pa. : University of Pittsburgh Press, 1973.

[153] Wally S., Baum J. R.. Personal and structural determinants of the pace of strategic decision making [J]. Academy of Management journal, 1994, 37 (4): 932 -956.

[154] Witte, Eberhard. Field research on complex decision-making processes-the phase theorem. [J]. International Studies of Management and Organization, 1972: 156 -182.

[155] Wood R., Bandura A.. Social cognitive theory of organizational management [J]. Academy of Management Review, 1989, 14 (3): 361 -384.

[156] Xin K. R., Pearce J. L.. Guanxi: Good connections as substitutes for institutional support [J]. Academy of Management Joumai, 1996, 39: 1641 -1658.

[157] [英] 阿尔弗雷德·马歇尔. 经济学原理 (中译本) [M]. 北京: 商务印书馆, 1981.

[158] 边燕杰, 丘海雄. 企业的社会资本及其功效 [J]. 中国社会科学, 2000 (2): 87 -99.

[159] 陈传明, 陈松涛. 高层管理团队战略调整能力研究——认知的视角 [J]. 江海学刊, 2007, 1: 213 -219.

［160］陈传明，周小虎．关于企业家社会资本的若干思考［J］．南京社会科学，2001（11）：1 –5.

［161］陈传明．企业战略调整的路径依赖特征及其超越［J］．管理世界，2002，6：94 –101.

［162］陈晓萍，徐淑英，樊景立．组织管理研究的实证方法［M］．北京：北京大学出版社，2008.

［163］戴建中．现阶段中国私营企业主研究［J］．社会学研究，2001（5）：74.

［164］邓学军．企业家社会资本对企业绩效的影响［D］．暨南大学论文，2009：69 –82.

［165］葛勇．企业家社会资本对民营企业发展的作用［J］．现代企业教育，2006（5）：36 –37.

［166］耿新．企业家社会资本对新创企业绩效的影响［D］．山东大学论文，2008.

［167］古家军．基于时间竞争 TBC 背景下的企业高管团队战略决策速度过程研究［D］．华中科技大学，2009.

［168］贺远琼，田志龙，陈昀．企业高管社会资本与企业经济绩效关系的实证研究［J］．管理评论，2007（3）：33 –37.

［169］侯泰杰，温忠麟，成子娟．结构方程模型及应用［M］．北京：教育科学出版社，2004：129.

［170］贾俊平．统计学［M］．北京：清华大学出版社，2005.

［171］姜卫韬．基于结构洞理论的企业家社会资本影响机制研究［J］．南京农业大学学报（社会科学版），2008（2）：21 –27.

［172］蒋勤峰．孵化企业社会资本与创业绩效关系研究［D］．上海交通大学论文，2007.

［173］郎淳刚，席酉民，郭士伊．团队内冲突对团队决策质量和满意度影响的实证研究［J］．南开管理评论，2007（7）：10 –17.

［174］郎淳刚，席酉民．信任对管理团体决策过程和结果影响的实证研究［J］．科学学与科学技术管理，2007（8）：170 –175.

［175］李怀祖．管理研究方法论［M］．西安：西安交通大学出版社，2004.

［176］李路路．社会资本与私营企业家［J］．社会学研究，1995（6）：46.

［177］［美］林南．社会资本——关于社会结构与行动的理论［M］．上海：上海人民出版社，2005.

［178］刘军主编．管理研究方法原理与应用［M］．北京：中国人民大学出版

社，2008.

[179] 刘寿先. 企业社会资本与技术创新关系研究: 组织学习的观点 [D]. 山东大学论文，2008: 103 – 136.

[180] 邱皓政，林碧芳. 结构方程模型的原理与运用 [M]. 北京: 中国轻工业出版社，2009.

[181] 荣泰生. 企业研究方法 [M]. 北京: 中国税务出版社，2005.

[182] 石军伟，胡立君，付海艳. 企业社会资本的功效结构: 基于中国上市公司的实证研究 [J]. 中国工业经济，2007（2）: 84 – 89.

[183] 孙俊华，陈传明. 企业家社会资本与多元化战略: 一个多视角的分析 [J]. 科学学与科学技术管理，2009，8.

[184] 田志龙，贺远琼. 公司政治行为: 西方相关研究的综述与评价 [J]. 中国软科学，2003（2）: 68 – 74.

[185] 汪丽. 企业共同愿景与战略决策质量关系的实证研究 [J]. 科学学与科学技术管理，2006（10）: 99 – 103.

[186] 汪丽. 组织信任及决策承诺与决策质量之关系探讨 [J]. 现代财经，2007（3）: 37 – 42.

[187] 王国锋，李懋，井润田. 高管团队冲突、凝聚力与决策质量的实证研究 [J]. 南开管理评论，2007（5）: 89 – 93.

[188] 王立生. 社会资本、吸收能力对知识获取和创新绩效的影响研究 [D]. 浙江大学论文，2007.

[189] 韦影. 企业社会资本的测量研究 [J]. 科学学研究，2007（6）: 518 – 522.

[190] 温忠麟，侯泰杰，马什赫伯特. 结构方程模型检验: 拟合指数与卡方准则 [J]. 心理学报，2004（36）: 186 – 194.

[191] 温忠麟，张雷，侯杰泰，刘红云. 中介效应检验程序及其应用 [J]. 心理学报，2004，36（5）: 614 – 620.

[192] 吴明隆. 结构方程模型——AMOS 的操作与应用 [M]. 重庆: 重庆大学出版社，2009.

[193] 吴文华，汪华. 高科技企业家社会资本影响企业绩效的途径和作用机理 [J]. 科技进步与决策，2009（8）: 157 – 160.

[194] 杨鹏鹏，袁治平. 企业家社会资本影响企业动态能力的机理分析——以民营科技小企业为例 [J]. 情报杂志，2008（9）: 146 – 149.

[195] 伊迪丝·彭罗斯著. 企业成长理论 [M]. 赵晓译. 上海: 上海三联出版社，2007.

［196］宇红，刘琛．信任与企业家社会资本［J］．社会科学辑刊，2006（5）：49 -53.

［197］［美］约瑟夫．熊彼特．经济发展理论（中译本）［M］．北京：商务印书馆，1981.

［198］张方华．知识型企业的社会资本与技术创新绩效研究［D］．浙江大学论文，2005.

［199］孙俊华．企业家社会资本与多元化战略［D］．南京大学论文，2008.

［200］张建君，张志学．中国民营企业家的政治战略［J］．管理世界，2005（7）：94 -106.

［201］郑春颖．企业集群发展中的企业家社会资本作用分析［J］．辽宁师范大学学报（社会科学版），2009（3）：41 -44.

［202］周小虎．企业家社会资本及其对企业绩效的作用［J］．安徽师范大学学报，2002（1）：1 -6.